Wer in der Schuld ist,
ist nicht frei

Die Verschuldung der Länder, der Unternehmen und der Privathaushalte hat globalen Charakter angenommen. Allein in Deutschland liegt die Staatsverschuldung bei über 2,3 Billionen Mark und wächst pro Sekunde (!) um weitere 2.536 DM. In den USA ist die Situation noch drastischer. Hier hat die Gesamtverschuldung 30 Billionen Dollar erreicht und steigt dramatisch. Umgerechnet auf die Privathaushalte liegt die Verschuldung in den USA bei unglaublichen 500.000 DM pro Haushalt. Ganze Nationen stehen unmittelbar vor dem Bankrott, wie die Finanzkrisen in Rußland, Japan, Argentinien und in der Türkei gnadenlos zeigen. Aber auch die Unternehmen haben sich, ob groß oder klein, weltweit unter dem Globalisierungsdruck über alle Maßen verschuldet. Oft übersteigen die Ausgaben für den Schuldendienst die Ausgaben für Löhne und Gehälter um ein Vielfaches. Entlassungen und Arbeitslosigkeit sind die Folge.

Längst werden die Schulden nicht mehr getilgt, längst werden die Zinsen nicht mehr gezahlt, sondern durch neues Schuldenmachen werden Tilgung und Zinsen zur alten Schuld geschlagen. Daß dieses System auf ein apokalyptisches Ende zusteuert ist unübersehbar. Die Weltwirtschaft wird in eine Krise von bislang ungekannten Ausmaßen stürzen. Günter Hannich fordert eine radikale Abkehr von unserem Zinseszins- und Schuldensystem in seiner jetzigen Ausprägung und zeigt dem Leser, wie er die kommende Schuldenkrise am besten überstehen kann.

Eine Zeitbombe tickt, die jederzeit explodieren kann. Die nächste große Weltwirtschaftskrise hat bereits begonnen.

GÜNTER HANNICH

Wer in der Schuld ist, ist nicht frei

JOCHEN KOPP VERLAG

Für die private Vermögensverwaltung und Geldanlage ist jeder selbst verantwortlich. Über Informationen zu speziellen Anlageprodukten muß sich jeder vor der Investition bei seiner Bank informieren. Vom Autor kann deshalb keinerlei Verantwortung für Schäden, die durch falsche Schlußfolgerungen aus den Hinweisen im Buch entstanden sind, übernommen werden. Die Informationen sind gründlich recherchiert worden. Trotzdem können Fehler auftreten, eine Verantwortung kann auch hier vom Autor nicht übernommen werden. Weiterhin schließt der Autor alle Haftungsansprüche jeglicher Art aus.

Copyright © 2002 bei
Jochen Kopp Verlag, Graf-Wolfegg-Str. 71, D-72108 Rottenburg

Alle Rechte vorbehalten

Satz und Layout: Agentur Pegasus, Zella-Mehlis
Umschlaggestaltung: ARTELIER/Peter Hofstätter
Lektorat: Andreas von Rétyi
Karikaturen: Manfred Wenzel, Köln
Druck und Bindung: Wiener Verlag, Himberg

ISBN 3-930219-41-7

Gerne senden wir Ihnen unser Verlagsverzeichnis:
Kopp Verlag
Graf-Wolfegg-Str. 71
D-72108 Rottenburg
Email: info@kopp-verlag.de
Tel.: (0 48 45) 79 04 - 0
Fax: (0 48 45) 79 04 - 11

Unser Buchprogramm finden Sie auch im Internet unter:
http://www.kopp-verlag.de

Inhalt

Vorwort

Zunehmend dringt das Thema »Verschuldung« in das Bewußtsein der Öffentlichkeit. In erster Linie wird dabei an die explodierende Staatsverschuldung gedacht, weniger an die genauso ausufernde Verschuldung der Unternehmen und privaten Haushalte.

Noch vor wenigen Jahren wurde das Thema Schulden einfach unter den Teppich gekehrt, heute wird jedoch gerade dieses Problem genutzt, um der Bevölkerung Repressalien und höhere Steuerlasten aufzuzwingen.

Die Verantwortlichen und die Medien werden dabei nicht müde, der Bevölkerung ein schlechtes Gewissen einzureden. Jeder sei durch sein Anspruchsdenken an den Mißständen mitschuld. Schnell wird dann auf angebliche »Musterstaaten« verwiesen, die es geschafft hätten, jenen Schuldenberg durch Roßkuren abzutragen. Man müsse also nur den »Gürtel enger schnallen« und schon wären die Probleme zu meistern. Einig sind sich die Verantwortlichen darin, daß unser System als Ganzes in keinster Weise fehlerbehaftet sei.

Wer jedoch den Ursachen auf den Grund geht, erkennt, daß die Bevölkerung nicht für die Misere verantwortlich ist und daß auch alle Roßkuren der Welt nicht imstande sind, den Schuldenbankrott aufzuhalten. Lediglich eine Reform im System kann der dramatischen Entwicklung Einhalt gebieten. Doch genau daran ist denjenigen im Hintergrund am wenigsten gelegen, jenen, die an der Verschuldung verdienen.

Der Leser ist deshalb dazu aufgerufen, sich seine eigene Meinung zu bilden und entsprechende Konsequenzen – nicht zuletzt zur eigenen Sicherheit – daraus zu ziehen.

»Die offen ausgewiesene Staatsverschuldung von rund 2,3 Billionen
Mark zeigt ja bereits deutlich, daß wir auf Kosten der Zukunft leben.
Hinzu kommt aber noch eine schwebende, gewissermaßen verdeckte
Staatsschuld. Die ergibt sich aus den Ansprüchen an die Sozialkassen
auf Basis der geltenden Rechtslage. Derjenige, der in die Rentenkasse
einzahlt, hat natürlich auch einen Anspruch in gesetzlich fixierter
Höhe. Die Summe der nicht gedeckten Ansprüche beläuft sich bei
der gegenwärtigen Rechtslage auf rund drei Billionen Mark – insge-
samt hinterlassen wir unseren Kindern also einen Schuldenberg
von über fünf Billionen Mark.«
Bernd Raffelhüschen, Finanzwissenschaftler[1]

Die explodierende Verschuldung

Allgemein bekannt ist, daß jemand, der Schulden macht, damit auch seine Freiheit verliert. Dabei ist jedoch weniger der Kredit selbst das Problem, es sind vielmehr die pünktlich zu zahlenden Zinslasten, die das
größte Kopfzerbrechen bereiten. Ist der Schuldner sogar, wenn auch nur
vorübergehend, durch einen Unglücksfall nicht mehr in der Lage, die
Kapitalkosten zu tragen, dann wird aus einer kleinen Schuld schnell durch
zweistellige Verzugszinsen ein unbezahlbarer Schuldenberg. Vor noch
wenigen Jahrzehnten war Verschuldung eher schlecht angesehen, bei den
Eltern und Großeltern galt noch die Devise, daß man sich etwas nur leisten könne, wenn man vorher gespart habe. Demgegenüber ist es heute
geradezu modern geworden, verschuldet zu sein. Großangelegte Werbe-
kampagnen der Banken rufen dazu auf, sich beispielsweise mal eine Reise zu gönnen – am besten auf Kredit bei der werbenden Bank. Es verwundert wenig, daß Familien bei einer solchen Einstellung zunehmend
überschuldet sind und ihre Existenz bedroht wird. Wie bei den Privatleuten, so leben auch die Unternehmen und erst recht der Staat fast gänzlich
auf Schuldenbasis. Diesen Tatbestand nehmen dann auch schnell morali-
sierende Politiker auf, um der Bevölkerung insgesamt ein »Anspruchsdenken« und »Verschwendungsmentalität« vorzuwerfen. Praktisch nie
wird darauf verwiesen, daß die explodierende Verschuldung weniger daher rührt, daß die Menschen tatsächlich verschwenderisch wären, sondern daher, daß unser gesamtes Finanzsystem überhaupt nur so lange
leben kann wie die Schulden immer schneller explodieren. Doch bevor
wir den Ursachen dieses Problems nachgehen, ist es notwendig, sich erst
einmal der Brisanz des Themas und der Bedrohung für jeden von uns

bewußt zu werden. An erster Stelle der Betrachtungen steht im allgemeinen die Staatsverschuldung. Zuerst soll die Entwicklung der Schulden dargestellt werden, später dann über die Ursachen dieser aufgeklärt werden.

»Die Entwicklung der Staatsverschuldung ist atemberaubend: 1950
betrug sie rund 20 Milliarden Mark, dann dauerte es 30 Jahre bis 1980
der Schuldenstand in der Nähe von 500 Milliarden angelangt war.
Schon zehn Jahre später hatte sich dieser auf eine Billion verdoppelt,
um nach weiteren fünf Jahren 1995 die Zwei-Billionen-Grenze zu
sprengen. Ende 2001 wird der gesamtstaatliche Schuldenstand dann
die Höhe von 2,37 Billionen Mark erreicht haben.«
Bund der Steuerzahler[2]

Staatsverschuldung – ein System
vor der Pleite

Den wenigsten Bürgern ist heute überhaupt bekannt, wie groß die Staatsverschuldung eigentlich ist. Auch den Entscheidungsträgern aus der Politik ist die Problematik meist nicht bewußt. So wurden beispielsweise
Politiker zur Höhe der Staatsverschuldung interviewt: Dabei konfron-
tierte man die Bundestagsabgeordneten im Jahr 1996 mit der Zahl
2.024.101.579.289 und bat sie, diesen Geldbetrag der staatlichen Verschuldung in Worten auszusprechen. Die Angaben schwankten zwischen
2 Milliarden und 224 Milliarden oder einem diffusen 10 hoch 7. Eine
Abgeordnete weigerte sich sogar strikt, diese »schreckliche Zahl« auszu-

sprechen. Der Bund der Steuerzahler zog daraus die logische Schlußfolgerung:»Offenbar herrscht bei denen, die über die Staatsfinanzen entscheiden, tiefste Unkenntnis, sowohl über die Größenordnung der Staatsverschuldung, als auch die damit verbundenen Haushalts- und Finanzprobleme. ... Selbst der Bundesfinanzminister räumt ein, daß er diese Zahl zum ersten mal sehe.«[3] Während früher von den Politikern alles getan wurde, um das Problem»Verschuldung« aus der Diskussion in der Öffentlichkeit fernzuhalten, machte der Bundesfinanzminister am 15. September 1999 die Problematik vor dem Bundestag deutlich:»Daß unsere Kinder für das Steuern zahlen, was wir an Schulden gemacht haben, ist nicht unsere Vorstellung von der Zukunft unserer Kinder. Deswegen müssen wir die Konsequenzen ziehen. Unserer Kinder wegen, der sozialen Gerechtigkeit wegen und der Handlungsfähigkeit des Staates heute und in Zukunft wegen müssen wir heraus aus der Schuldenfalle.«[4]

Ende des Jahres 2000 lag die gesamte Verschuldung der öffentlichen Haushalte (Bund, Länder und Gemeinden) bei fast 2.400 Milliarden D-Mark.[5] Um sich diese Größe einigermaßen anschaulich vorstellen zu können, muß man sich einen Turm von dichtgepackten 1.000 D-Mark-Scheinen denken. Bei der Staatsverschuldung würde dieser Turm mit einer Höhe von weit über 240 km sogar schon in den Weltraum hineinreichen.

Nach der deutschen Wiedervereinigung konnte auch die ehemalige DDR schnell zum westdeutschen Schuldenniveau aufholen: Allein der Schuldenstand dort hat sich innerhalb von nur zehn Jahren auf 6.850 DM pro Einwohner erhöht. Für eine ähnliche Verschuldung hatte der Westen 50 Jahre benötigt.[6]

Doch wie konnte es soweit kommen? Wurden die Schulden gleichmäßig über fünfzig Jahre aufgehäuft, oder erfolgte die Zunahme der größten Schuldenlast erst in jüngster Zeit? Eine Antwort darauf bietet Abb. 1.

Abb. 1: Verschuldung der öffentlichen Haushalte in Deutschland.

14

Deutlich ist zu erkennen, daß sich das Problem nach der Währungsreform 1948 und damit zum Beginn unseres Systems anfangs erst schleichend bemerkbar machte und später dann regelrecht explodierte. Vergleicht man den Stellenwert, den die Ausgaben für die Schulden im Haushalt des Bundes ausmachten, so waren sie 1950 gerade an elfter Stelle, 1974 bereits an achter Stelle und 1995 an die zweite Stelle vorgerückt. Genauso wird hierdurch ein immer größerer Anteil des Staatshaushaltes für die Zinszahlung absorbiert. Mußten 1950 gerade einmal 1,7% des Haushaltes für die Bundesverschuldung aufgewandt werden, waren es 1974 schon 3,7%, und 1995 wurden bereits 18,4% des Etats für Zins und Tilgung verbraucht.[7]

Wie schnell klar wird, handelt es sich um ein Problem, das mit zunehmender Zeit immer schneller wächst. Wie dramatisch die Lage ist, zeigt die Tatsache, daß es seit Bestehen der Bundesrepublik etwa alle sechs Jahre zu einer Verdopplung der Zinslasten im Staatshaushalt kam. Dabei spielte es keine Rolle, welche Partei gerade die Regierung bildete, oder welche Konjunkturphase durchlaufen wurde. Auch die durchschnittliche Inflation von drei Prozent führte nicht zu einer entspannten Entwicklung. Das reale (inflationsbereinigte) Wachstum der Staatsverschuldung betrug immer noch acht Prozent pro Jahr. Trotz aller Sparappelle der letzten zehn Jahre hat sich damit die Verschuldung der öffentlichen Haushalte nicht nur weiter, sondern in immer schnellerem Maße aufgebläht. Alle Sparbemühungen können deshalb als gescheitert betrachtet werden.

Trotzdem erklärte Bundesfinanzminister Hans Eichel Ende des Jahres 2000, nach der Einnahme von fast 100 Milliarden DM durch Verkauf von Lizenzen an Mobilfunkbetreiber (UMTS), daß mit dem Geld die deutsche Staatsverschuldung erstmals getilgt werde. Der Bund der Steuerzahler wies jedoch Anfang 2001 darauf hin, daß die Neuverschuldung trotzdem 80 Milliarden DM betragen werde und der in jeder Sekunde um sage und schreibe 2.536 DM steigende Schuldenberg durch die Sondereinnahme nur um acht DM in der Sekunde gebremst werde.[8] Nicht allein, daß die Sparappelle bisher immer sinnlos waren, besteht heute ein guter Teil der vermeintlichen Problemlösung darin, die Schulden einfach anders zu verteilen. Während der Bund beispielsweise versucht, den Haushalt zu »sanieren«, indem er den Städten und Gemeinden immer höhere Lasten auferlegt, geht ihnen genau dadurch zunehmend die finanzielle Handlungsfreiheit verloren.

»Deutschland braucht den Staatsbankrott – jetzt! ... Denn worum geht es? Es gibt nicht gedeckte Rentenansprüche in Höhe von drei Billionen Mark, die weitgehend von den heute unter 40jährigen zu erbringen sind. Um diese Last ein wenig abzumildern, wird über eine Herabsetzung des Rentenniveaus sowie eine Verlängerung der Lebensarbeitszeit auch für die noch arbeitenden Vertreter der älteren Generationen verhandelt. Ein Punkt bleibt dabei stets ausgeklammert: Die darüber hinaus noch bestehende, offen ausgewiesene Staatsverschuldung in Höhe von gegenwärtig über 2,3 Billionen Mark. Insgesamt haben die heranwachsenden Generationen damit eine Last von deutlich mehr als einer Fünf mit zwölf Nullen zu schultern. Denn Zinsen und Tilgung der Staatsanleihen bleiben an denselben hängen, die auch die Rentenzahlungen leisten müssen. ... Wir brauchen endlich den Staatsbankrott! Und zwar jetzt, sofort, heute! Auf jeden Fall so schnell wie möglich.«

Bernd Niquet[9]

Der explodierende Schuldenberg bei Bundesländern, Städten und Gemeinden

So wies der bayerische Landtagspolitiker Theo Zellner darauf hin, daß allein in den bayerischen Kommunen die Soziallasten in den vergangenen zehn Jahren »explosionsartig« von drei auf 6,7 Milliarden Mark angestiegen sind. Demgegenüber gingen die Steuereinnahmen und Finanzausgleichsleistungen um fünf bis sieben Prozent zurück.[11] Während sich also der Bundesfinanzminister in seinem vermeintlichen Sparerfolg sonnen kann, steht vielen Bürgermeistern von Städten und Gemeinden das Wasser bis zum Hals, da vor allem die Soziallasten zunehmend vom Bund einfach auf die Kommunen umgewälzt werden.

Deutlich wurde die Dramatik beispielsweise wieder beim Deutschen Städtetag 2001. Allein die von Steuerschätzern prognostizierten Steuermindereinnahmen werden die Kommunen, nach Angaben des Deutschen Städte- und Gemeindebundes mit weiteren 1,9 Milliarden Mark bis zur Schmerzgrenze belasten. Der Verbandsgeschäftsführer Gerd Landsberg wies darauf hin, daß es mit der geplanten Steuerreform zu einem Fehlbetrag von 14,7 Milliarden Mark kommen werde. **Die Finanzlage sei bei vielen Kommunen bereits so dramatisch, daß diese nur noch mit dauerhaften Kassenkrediten wirtschaften könnten.** Dabei seien diese Kredite eigentlich nur dafür vorgesehen, um kurzfristige Kostenschwankungen auszugleichen. Weitere Einsparmöglichkeiten seien bereits völlig ausgeschöpft und Kürzungen bei den Leistungen unvermeidlich.[11] Der Präsident des Deutschen Städtetages, Hajo Hoffmann, zeichnete ebenfalls ein düsteres Bild: Die Städte und Gemeinden müßten sich heute immer mehr kreditfinanzieren, da durch die Steuerreform und ebenso durch neu hinzukommende Bundesgesetze die Haushalte massiv belastet würden. Nach einem Überschuß von 2 Milliarden Mark stünden die Kommunen im Jahr 2001 vor einem Defizit von 5,6 Milliarden DM.[12] Eine wirkliche Sanierung der Staatsfinanzen findet also gar nicht statt. Es werden nur bisherige Ausgaben des Bundes auf die untergeordneten Ebenen verschoben, mit der Folge, daß zwar die Neuverschuldung des Bundes in Grenzen bleibt, jedoch die Verpflichtungen an der Basis explodieren.

Allein die Bundeshauptstadt Berlin sitzt heute auf einem Schuldenberg von 65 Milliarden Mark, welcher jährlich mit ganzen vier Milliarden Mark Zinsen bedient werden muß.[13]

Besonders deutlich wurde die brisante Situation, als Berlin durch den Niedergang der von der Stadt mitgetragenen Bankgesellschaft Berlin im Mai 2001 vor der Pleite stand. Die Stadt sah sich plötzlich Forderungen von nahezu fünf Milliarden Mark gegenüber, was die Landesfinanzen in eine tiefe Krise abstürzen ließ, die nur durch massive Neuverschuldung vorübergehend behoben werden konnte. Die jahrelange »Konsolidierungspolitik« war damit mit einem Schlag ad absurdum geführt. Zuletzt wurden sogar Schwimmbäder und Krankenhäuser geschlossen, um zu sparen. Der Hintergrund jener Pleite ließ sich an der Person des ehemaligen Bankchefs und CDU-Fraktionsvorsitzenden Klaus Landowsky fixieren, dem schweres Fehlverhalten vorgeworfen wurde, da er nach Entgegennahme einer Bankspende von 40.000 DM zwielichtige Kredite vermittelte.[14] Später mußte der Berliner regierende Bürgermeister Diepgen sogar eingestehen, daß Berlin für das Jahr 2001 zusätzlich sechs Milliarden DM an Krediten aufnehmen müsse – vier Milliarden für die Bankenpleite und nochmals zwei Milliarden DM für nicht realisierbare Vermögensverkäufe des Landes. Zu Recht wies der dortige CDU-Fraktionsvorsitzende Frank Steffel darauf hin, es dürfe nicht vergessen werden, daß die dramatische Lage des Stadtstaates durch den raschen Abbau früherer Bundeshilfen mitverursacht worden sei.[15] Im weiteren Verlauf wurden immer weitere Betrugsfälle bei der Bankengesellschaft bekannt. Dabei sei durch Scheingeschäfte und Provisionsbetrug in mindestens 20 Fällen ein dreistelliger Millionen-Betrag veruntreut worden.[16]

Wie heute bei solchen Fehlentwicklungen üblich, müssen die Folgen von der Bevölkerung getragen werden. So forderte beispielsweise der bayerische Finanzminister Faltlhauser, daß Berlin mehr Personal abbauen müsse, was seiner Ansicht nach in der Vergangenheit zu wenig geschehen sei.[18] Daß jedoch eine Entlassungswelle gleichzeitig auch wieder zu einer höheren Arbeitslosigkeit und damit einer Erhöhung der Soziallasten führt, was den Stadthaushalt weiter belastet, und demnach Entlassungen keine Lösung des Problems sind, das scheinen viele Entscheidungsträger noch nicht erkannt zu haben. Trotz allem darf nicht vergessen werden, daß das Grundproblem die hohen Kapitalkosten von fast elf Millionen Mark pro Tag – allein für Berlin! – die Ursache dafür sind, daß Krankenhäuser oder Schwimmbäder geschlossen werden müssen. Gäbe es diese Kapitalkosten nicht, dann könnte ganz im Gegenteil zur aktuellen Situation sogar beinahe jeden Tag ein Krankenhaus oder Schwimmbad neu gebaut werden.

Ähnlich wie bei den Kommunen, verschlimmert sich die Haushaltslage auch bei vielen Bundesländern.

So wurde Schleswig-Holstein beispielsweise im Jahr 2001 vom Rechnungshof gerügt, mit 1.800 DM pro Einwohner die höchste Pro-Kopf-Verschuldung in der Bundesrepublik zu haben, womit das Saarland von seinem Spitzenplatz verdrängt wurde. Wie Gernot Korthals, Präsident des Bundes-Rechnungshofes, betonte, werde sich daran auch auf absehbare Zeit nichts ändern, da die Finanzen »ohne Perspektive« seien und sich die wichtigsten Eckdaten »überwiegend weiter negativ« entwickelten.[18] Schon Ende 2000 zeichnete sich ab, daß das gesamte staatliche Haushaltsdefizit um 13 Prozent auf 83 Milliarden DM wachsen wird. Ursache dafür sei **die desolate Lage der Bundesländer, deren Defizit in den alten Bundesländern im Jahr 2001 sogar um 88 Prozent anschwellen soll.**[19] Von einer Lösung der Schuldenproblematik, wie dies manche Politiker gerne nahelegen wollen, kann also rein gar nicht gesprochen werden. Im Gegenteil: Die gesamte Staatsverschuldung bläht sich beinahe automatisch in immer schnellerer Geschwindigkeit auf. Doch nicht nur, daß durch die Sparmaßnahmen Länder und Kommunen drastisch belastet werden – die Aktionen werden darüber hinaus auch noch ungerecht und inkonsequent umgesetzt. Dabei sind viele Entscheidungsträger alles andere als gute Vorbilder für Sparmaßnahmen.

*»Das schlimmste Versäumnis ist sicherlich, daß wir uns finanziell
so verschuldet haben. Der Staatsbankrott oder eine schreckliche
Geldentwertung wird die eigentliche Erblast werden.«*
Hildegard Hamm-Brücher, ehemalige Politikerin

Wasser predigen und Wein trinken – die Sparappelle

Während die Politiker von der Bevölkerung weitgehende Einschränkungen fordern, um, wie es heißt, die Verschuldung zu reduzieren, genehmigen sie sich selbst schonungslos üppige Sonderzulagen und Privilegien. So wird zum Beispiel ein Bundesminister nach nicht einmal zwei Jahren Dienstzeit mit 60 Jahren schon vom Staat versorgt. Amtiert er ein Jahr länger, so kann er schon mit 55 Jahren die volle Pension kassieren. Geht der Ex-Minister dann einer lukrativen Beschäftigung nach, so kann er neben der Pension in beliebiger Höhe hinzu verdienen, ohne daß eine Anrechnung erfolgen würde. Demgegenüber darf der normale Rentner vor dem 65sten Lebensjahr nur monatlich 630 DM und zweimal im Jahr den doppelten Betrag zusätzlich verdienen. Alles, was darüber hinaus geht, kürzt die oftmals ohnehin schon magere Rente.

Auch im Falle, daß ein aktives Mitglied des Bundestages verstirbt, werden ebenfalls üppige Leistungen für die Hinterbliebenen fällig. War der Politiker nur einen Tag im Bundestag Mitglied, erhält der hinterbliebene Ehepartner schon bis zu 5.153 DM im Monat. Demgegenüber würde die Witwe eines normalen Rentenversicherten leer ausgehen.[20] Während also vom Volk weitgehende Einschränkungen erwartet werden, genehmigen sich die Entscheidungsträger immer größere Stücke vom gemeinsamen Kuchen. Das schlimme ist, die Regierenden scheinen tatsächlich auch noch zu glauben, daß ihnen solche »Entschädigungen« für die angeblich so erheblichen von ihnen erbrachten Leistungen zustünden. Noch dazu genehmigen sich unsere demokratischen Volksvertreter ihre Einkommenserhöhungen selbst.

Wie sehr viele Verantwortliche bereits den Bezug zum Normalen und zur Realität verloren haben, zeigte sich beispielsweise auch im Jahr 2000, als der Benzinpreis für die Bevölkerung in immer größere Rekordhöhen stieg. Während die Bevölkerung noch zusätzlich durch weitere Steuererhöhungen belastet wurde, genehmigten sich zum Beispiel in Baden-Württemberg die Landespolitiker umfangreiche Ausgleichszahlungen, da ihnen nach eigener Meinung ein hoher Benzinpreis, noch dazu bei solch großer Leistungsbereitschaft, auf keinen Fall zugemutet werden könne.

Daneben gönnten sich die Volksvertreter auch teure Unterkünfte, nur vom Feinsten. Für die zahlreichen neu in Berlin errichteten Gebäude zur Unterbringung unserer Abgeordneten, samt Ausschüssen sollen ganze 1,8 Milliarden Mark aufgewandt werden. Nach einem vertraulichen Bericht der Bundesbaugesellschaft werden die Kosten, wie bei Staatsbauten heute üblich, um 250 Millionen Mark höher ausfallen.[21]

Eine andere Art von Verschwendung findet oftmals bei den Kommunen statt. So werden beispielsweise bei Bürgermeisterwahlen von den Kandidaten vollmundige Versprechen abgegeben, etwa für eine überflüssige Ortsumgehung. Durch unser Zuschußsystem werden die Kosten für die sinnlosen Projekte dann oftmals zu 80 Prozent vom Land oder vom Bund getragen, und der neu gewählte Bürgermeister kann sich brüsten »für die Stadt etwas getan« zu haben. Das heutige Umverteilungs- und Zuschußsystem fördert dabei geradezu die Verschwendung, weil niemand spart, sondern jeder sich damit herausredet, daß doch das Land den Großteil der Kosten trage, man selbst also gar nicht unmittelbar an der Finanzierung beteiligt sei. Darauf wies mit Recht auch der Steuerzahlerbund hin und verlangte, diese Art von »Mischfinanzierung« abzuschaffen. Pro Jahr würden dadurch auf allen staatlichen Ebenen nahezu 240 Milliarden Mark für Projekte ausgegeben, die oft unwirtschaftlich und vom Ziel bestimmt seien, möglichst viele Zuschüsse zu bekommen. Das System führe zu übermäßigen Ausgaben, wobei Folgekosten meist nicht berücksichtigt würden. Statt dessen bestimme das Motto: »Nimm was Du kriegen kannst«, das Verhalten, wobei vernünftige Kosten-Nutzen-Abwägungen unterblieben.[22]

Weil es, nicht zuletzt wegen der Verschwendung, im öffentlichen Haushalt immer düsterer aussieht, möchten unsere Staatslenker gerne die Bevölkerung mehr an Aufgaben beteiligen, die eigentlich vom Staat getragen werden sollten. So forderte der brandenburgische Innenminister Schönbohm im Sommer 2001, daß in Zukunft Senioren dazu verpflichtet werden müßten, ehrenamtliche Tätigkeiten zu übernehmen. Wenn sich für diese Aufgaben keine freiwilligen Kräfte mehr fänden, dann müsse es »Anreize und Ermutigungen« geben und es könne sich bereits in einigen Jahren die Pflicht dafür für bestimmte Personengruppen stellen.[23] Daß es jedoch viel sinnvoller wäre, die Verschwendung öffentlicher Mittel zu unterbinden, das verschwieg der Minister.

Noch schlimmer sieht die Verschwendung im europäischen Rahmen aus: So schlug der EU-Kommissar Neil Kinnock vor, daß 600 Beamte vor Erreichen des normalen Pensionsalters mit 60 bis 70 Prozent des letzten Einkommens verabschiedet werden sollen. Voraussetzung solle sein, daß der Beamte mindestens zehn Jahre im Dienst war, das fünfzigste Lebensjahr vollendet habe und eine »besonders große Diskrepanz zwischen der Qualifikation und den wahrzunehmenden Aufgaben angefallen ist« – also zu deutsch: der Beamte seine Leistung nicht mehr erfüllen kann oder will. Der faule Beamte wird also noch für seine Untätigkeit damit belohnt, daß er mit einer hohen Pension vorzeitig in Ruhestand gehen kann. Sind die Voraussetzungen erfüllt, kann ein Abteilungsleiter je nach Dienst und Lebensalter mit bis zu 20.300 DM brutto im Monat seinen Ruhestand genießen. Der Bund der Steuerzahler wies darauf hin, daß die Kosten durch solch eine Maßnahme explodieren würden: So sollen für die 600 arbeitsunwilligen oder arbeitsunfähigen Beamten insgesamt 975 neue Bürokraten beschäftigt werden, die aus dem EU-Haushalt und damit zum guten Teil vom deutschen Steuerzahler finanziert werden müssen.[24]

Doch reicht schon ein Blick in das Europäische Parlament, um zu erkennen, daß »Sparen« nur von den kleinen Bürgern gefordert wird. So hatte Anfang 2001 das Europäische Parlament für die Abgeordneten eine Vier-Tagewoche beschlossen. Der Freitag ist seither arbeitsfrei, damit die Politiker früher nach Hause abreisen können. Doch obwohl es nun am Freitag nichts mehr zu tun gibt, tragen sich Politiker mehr denn je an diesem Tag in die Anwesenheitslisten ein, um das Tagesgeld von fast 500 DM zu kassieren.[25]

Mit Blick auf die Europäische Union wird schon deutlich, wie gemeinsam verwaltete Finanzen schnell zu einer Art Selbstbedienungsladen verkommen.

»Autovertreter verkaufen Autos, Versicherungsvertreter verkaufen Versicherungen. Und Volksvertreter?«

Verschwendung, Korruption und Verschleierungstaktik

Doch erstreckt sich die Belastung der öffentlichen Haushalte durch die Politik nicht nur auf das dort vorhandene Anspruchsdenken. Oftmals geht es dabei auch offen um Korruption. So kam beispielsweise Ende 2000 heraus, daß die umstrittene, da viel zu teure, ICE-Neubaustrecke zwischen München und Ingolstadt künstlich heruntergerechnet wurde, um die Aktion durchpeitschen zu können. So seien 416 Millionen Mark vom Eisenbahnbundesamt ohne stichhaltige Gründe weggerechnet und 516

Millionen Mark Kostensteigerung einfach ganz gestrichen worden. Wie später bekannt wurde, wird die mit 3,87 Milliarden Mark veranschlagte Strecke um bis zu zwei Milliarden Mark teurer werden. Der Grünen-Bundestagsabgeordnete Albert Schmidt erklärte dazu:»Jeder, der Verkehrspolitik betreibt, weiß, wie die Öffentlichkeit bei der Streckenentscheidung von der Politik getäuscht worden ist.«[26] Noch drastischer drückte es der SPD-Politiker Herbert Müller aus, als er darauf hinwies, daß alle Rechnungen geschönt gewesen seien und die damaligen Finanzminister Waigel und Verkehrsminister Wiesheu »mit allen Tricks, vorbei an den Warnungen des Rechnungshofes, mit getürkten Zahlen« gearbeitet hätten.[27]

Ähnlich war es bei der Kostenschätzung zum geplanten Großbahnhof in Stuttgart und der ICE-Strecke zwischen Stuttgart und München. Wie Studien später ergaben, werden beide Projekte zusammen um mindestens 1,45 Milliarden Mark teurer, als vorher optimistisch angenommen – eine weitere Kostensteigerung sei absehbar. Allein die Tunnelabschnitte für die ICE-Strecke sollen 30 Millionen DM pro Kilometer kosten.[28] Das bedeutet, daß die Bahn, bei einer Schulden-Verzinsung von vielleicht sieben Prozent, für nur einen Kilometer ICE-Strecke mit Tunnelabschnitt ganze 2,1 Millionen DM nur an Zinsen erwirtschaften muß und das, ohne daß überhaupt ein Gewinn erwirtschaftet wurde, geschweige denn der Unterhalt der Strecke finanziert wurde. Man kann sich denken, welch gewaltige Belastung damit auf die Bahn – und letztlich den Steuerzahler – zukommt.

Ein ähnliches Beispiel für Fehlkalkulation war die Expo-Veranstaltung im Jahr 2000 in Hannover. Ursprünglich geplant waren 30 bis 40 Millionen Besucher – gerade einmal 18 Millionen kamen letztlich. Am Ende schloß die Aktion mit einem Verlust von nahezu 2,3 Milliarden Mark, die wiederum vom Steuerzahler aufgebracht werden müssen. Umgerechnet auf jeden Deutschen muß jeder immerhin 28 Mark für dieses Pleiteprojekt bezahlen.[29]

Es stellt sich dabei die Frage, wer für solche Fehlentscheidungen verantwortlich ist und wer welchen Vorteil für sich selbst dabei herausschindet. Für ein Privatunternehmen wäre es jedenfalls undenkbar, daß eine geplante Investition plötzlich den dreifachen Betrag kostet oder Projekte realisiert werden, ohne daß sich jemand Gedanken darüber gemacht hätte, ob dies überhaupt nötig und sinnvoll gewesen wäre. Man erinnere sich nur einmal an das Beispiel der geplanten Wiederaufbereitungsanlage in Wackersdorf. Jahrelang wurde auf dem Baugelände die protestierende Bevölkerung durch teure Polizeieinsätze niedergehalten, um dann von einem Tag auf den anderen zu verkünden, daß man das Projekt fallen lasse, da es nicht rentabel sei. Nach Presseberichten kosteten allein die Planungsarbeiten mehr als zwei Milliarden Mark, für welche der Steuerzahler aufzukommen hat. Ähnlich verhält es sich auch mit den Castor-Transporten, die dem Abtransport radioaktiver Abfälle der Atomkraftwerke dienen. Während Konzerne die Kraftwerke betreiben und lukrative Gewinne einfahren, muß der Steuerzahler nicht nur größtenteils für den teuren Bau aufkommen, sondern auch noch die millionenteure Abwehr von Demonstranten bezahlen. Die Kosten der Atomkraft hat die Gemeinschaft zu tragen, während die Stromgewinne in private Taschen fließen.

Unter diesen Bedingungen könnte jeder Normalbürger solch ein Kraftwerk betreiben und seine Gewinne einfahren. Das Ganze ist ein Beispiel dafür, wie kostbare Steuergelder auf finanzstarke Konzerne umverteilt werden, um am Ende von der Bevölkerung zu fordern, »den Gürtel enger zu schnallen«. Würde man ein Atomkraftwerk nur unter betriebswirtschaftlichen Faktoren, ohne Subventionen, betreiben wollen, wäre es unrentabel. Nach Berechnungen des Rheinisch-Westfälischen Institutes für Wirtschaftsforschung **betragen die Investitionskosten bei einem Atomkraft pro installierter Kilowattstunde Strom etwa 3.300 Mark, dreimal mehr als bei einem Gaskraftwerk.** Die Gesamtkosten für ein Atomkraftwerk belaufen sich auf sage und schreibe vier Milliarden Mark.[30] Es muß also schon eine deutliche, finanzstarke Lobby seitens der Großindustrie im Hintergrund stehen, um solche unrentablen Projekte, für die wieder der Steuerzahler aufzukommen hat, durchsetzen zu können.

Derartige Beispiele sinnloser Unternehmungen, die nur wenigen zugute kommen, lassen sich beinahe endlos weiterführen: So plante die Stadt Bielefeld eine Mülldeponie und investierte 113 Millionen Mark. Das Projekt wurde dann kurz darauf ausgesetzt. Ähnlich war es bei einem geplanten Freizeitpark bei Hildesheim. Nach Ausgaben von 30 Millionen DM für den Bau entstand später, nachdem sich kein Investor fand, die »teuerste Schafweide Europas«. Für fünf Millionen Mark kaufte die Hamburger Behörde für Arbeit, Soziales und Gesundheit einen Computer, der sechs Jahre später – ohne je in Betrieb gewesen zu sein – verschrottet wurde. Im fränkischen Schwabach ließ der Baureferent sein Büro mit einem 13.000 DM teuren Beleuchtungssystem und einem Teppich für 11.300 DM ausstatten. In Aschaffenburg wurde für das Personal eine Toilette zum Preis von 310.000 Mark installiert.[31] Einen Schildbürgerstreich auf Kosten der Steuerzahler konnte im niedersächsischen Bahringhausen ausgemacht werden: Die Gemeinde ließ ein Bushäuschen für ganze 15.000 DM aufstellen – und das obwohl der letzte Bus vor zwei Jahren dort gehalten hatte.[32]

Das schlimme ist, daß Verschwendung durch öffentliche Entscheidungsträger kaum geahndet wird. Wie der Bundesdisziplinaranwalt Norbert von Nieding erklärte, gebe es dafür nur »verschwindend wenige« Maßnahmen. Das Problem liegt oftmals darin, daß die zuständigen Amtsleiter wenig Interesse an einer scharfen Verfolgung haben, da Ermittlungen auf sie selbst zurückfallen würden.[33]

Seit die Staatsverschuldung in der Öffentlichkeit als Problem bekannt wurde, sind die Politiker bemüht, sie zu verschleiern. Schon der ehemalige Bundesfinanzminister Waigel verkaufte vor Jahren Telekom-Aktien an die Kreditanstalt für Wiederaufbau (KfW). Er konnte damit einen satten Privatisierungsgewinn für den Bund verbuchen und die Stabilitätskriterien für den Euro-Beitritt knapp einhalten. Daß die KfW ebenfalls eine staatliche Institution war und somit die Schulden nur von einem Topf in den anderen umgebucht wurden, störte damals niemanden. Hintergrund dafür ist der Umstand, daß die Statistiker nicht danach unterscheiden, wer für die Schulden haftet, sondern danach, welche Rechtsform die Institution besitzt. Die KfW gilt als eigenständig, weshalb deren Schulden nicht im Bundeshaushalt auftauchen. Genauso läuft es auch im kommunalen Bereich: Städte und Gemeinden gründen beispielsweise für die Abwasserentsorgung eine GmbH, deren Schulden dann nicht im Haushalt der Kommune auftauchen. Daß sich hier oftmals schon Verpflichtungen angesammelt haben, die höher sind als die offiziell ausgewiesenen, scheint niemanden zu stören. Alles was eigenständig wirtschaftet, gehört nicht zum Haushalt und damit nicht in die Schuldenstatistik der Kommune.[34]

Eine Ursache der öffentlichen Verschwendung ist der aufgeblähte Beamtenapparat, der oftmals die Verantwortung für die verwalteten Gelder vermissen läßt.

Die Beamtenbürokratie – ein teurer Spaß

Trotz aller Bekundungen der Politik, die teure Bürokratie abbauen zu wollen, stieg die Zahl der Beamten im Lauf der Jahre immer weiter an. Während bei den Angestellten im Öffentlichen Dienst teilweise kräftig eingespart wurde, stieg allein zwischen 1993 und 1995 der Anteil der Beamten beim Staat von 32 auf 35 Prozent. Die Kosten dieses Bürokraten-Apparates werden in Zukunft kaum mehr zu bewältigen sein. So ergab eine Studie des renommierten Verwaltungs-Forschungsinstitutes der Hochschule Speyer, daß die Personalausgaben des Öffentlichen Dienstes in Zukunft drastisch steigen werden. Es wurde geschätzt, daß im Jahr 2040 rund 1,1 Billionen Mark nur für das Personal aufzuwenden seien – das wäre **das Doppelte des heutigen Bundeshaushaltes** – und viermal mehr als heute. Dann müßten 60 Prozent der gesamten Steuereinnahmen nur für die Besoldung der Bürokraten aufgewandt werden. Parallel dazu soll die Zahl der Pensionsempfänger wachsen und den Haushalt weiter belasten: Auf jeden aktiven Beamten soll dann ein Pensionär kommen.[35] Diese Misere ist selbstverständlich nicht von den einzelnen Beamten zu verantworten, die ihren Dienst gut und zuverlässig erledigen, sondern von den Entscheidungsträgern in der Politik, die eine falsche Weichenstellung durchgeführt haben.

Insgesamt genießen die Beamten eine Reihe von Privilegien, wie günstige Versicherungstarife bei fast allen Versicherungen, günstige private Krankenversicherung mit Spitzenleistungen, Wegfall der Sozialbeiträge und nicht zu vergessen: die Unkündbarkeit. Dazu bekommt dann der Beamte, wenn er heiratet oder auch für jedes Kind automatisch eine Lohnerhöhung, was in der Industrie undenkbar wäre. Der Bund der Steuerzahler wies in diesem Zusammenhang darauf hin, daß hier doppelt Leistungen für Verheiratete und Kinder gezahlt werden: einmal allgemein über eine Besserstellung bei Versteuerung und Kindergeld und zum zweiten durch ein höheres Gehalt. Dies könne beispielsweise bei der Besoldungsstufe A9 und höher bei einem verheirateten Beamten mit zwei Kindern fast 6.500 DM jährlich mehr Gehalt bedeuten. Der Bund der Steuerzahler wies weiter darauf hin, daß gerade dieser Tatbestand zu ganzen 13 Milliarden Mark Mehrkosten für die Gebietskörperschaften führe. Weiterhin werde hier eine Gehaltszulage gewährt, die leistungsunabhängig erfolge und beim benachteiligten ledigen Beamten zu Frustration und Leistungsminderung führen könne.[36]

Eigenartigerweise bemißt sich das Gehalt im Öffentlichen Dienst nicht nach der Leistung oder Berufserfahrung, sondern nur nach dem Lebensalter. Es kann also vorkommen, daß ein hochqualifizierter Einsteiger in den Öffentlichen Dienst weniger Gehalt erhält, als ein wenig motivierter älterer Stelleninhaber. Das System ist damit an sich wenig leistungsorientiert, und wer zusätzlich arbeitet, bekommt häufig nicht mehr Gehalt als derjenige, der »Dienst nach Vorschrift« leistet.

Auch in der Altersversorgung sieht es für den ehemaligen Beamten ungleich besser aus: Während beim Angestellten die in die Rentenkasse eingezahlten Beiträge zählen, also sich auch Zeiten mit geringem Verdienst niederschlagen, zählt beim Beamten der letzte Verdienst als Grundlage für die Berechnung der Altersruhegelder.

Insgesamt hat der Beamtenstatus damit innerhalb einer längeren Zeitspanne doch einen erheblichen Teil von Privilegien erlangt – welche vom Steuerzahler teuer bezahlt werden müssen. Gerechterweise muß jedoch dazugesagt werden, daß diese Privilegien von den Beamten oft hart bezahlt werden müssen. Während ein Angestellter relativ leicht seine Stelle ohne Verluste wechseln kann, ist der Beamte doch sehr an seine Dienststelle gebunden. Oft wird dabei ein frustrierender Job weitergeführt, da ein Ausscheiden aus dem Öffentlichen Dienst mit hohen Verlusten, etwa bei der Alterssicherung, verbunden wäre. Ein Beamter kann damit vom Arbeitgeber durchaus stärker unter Druck gesetzt oder Mobbing ausgeliefert werden als das bei einem Angestellten in der Regel der Fall ist. Dies ist wahrscheinlich auch ein Grund, warum das Beamten-Unwesen nicht schon längst abgeschafft wurde.

Noch extremer ist die Gehalts-Situation bei Beamten in der Europäischen Union: So geht ein Beschäftigter beispielsweise beim europäischen Patentamt mit dem doppelten Gehalt als ein entsprechender Beamter beim deutschen Patentamt nach Hause, obwohl beide in München ansässig sind. Ein Bürobote bei der EU kann beispielsweise bei entsprechenden Zulagen 7.100 Mark netto im Monat verdienen, während sein Kollege in einer deutschen Behörde maximal mit 4.000 Mark rechnen kann. Noch üppiger sieht es bei einem verheirateten Generaldirektor der EU-Kommission aus, der monatlich 31.000 DM brutto erhält, während sein ranggleicher deutscher Kollege »lediglich« 16.500 DM einstreicht.[37]

Man fragt sich, warum hier nicht schon längst Konsequenzen gezogen wurden und beispielsweise nur noch angestellte Kräfte im Öffentlichen Dienst eingestellt werden? Sieht man sich jedoch die Zusammensetzung beispielsweise des Bundestages an, dann erkennt man sehr schnell, daß dort der Anteil der früheren Beamten besonders ausgeprägt ist: Der Anteil früherer Beamter oder Bediensteter des Öffentlichen Dienstes im Bundestag ist mit 40 Prozent etwa sechsmal höher als in der Bevölkerung insgesamt.[38] Damit ist eine Berufsgruppe unter den Entscheidungsträgern besonders vertreten und das Parlament spiegelt heute keineswegs mehr die Zusammensetzung der Bevölkerung wieder. Durch jahrelange Tätigkeit in der Bürokratie werden häufig unsichtbare Abhängigkeitsfäden gesponnen, worunter die freie Entscheidungsfindung leidet. Daß jemand, der durch die Bürokratie in eine einflußreiche Position gelangt ist, später gegen diesen Apparat nichts unternehmen wird, liegt auf der Hand.

Bei der Diskussion über die Beamtenbürokratie sollten nicht die Leidtragenden vergessen werden. Vor allem den kleinen und mittleren Unternehmen in Deutschland, welche nahezu 2/3 der Arbeitsplätze stellen, werden durch den ausufernden Verwaltungsapparat zunehmend drückendere Kosten aufgezwungen. Gerade diese Betriebe tragen in Deutschland 96 Prozent der den Betrieben aufgezwungenen Bürokratie. Die Kosten für die Verwaltung von Umsatzsteuer, Krankenkassen-, Renten- und Arbeitslosenbeiträgen sowie alle Arten von regelmäßig abzuliefernden Berichten belasten die ganze Wirtschaft mit nahezu 60 Milliarden Mark jährlich, was 1,6 Prozent des Bruttosozialproduktes ausmacht. Dabei steigen diese Kosten mit einem Zuwachs von vier Prozent schneller als die reale Wertschöpfung, was letztlich eine immer stärkere Belastung der Unternehmen bedeutet.[39]

Zur aufgeblähten Beamtenbürokratie gehören auch die verbeamteten Professoren. Kaum ein Titel löst heute in der Bevölkerung solche Bewunderung aus, wie der des »Professors«. Kaum bekannt ist jedoch, daß hier oftmals sinnlos Mittel verschleudert werden, ohne daß wirklich ein Nutzen für die Gesellschaft entstehen würde.

»Durch ihre jahrzehntelange Prägung entstand in Deutschland ein Forschungssystem, das zur Ministerialbürokratie kompatibel ist. Da braucht man schon eine gehörige Portion Phantasie und Zweckoptimismus, um sich vorzustellen, daß die Bürokratie die Keimzelle für Kreativität, Dynamik und Innovationskraft sein soll. ... In der Vergangenheit hat sie (die Politik, d. A.) vieles mit der Absicht initiiert, die der Gesellschaft und der Wirtschaft suggeriert, daß bestimmte Technologien und Wirtschaftsfelder an Bedeutung gewinnen würden ... wohl wissend, daß nicht selten die konkreten Inhalte fehlten oder eine wirtschaftliche Nachhaltigkeit gar nicht gegeben war.«
Bund der Steuerzahler[40]

Forschungsförderung – sinnlose Verschwendung

Ein gutes Beispiel sinnloser Verschwendung ist hier die sogenannte Forschungsförderung. Statt auch den Wissenschafts- und Forschungsbereich den Marktgesetzen von Angebot und Nachfrage zu unterwerfen, werden lukrative Subventionen für privilegierte Personen vergeben. Kaum jemandem ist heute bewußt, daß beispielsweise die privilegierten Universitätsprofessoren kaum einer Kontrolle darüber unterliegen, was mit den reichlichen Fördermitteln eigentlich gemacht wird. Teilweise nutzen diese sogar die staatlichen Forschungsgeräte dafür, um Aufträge der Industrie zu bearbeiten und sich selbst dicke »Beraterhonorare« in die eigenen Taschen zu wirtschaften – und das ganz legal. Dabei werden jedoch Kleinunternehmer, die keine Förderung erhalten, an die Wand gedrückt. Der verbeamtete Professor muß für seine Forschungsausstattung weder Strom, Personal noch Kapitalkosten aufbringen und kann entsprechend alle freien Anbieter im Preis unterbieten und ruinieren. Kaum jemand scheint sich heute darüber zu wundern, warum aus den Universitäten, von Ausnahmen abgesehen, eigentlich gar keine neuen Erfindungen kommen – trotz milliardenschwerer Förderung. Außer hochtrabenden Versprechungen über neue Technologien und einer blühenden Zukunft durch diese Errungenschaften ist kaum etwas Brauchbares aus dem Universitätsbereich zu vernehmen, während die wirklich bahnbrechenden Entdeckungen oftmals von unbekannten Personen »in der eigenen Garage« – ohne Fördermittel – gemacht werden.

Mit Recht wies der Bund der Steuerzahler darauf hin, daß gerade in diesem Bereich, unbeachtet von der Bevölkerung, in den letzten Jahrzehnten »ein ausgeklügeltes System aus Verkündigungspolitik, ministerialbürokratischem Filz und Fördermittelbewirtschaftung« entstanden ist. Obwohl die Ausgaben für Forschungsförderung von 32 Milliarden Mark jährlich von den Verantwortlichen immer gerne als besondere Leistung dargestellt wird, wuchs sowohl die Zahl der beamteten Forscher, als auch die der »hauptamtlichen Fördermittelbewirtschafter«. Dadurch entstand ein Geflecht aus Ministerialbürokratie und Forschungsszene, was in großem Stil zu »Mitnahmeeffekten« bei den öffentlichen Geldern führte. Als Ursache ist die Erfolgsbewertung eines Forschungsvorhabens zu nennen: Heute wird ein Projekt dann als erfolgreich angesehen, wenn die zur Verfügung gestellten Mittel »abgerufen« werden, wodurch eine gegenseitige Abhängigkeit der Ministerialbürokratie und Forschungseinrichtungen entstand. Das System funktioniert folgendermaßen: Die Politiker brüsten sich gerne mit Forschungsförderung und stellen dafür große Steuersummen zur Verfügung. Ein beamteter Wissenschaftler bietet nun ein interessantes, da publikumswirksames Thema und bekommt dafür die Gelder. Die Politik kann sich damit wiederum medienwirksam in Szene setzen und der beamtete Wissenschaftler vermag seinen Ruhm und den Inhalt seines Geldbeutels durch sinnlose Projekte zu steigern. Der Erfolg dieser Forschungsförderung wird allein an der Anzahl der Patentanmeldungen deutlich: **Gerade einmal fünf Prozent der jährlichen Patentanmeldungen kommen aus den Hochschulen und öffentlichen Forschungseinrichtungen, obwohl dorthin 61 Prozent der Gelder flie-**

ßen. Selbstverständlich werden bei dieser Förderung, neben den ineffizienten staatlichen Forschungseinrichtungen, vor allem auch Großunternehmen, die wiederum für die gewünschte Publicity sorgen, unterstützt – ganze 25 Prozent der Gelder fließen in diesen Sektor. Die kleinen und mittleren Unternehmen, aus denen eigentlich die wirklich brauchbaren Innovationen kommen, müssen sich mit 14 Prozent der Fördermittel zufrieden geben.[41] Dieser Filz zieht sogar noch viel weitere Kreise, was den Steuerzahler sehr viel Geld kostet. Wie unabhängige Kontrollen ergaben, wird in der subventionierten Wissenschaft sehr viel gefälscht und geschönt, um die lukrativen Forschungsgelder zu erlangen. Der Würzburger Experte Ulf Rapp forderte deshalb beispielsweise eine Art »Stiftung Warentest für wissenschaftliche Studien«, da allein die Manipulationen, die bisher ans Tageslicht gekommen sind, gezeigt hätten, daß es ohne Kontrolle offenbar schlichtweg nicht gehe. Rapp war Mitglied einer Wissenschaftlergruppe, die Fälschungsvorwürfe bei wissenschaftlichen Publikationen bewertete. Er stellte fest, daß man praktisch bei jedem der wenigen untersuchten Fälle etwas gefunden habe. Durch die manipulierten Daten sollte ein gewünschtes Ergebnis vorgetäuscht werden, um öffentliche Gelder zu erschleichen.[42] Für den Steuerzahler hat dies gleich mehrere unangenehme Folgen: Einmal muß der immer teurer werdende Wissenschaftsfilz finanziert werden, zum anderen wird überwiegend in sinnlose Projekte investiert, die der Gesellschaft keinen Nutzen bringen. Darüber hinaus werden durch die gefälschten Ergebnisse diejenigen Wissenschaftler, die ehrliche Forschung betreiben auf einen Irrweg gelenkt, der wieder unnötige zusätzliche öffentliche Forschungsgelder im Schlepptau hat.

Auch die Etatvergabe bei der Forschungsförderung erzwingt beinahe Verschwendung. So werden beispielsweise Forschungsetats für ein Jahr vergeben, und wenn dieser Betrag bis zum Jahresende nicht aufgebraucht wurde, wird im Folgejahr der nicht verwendete Rest weggekürzt. Das bedeutet, daß jede Institution geradezu gezwungen wird, am Jahresende mit dem noch nicht verbrauchten Geld noch schnell oftmals sinnlose Geräte anzuschaffen, um den gesamten Fördertopf aufzubrauchen.

Noch schlimmer als in der Naturwissenschaft ist die Verschwendung und Selbstbereicherung in der Medizin. Vollmundig werden dabei über die Medien immer wieder neue angebliche Heilversprechen bekanntgegeben, wie beispielsweise »Krebs ist bald besiegt«, welche dann jedoch durch die nüchterne Realität einer steigenden Krankheitsrate schnell wieder verschwinden. Man fragt sich ernsthaft, wo denn das ganze Geld von Jahrzehnten für die Medizin geblieben ist, wenn die Krankheitsraten in fast allen Bereichen deutlich zunehmen? Ohnehin sind inzwischen schon weitreichende Fälschungen gerade im medizinischen Bereich bekannt geworden, so daß man wirklich von einer weitgehenden Verschwendung von Steuergeldern reden kann.

Die Konsequenz aus diesem Filz muß eindeutig lauten, daß jede Form von Subvention abgeschafft werden muß. Wenn die so gerühmten Professoren schon derartige Kapazitäten darstellten, wie sie zu sein vorgeben, dann stellt sich die Frage, warum sie auf öffentliche Gelder angewiesen sind und nur auf einem Beamtensessel bestehen können, nicht jedoch im freien Wettbewerb!

Doch wie wir später noch sehen werden, sind solche großzügigen Geldverschwendungen nicht nur absichtlich herbeigeführt, unser System braucht vielmehr die explodierende Verschuldung des Staates sogar, da es andernfalls zerbrechen würde.

>>*Ein klares Nein hilft mehr als ein unverläßliches Ja.*<<
Michael Sewera

Das Abwälzen der Verantwortung

Doch nicht nur, daß die Schuldenprobleme durch inkompetente Entscheidungen immer drängender werden, es wird auch ganz offen versucht, die Verantwortung dafür auf andere Institutionen abzuwälzen.

Statt das Schuldenproblem richtig anzugehen und entsprechend die Verantwortung zu übernehmen, wird der staatliche Schuldenberg künftig privatrechtlich organisiert. Caio Koch-Weser, Staatssekretär im Finanzministerium bestellte Anfang 2001 den Genossenschaftsbanker Gerhard Schleif zum zweiten Geschäftsführer der »Bundesrepublik Deutschland – Finanzagentur GmbH«, die voraussichtlich im zweiten Quartal ihr Geschäft aufnehmen wird.[43] Mitte des Jahres 2001 war es dann soweit: Die private »Bundesrepublik Deutschland – Finanzagentur GmbH« wurde von Bundesfinanzminister Eichel gestartet. Der Bund brauche vor dem Hintergrund eines modernen Finanzplatzes ein effizientes Schuldenmanagement, erklärte der Minister. Mit der Währungsunion sei der Wettbewerb härter geworden und die private Schuldenverwaltung darauf die beste Antwort. Die private Firma solle mittelfristig 1,5 Milliarden Mark Zinskosten einsparen.[44] Daß durch eine private Schuldenverwaltung weder das Problem selbst gelöst noch der Schuldenberg kleiner wird, wurde bei der feierlichen Eröffnung nicht genannt. Wahrscheinlich soll mit solch

30

einer Aktion nur die Verantwortung für das Problem verschleiert werden. So könnte man dann in Zukunft einfach behaupten, die private Schuldenverwaltung hätte durch Fehler die Verschuldung weiter erhöht, während die Entscheidungsträger daran scheinbar nicht beteiligt gewesen wären. Die private Schuldenfirma könnte man dann bankrott gehen lassen und niemand wäre plötzlich mehr da, den man zur Verantwortung ziehen könnte. Doch die Folgen wären möglicherweise noch viel schlimmer: Die Zinsersparnis wird zum guten Teil vermutlich dadurch erreicht werden, daß langfristige Schulden in kurzfristige umgewandelt werden, da für diese der Zinssatz momentan günstiger ist. Dies entlastet zwar unter normalen Verhältnissen die Zinszahlungen, führt jedoch, wie wir später noch sehen werden, in einer Schulden- und Finanzkrise über die schnell steigenden Zinsen zum plötzlichen Bankrott, weil eine langfristige Zinsfestschreibung fehlt.

»Je weniger Dinge man auf Erden wichtig nimmt, desto näher
kommt man den wirklich wichtigen Dingen.«
Frederico Lorca

EU-Erweiterung – der Bürger soll blechen

Doch statt bei der zunehmenden Finanzmisere endlich alle unnötigen Ausgaben einzustellen, denken sich die Verantwortlichen schon wieder neue, teurere Vorhaben aus. So soll beispielsweise die Erweiterung der Europäischen Union nach Osten dem europäischen Kontinent neuen Schwung verleihen. Doch vor allem werden uns die gewaltigen Kosten belasten: Allein, um den Umweltstandard der neuen Beitrittsländer an die EU anzupassen, sind über 150 Milliarden DM nötig. Besonders Deutschland wird dafür wieder zur Kasse gebeten. Der EU-Vizepräsident Ingo Friedrichs rechnet mit Nettozahlungen von bis zu 32 Milliarden Mark jährlich. Ab dem Jahr 2007 sei sogar von einer Steigerung um 50 Prozent für uns auszugehen.[45] Dazu kommen dann noch Kosten für bis zu sechs Millionen Zuwanderer, wie das Ifo-Institut ermittelte. Die Abwanderung aus den neuen Ost-Ländern könnte sogar die Größenordnung einer Völkerwanderung annehmen.[46] Entsprechend wird dann bei uns das Sozialsystem belastet, wenn neue Zuwanderer ihre Ansprüche an das deutsche Sozialniveau geltend machen. Die Staatsfinanzen werden in diesem Zuge wiederum kräftig beansprucht werden und die Verschuldung wird noch schneller steigen. Niemand kann eigentlich heute vernünftig erklären, was diese Osterweiterung für einen Sinn haben soll. Doch während man sich bei uns überwiegend auf die eigene Verschuldung konzentriert, sieht es in anderen Ländern genauso desolat aus.

»Manche Wahrheiten sollen nicht gesagt werden, manche brauchen nicht, manche müssen es.«
Wilhelm Busch

Staatsverschuldung weltweit

Allein innerhalb des Euro-Raumes ist die reine Staatsschuld aller Länder zusammen bis Ende 2000 auf unglaubliche 4,5 Trillionen Euro angestiegen. Rechnet man die aufgelaufenen Verbindlichkeiten der staatlichen Renten- und Sozialversicherung dazu, kann man vom Dreifachen dieser Schuld ausgehen.[47] Es wird also deutlich, daß man das Problem der explodierenden Staatsschulden beispielsweise nicht auf Einzelereignisse, wie die deutsche Einheit, zurückführen kann. Es handelt sich vielmehr um ein globales Problem.

Japan – ein Industrieland verabschiedet sich

Auch in anderen Erdteilen sieht es keineswegs besser aus. Im Gegenteil: Andere Staaten sind schon weit mehr in der Schuldenfalle gefangen. Ein gutes Beispiel dafür ist das wichtige Industrieland Japan, an dem wir sehen können, welche Verhältnisse auch uns schon in wenigen Jahren bevorstehen könnten.

Ende der achtziger Jahre des 20. Jahrhunderts löste die japanische Notenbank durch Zinssenkungen einen Boom in der Wirtschaft aus, der sich später als Spekulationsblase erwies. Als diese mächtige Blase Anfang der 1990er Jahre platzte, geriet die Wirtschaft in eine Rezession. Um sich daraus zu befreien, versuchte die japanische Regierung seit 1993 das Land mit elf Konjunkturpaketen durch zusätzliche Investitionen des Staates mit geliehenem Geld wieder in Schwung zu bringen. Durch diese Aktionen mußte sich der Staat um unglaubliche 2.200 Milliarden Mark verschulden, ohne daß ein Erfolg zu verzeichnen gewesen wäre. Wie später herauskam, wurde bei der Vergabe der Gelder weniger auf die Überlebensfähigkeit des unterstützten Unternehmens geachtet als vielmehr auf die politische Haltung des Eigentümers. Betriebe, die der Regierungspartei LDP freundlich gesinnt waren und später durch Spenden die Wiederwahl ermöglichen konnten, gehörten zu den bevorzugten Empfängern der Subventionen. Die Staatsverschuldung lag 2001 schon bei über 130 Prozent, bezogen auf das Bruttosozialprodukt. In den nächsten fünf Jahren soll sie laut der Rating-Agentur Standard & Poors auf über 160 Prozent steigen.[48] Japan befindet sich damit in der Falle: Solange das Zinsniveau so niedrig bleibt wie zur Zeit, wird nicht investiert – da niemand ohne Rendite heute Geld freiwillig weiterverleiht. Steigen jedoch die Zinsen an, ist der Staat pleite. Auch eine Erhöhung der Verbrauchssteuern, wie von Experten vorgeschlagen, bringt dem Staat zwar neue Einnahmen, läßt jedoch den Konsum noch weiter einbrechen. Nicht umsonst erklärte der japanische Finanzminister Miyazawa im März 2001: »Japans Finanzen befinden sich am Rand des Zusammenbruchs.«[49]

Trotz aller geplanter Sparmaßnahmen muß Japan im Jahr 2001 nur deshalb zwölf Prozent mehr Anleihen herausgeben, also die Staatsverschuldung erhöhen, um die alten Anleihen zu re-finanzieren. Der Finanzminister erklärte deshalb: »Wir haben zukünftigen Generationen hohe Schulden hinterlassen«, was jedoch unvermeidlich gewesen sei. Der Schuldenberg könne abgetragen werden, wenn die Wirtschaft wieder in Schwung komme.[50] Wie dies jedoch geschehen soll, wenn das ganze Land unter hohen Kapitalkosten stöhnt, konnte der Minister nicht erklären. Inzwischen wurde sogar schon, beispielsweise von dem Investmentmanager Marc Faber, geäußert, **daß Japan inzwischen nahezu 60 Prozent der Steuereinnahmen nur für Zinszahlungen des Schuldenberges verwenden muß.**[51]

Auch die Wirtschaft und vor allem die Banken befinden sich in einer Schuldenfalle.

Im Herbst 2000 konnte der zwölftgrößte Lebensversicherer Japans seine Schulden nicht mehr bedienen. Die 96 Jahre alte Chiyoda Mutual Life Insurance Co mußte deshalb Gläubigerschutz beantragen. Gemessen an den Schulden der Lebensversicherungsgesellschaft, 2,94 Billionen Yen (umgerechnet fast 60 Milliarden DM), drohte dem Land eine der größten Pleiten.[52]

Wie im Herbst 2000 bekannt wurde, überstieg die Hinterlassenschaft aus Konkursen erstmals seit dem Kriegsende in einem Halbjahr mehr als zehn Billionen Yen (210 Milliarden DM). Die Pleiten aus der ersten Hälfte des japanischen Finanzjahres von Anfang April bis Ende September hätten Kredite von insgesamt 10,91 Billionen Yen (220 Milliarden DM) zurückgelassen. Gegenüber der Vorjahresperiode war eine Steigerung von nahezu 50 Prozent verzeichnet worden.[53] Verbunden damit ist für die kreditgebenden Banken ein immer größer werdender Berg an »faulen Krediten«, also Schulden, die zwar in den Bilanzen stehen, deren Rückzahlung jedoch mehr als fraglich ist. Mit diesen faulen Schulden kommt auch die Bankenlandschaft in Japan zunehmend ins Trudeln, und eine Schuldenkrise entwickelt sich. Rechnet man die Kredite von Konkurskandidaten aus der Immobilienbranche sowie dem Groß- und Einzelhandel hinzu, beläuft sich das Risikovolumen für 2001 auf gut 880 Milliarden Euro.[54] Die entstehenden Kosten für die Schuldenprobleme der Wirtschaft werden in Japan, wie auch überall auf der Welt, letztlich erneut dem Steuerzahler aufgebürdet werden, was zwangsläufig wieder die Steuerlast in unerträgliche Höhen klettern lassen muß.

Doch braucht man den Blick hier nicht nach Japan zu wenden – bei uns ist der gleiche Trend zu beobachten.

Zusammenfassung

Die Staatsverschuldung explodiert heute regelrecht. Trotz aller Versuche eines Abbaus, steigt die Last mit immer schnellerer Geschwindigkeit an. Demgegenüber sind die Sparappelle der Entscheidungsträger oftmals nichts mehr als leere Phrasen, da sie nicht von guten Vorbildern der Verantwortlichen unterstützt werden. Statt wirklich einen sparsamen Lebenswandel vorzuführen, werden in großem Stil sinnlose Projekte durch neue Schulden finanziert. Damit verbunden ist auch ein Aufblähen der immer teurer werdenden Bürokratie. Besonders die Forschungsförderung zeigt in deutlichem Maße, wie es oftmals weniger um nützliche Erkenntnisse für die Bevölkerung als vielmehr um die Sicherung und den Ausbau von Privilegien für wenige geht. Dabei wird zunehmend versucht, die Verantwortung der Schulden auf scheinbar private Institutionen abzuschieben. Zur Schuldenmisere kommt noch das Risiko der EU-Erweiterung, die völlig unkalkulierbare Kosten in sich birgt. Weltweit steigt die Staatsverschuldung in besorgniserregendem Ausmaß. Am Beispiel Japan kann gut nachvollzogen werden, wie ein Land früher oder später in einen ausweglosen Schuldenstrudel gerät, der nur im völligen Zerfall enden kann.

»Die Einkommensbelastung der Bürger und Betriebe mit Steuern und Sozialabgaben wird 2005 voraussichtlich bei 54,9 Prozent liegen. Damit wäre die Belastung 2005 trotz aller beschlossenen Steuersenkungen genau so hoch wie 1998.«

Bund der Steuerzahler[55]

Steigende Steuerlasten

Es verwundert wenig, daß die Steuern und Abgaben in einem Staat, der dem Bankrott zusteuert, explodieren müssen. Um die steigenden Zinslasten tragen zu können, versuchen die Bürokraten alles, um die Einnahmen des Staates zu steigern. Daß jedoch versucht wird, die von Zinseinnahmen aus der Staatsverschuldung profitierenden Reichen und Superreichen möglichst zu schonen, dürfte ebenfalls klar sein. Die Steuerlast nahm seit Bestehen der Bundesrepublik immer schneller zu. Trotz aller gegenteiliger Versprechen der Verantwortlichen und »Steuerreformen« ist die Belastung der Bevölkerung nie kleiner, sondern immer größer geworden – parallel zur Staatsverschuldung (Abb. 2). Wie der Steuerzahlerbund bekanntgab, mußten die Deutschen allein im Jahr 2001 ganze 201 Tage nur für Steuern und Abgaben arbeiten, da die Abgabenlast auf über 55 Prozent geklettert war. Vor dreißig Jahren lag diese Belastungsquote noch bei 41,5 Prozent.[56]

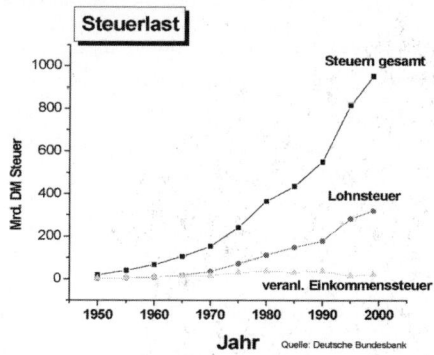

Abb. 2: Anstieg der Steuer- last in Deutschland.

Deutlich wird allerdings auch, daß die Steuerlast ungleich verteilt wur- de: Während sich die Lohnsteuer, also die Abgabe aus unselbständiger Arbeit, immer schneller steigerte, sank die veranlagte Einkommenssteu- er, also die Abgabe auf selbständige Tätigkeit und Unternehmen. Es kommt also zu einer immer größeren Diskrepanz zwischen den Steuerlasten der angestellten Bevölkerung und den Unternehmen. Hier dürfte sicherlich auch die verstärkte Anwendung von »kreativer Buchführung«, also das bewußte Manipulieren der Bilanz bei den Betrieben, eine Rolle gespielt haben. So sank die veranlagte Einkommenssteuer (Steuer der Unterneh- men) allein von 1992 bis 1998 von 41,5 Milliarden DM auf nur noch 4,5 Milliarden DM.[57]

> *„Wir wissen, wie viel Vermögen es in Deutschland gibt,*
> *aber nicht, wer es hat."*
> Jürgen Hertel, Statistisches Bundesamt[58]

Die Reichen zahlen keine Steuern

Doch noch viel extremer ist das Verhältnis zwischen der Abgabenlast der Kapitalbesitzer und den arbeitenden Menschen (Unternehmen, Arbeiter und Angestellte). So verwundert es wenig, daß etwa die Hälfte der reich- sten Haushalte beispielsweise in Hamburg gar keine Steuern bezahlen. **In Baden-Württemberg ergab eine Studie, daß die Bezieher von Ein- kommen zwischen 250.000 und 1 Millionen DM durch kräftige Steu- ersparmodelle nur Abgaben zwischen 14 und 28 Prozent zahlen – weniger als ein lediger Durchschnittsverdiener** mit 52.000 DM Lohn und 20,2 Prozent Steuerabzug, wozu noch die Sozialabgaben kommen.

Zu Recht erkannten 1998 bei einer Umfrage 63 Prozent der Bundesbürger, daß sich die Bundesregierung überwiegend am Wohl der Besserge-
stellten orientiere. Auf die Frage, wie man reich werde, äußerten 32 Prozent »durch Steuerhinterziehung« und 31 Prozent »durch Erbschaft«, während harte Arbeit mit 15 Prozent und Sparsamkeit mit zwölf Prozent weit
weniger genannt wurden.[59] Wie wir später noch sehen werden, kommt
der Reichtum tatsächlich kaum aus der Leistung, sondern fließt gerade
als leitungsloser Kapitalertrag aus den Schuldentürmen in die Hände einer Minderheit.

Auch innerhalb Europas ist der gleiche Trend zu verzeichnen (siehe
Abb. 3)

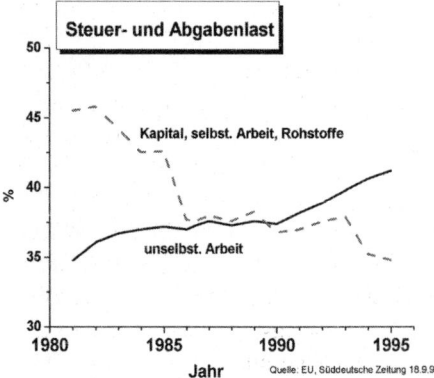

*Abb. 3: Entwicklung der
Steuerlast in der EU.*

Ein weiteres tut das immer komplizierter werdende Steuerrecht, das heute nicht einmal mehr Spezialisten völlig durchschauen. Während sich der
reiche Kapitalbesitzer eine gewiefte Steuerabteilung leisten kann, welche durch »kreative Buchführung« für ihn Steuern spart, muß der Kleinunternehmer und Arbeiter schauen, wo er bleibt – und entsprechend mehr
Steuern bezahlen. Zu Recht kündigte der Bund der Steuerzahler bereits
Klagen gegen eine Reihe von bedenklichen Vorschriften an und warf der
Bundesregierung »Steuerchaos« vor. Vor allem problematisch sei die nicht
im Einklang mit der Verfassung stehende rückwirkende Verschärfung der
Besteuerung. Wegen des Steuerchaos blickten nicht einmal mehr Steuer-
experten durch.[60]

*»Es ist ein Charakteristikum der progressiven Einkommenssteuer,
daß die durchschnittliche Steuerlast der Bevölkerung mit jedem Jahr
steigt – selbst wenn der Steuertarif gar nicht verändert wird.«*
Süddeutsche Zeitung, 13.11.2000

Der Bürger wird geschröpft

Was viele bei der ganzen Diskussion über »Steuerreform« und »Entlastungen« ganz vergessen, ist der Umstand, daß die Steuerlast automatisch jedes Jahr zunimmt. Durch jede Lohnerhöhung kommt der Bürger in eine höhere progressive Versteuerungsstufe, er muß also immer größere Anteile seines Verdienstes abgeben, um Abgaben zu leisten – selbst wenn es sich bei der Lohnerhöhung nur um einen Inflationsausgleich handelte. Studien zeigen beispielsweise, daß dadurch zwischen 1996 und 1999 die Bürger um 77 Milliarden Mark mehr belastet wurden. Allein durch das Zusammenwirken von Inflation und Progression würden schon alle angeblichen Erleichterungen durch die geplante Steuerreform bis zum Jahr 2005 wieder mehr als aufgefressen.[61] Es ist damit kein Wunder, daß die Steuerbelastung für die Bürger immer weiter steigt. **Während das durchschnittliche Bruttomonatsgehalt der Angestellten in Industrie und Handel seit 1960 nur um das zehnfache angestiegen ist, kletterte die Steuerlast um das 17fache.**[62] Die Steuerlast steigt also erheblich schneller als das Einkommen, so daß die Bürger allein von daher immer weniger Geld zur Verfügung haben, was auch ein Vergleich der Bruttolöhne und der Nettolöhne zeigt (Abb. 4).

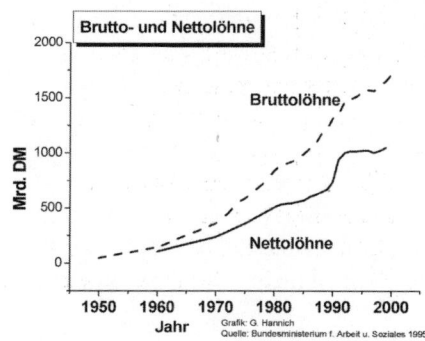

Abb. 4: Bruttolöhne und Nettolöhne in Deutschland.

Auch das Statistische Bundesamt wies darauf hin, daß die Einkommenssteuer seit 1993 um 13 Prozent gestiegen sei. Mehr als doppelt so stark steigerten sich sogar die Sozialbeiträge. Währenddessen nahmen die

Nettoeinkommen allerdings im gleichen Zeitraum gerade um ein Prozent zu.[63]

Weil die Steuerlasten für die Bevölkerung immer drückender werden, möchten sich die Politiker zunehmend durch sogenannte »Steuerentlastungen« profilieren. Daß es dabei allerdings nicht um eine wirkliche Entlastung gehen kann, das zeigten schon die Programme in der Vergangenheit. In der Regel werden nur vorübergehend Einzelsteuern geringfügig gesenkt und an anderer Stelle umso mehr wieder erhöht. So wurden beispielsweise von den Fraktionen von SPD und Grünen Mitte August 2001 Vorschläge diskutiert, eine Senkung der Lohn- und Einkommensteuer durch die Ökosteuer zu finanzieren.[64] Eine Steuer soll also dazu dienen, um eine andere zu senken. Wäre es da nicht viel sinnvoller, auf die Steuer ganz zu verzichten?

Genauso wie bei den Steuern, so ist es auch bei den Abgaben für die Sozialversicherung.

»Deutsche Rentenpolitiker wissen, wie man das Eingeständnis ver-
meidet, daß man mit seiner Weisheit am Ende ist. Mehr als 40 Jahre
lang, seit der zu Unrecht ›groß‹ genannten Rentenreform von 1957,
erschöpfte sich diese Weisheit in der Nonchalance, mit der sie sich
über das Grundgesetz des umverteilenden Sozialstaates, Geben und
Nehmen im ungefähren Gleichgewicht zu halten, hinweggesetzt haben.
... Leider waren die kurzsichtigen Rentenpolitiker weitsichtig genug,
ihre wacklige Konstruktion gut zu tarnen. Von den gewaltigen Umver-
teilungsströmen, die den einen nehmen und den anderen geben, be-
merkt man wenig oder nichts. Sie fließen durch verworrene Kanäle, in
denen selbst die Fachleute die Übersicht verlieren. So konnte an die
40 Jahre lang verborgen bleiben, wie gründlich das Gebot der
Generationengerechtigkeit verfälscht worden ist.«
Die Welt, 23.10.2000

Zusatzsteuer Sozialversicherung

Die Sozialausgaben im Staatshaushalt steigerten sich dabei seit 1960 um
mehr als 1.800%. Jede dritte Mark muß inzwischen für die Sozialleistungen ausgegeben werden.[65] Die Sozialversicherungslasten steigen jedoch
nicht nur extrem an, sondern sind auch eine ungerechte Belastung gerade
für diejenigen, welche ohnehin schon ein niedriges Einkommen haben.
Während ein Multimillionär oder Milliardär, wie auch alle Arten von
Neureichen, nichts in das Sozialsystem einzahlen müssen, wird jeder
Angestellte und Arbeiter zwangsverpflichtet. Bei der Einkommensteuer
ist wenigstens noch ein Teil Gerechtigkeit insofern gesichert, da diese
progressiv, also umso höher ist, je höher das Einkommen ist. Demgegenüber sind bei den oftmals viel höheren Sozialabgaben feste Prozentsätze
vorgegeben, unabhängig vom tatsächlichen Verdienst. Der Spitzenverdiener zahlt also prozentual auch nicht mehr als der Kleinverdiener – im
Gegenteil: Das Spitzeneinkommen wird sogar bei Erreichen der Beitragsbemessungsgrenze gar nicht mehr (wie bei der Krankenversicherung) oder
nur bis zur Grenze (wie bei der Rentenversicherung) herangezogen, was
für hohe Verdienste kräftige Einsparungen im Vergleich zum Normalver-
diener bedeutet. Dazu kommt noch, daß man bei der Einkommensteuer,
wenn zusätzliche Ausgaben wie Fahrtkosten etc. vorliegen, am Jahresende zuviel bezahlte Steuer zurückerhält, während einmal bezahlte Sozialbeiträge nicht zurückerstattet werden – unabhängig davon, wie hoch zusätzliche Belastungen für den Arbeitnehmer waren. Die Ungerechtigkeit

40

und Belastung des Zwangsversicherten ist sogar noch größer: Nicht nur
daß dem Arbeitnehmer ein großer Teil seines Verdienstes vorenthalten
wird, er muß das ihm abgezogene Geld zusätzlich auch noch versteuern
– die vom Finanzamt anerkannten Freibeträge decken in den meisten
Fällen nur einen Bruchteil der tatsächlichen Belastungen ab. Er wird also
gleich zweimal bestraft: Einmal muß er nahezu 40 Prozent seines Einkommens als Sozialbeitrag abführen, zum anderen muß er dafür auch
noch höhere Steuern bezahlen.

**Sieht man sich das Grundwesen der Sozialversicherung an, dann
ist diese schlicht und einfach eine Sonderabgabe für Geringverdie-
ner, die Spitzenverdiener und Reiche nicht zu zahlen haben.**

Dabei ist es auch kein Trost, wenn dem Arbeitnehmer gesagt wird,
daß die Sozialabgaben zur Hälfte vom Arbeitgeber getragen werden müßten. In Wirklichkeit wird in der Kalkulation des Unternehmers der auszu-
zahlende Lohn von vornherein um die Soziallasten des Arbeitgebers reduziert – die Sozialabgaben werden damit über niedrigere Löhne praktisch vollständig vom Arbeitnehmer getragen.

Daß es hier nicht um Kleinigkeiten geht, sondern daß die Belastungen
für den Kleinverdiener immer drückender werden, das wird schnell deutlich, wenn man sich die Entwicklung des Sozialbudgets ansieht (Abb. 5).

*Abb. 5: Entwicklung des So-
zialbudgets in Deutschland.*

Deutlich ist wieder die immer schneller werdende Entwicklung der Soziallasten zu erkennen. Dies ist auch kein Wunder, weil einmal die sozialen
Probleme durch die explodierende Verschuldung immer weiter zunehmen und auch die Verschwendung vor den Sozialkassen nicht haltmacht.

Leistungseinschränkungen und Verschwendung

Da werden beispielsweise reiche Klinikchefs oder Laborbetreiber mit fürstlichen Honoraren aus der Krankenkasse bedient oder überhaupt Geld für sinnlose Behandlungsverfahren verschwendet. Genauso bei der Rentenkasse, aus der beispielsweise Personen wie Zuwanderer, die nie Beiträge einbezahlt haben, Leistungen erhalten. Weil am Ende das Geld wieder nicht reicht, werden die Leistungen für die Zwangsversicherten gekürzt. So wurde beispielsweise die Absicherung einer Erwerbsunfähigkeit in der gesetzlichen Rentenversicherung einfach aus dem Leistungskatalog gestrichen, während gleichzeitig vom Versicherten wieder mehr »Eigenverantwortlichkeit«, also das Abschließen einer eigenen, teuren Zusatzversicherung gefordert wurde. Demgegenüber wurden jedoch keineswegs die Beiträge gesenkt, im Gegenteil: Sie werden in Zukunft noch kräftig angehoben werden.

Da jedoch von den Angestellten und Arbeitern bald nichts mehr auszupressen ist, sollen in Zukunft verstärkt die kleinen Selbständigen zur Finanzierung des maroden Systems herangezogen werden: Die SPD schlug Anfang 2001 vor, in Zukunft auch Selbständige in die Arbeitslosenversicherung einzubeziehen. Allerdings sollte ein Mißbrauch unbedingt verhindert werden, sonst könnte ein Selbständiger sein eigenes Unternehmen seiner Frau überschreiben und Arbeitslosengeld kassieren.[66] Also wieder die alte Mentalität: Die Bürger sollen kräftig Geld in das Sozial-Schuldenloch schmeißen, während sie jedoch im Notfall auf jede Leistung verzichten sollen. Eine eigenartige Form der »Versicherung«.

In die gleiche Richtung geht die Forderung von AOK-Chef Jürgen Ahrens, daß sich künftig auch Beamte in der gesetzlichen Kasse versichern müßten. Zusätzlich sollte die Beitragsbemessungsgrenze von 6.525 Mark auf 8.700 Mark angehoben werden.[67] Damit würde auch Leuten, die heute überdurchschnittlich verdienen, die Möglichkeit genommen, über ihre Versicherungsbeiträge selbst zu entscheiden. Daneben sollen sogar Investitionen eines Unternehmens in neue Maschinen mit einem »Maschinenbeitrag« belastet und die gesamte Wertschöpfung des Betriebes mit Kassenbeiträgen belastet werden.[68] Statt die Sozialversicherung an sich zu hinterfragen, wird versucht, die kleinen Gewerbetreibenden und Beamten auch noch zur Finanzierung der Staatsschulden (um nichts anderes geht es im Endeffekt) heranzuziehen.

Dabei ist die Finanzlage, beispielsweise der Krankenkassen, mittlerweile desolat: Experten befürchteten bis zum Jahr 2040 schon Beitragssätze von bis zu 30 Prozent (Nur für die Krankenversicherung!). Als Lösung der Misere konnten die Gesundheitsökonomen Klaus-Dirk Henke und Dieter Cassel nur wieder den Vorschlag unterbreiten, daß die Kassen neue Finanzquellen erschließen müßten. Dabei solle der Arbeitgeberbeitrag eingefroren und die beitragsfreie Mitversicherung von Ehepartnern eingeschränkt werden.[69] Um das morsche System zu entlasten, fordert der Hartmannbund der Ärzte von den Versicherten »mehr Eigenverantwortung«, was heißt, daß medizinische Behandlungen trotz hoher Kassenbeiträge in Zukunft ganz oder teilweise selbst bezahlt werden sollen. Daneben solle noch das Krankengeld sowie ebenfalls Sterbe- und Mutterschaftsgelder abgeschafft werden. Jeder Arbeitnehmer soll dann einfach eine pflichtmäßige Zusatzversicherung abschließen.[70] Ein anderes Mal meinte dieser Verband, daß die Bürger doch ohne weiteres 100 Mark im Monat als Selbstbeteiligung leisten könnten, da sie auch bereit seien, für Alkohol, Zigaretten oder den Urlaub zu zahlen.[71] Gerade die Ärzte, die am meisten vom schlechten Gesundheitssystem profitieren und an den hohen Kosten mitverantwortlich sind sowie selbst als Freiberufler überhaupt nichts einbezahlen, fordern von den Zwangsversicherten höhere Eigenleistungen.

Dabei sollte sich die Ärztelobby gerade an die eigene Nase fassen: Laut einem von der Bundesregierung in Auftrag gegebenen Sachverständigengutachten ist das deutsche Gesundheitswesen wenig effizient. Im europäischen Vergleich schneidet Deutschland dabei allenfalls mittelmäßig ab, ein Ergebnis, das sowohl für die Lebenserwartung als auch bei der Behandlung von Volkskrankheiten gilt. Der Kölner Gesundheitsökonom Lauterbach erklärte, daß der mittelmäßigen Versorgung sehr hohe Kosten gegenüberstünden: »Wir fahren höchstens einen VW-Golf und zahlen für einen Mercedes.« In das marode System fließen heute 500 Milliarden Mark jährlich.[72] Bevor also der Hartmannsbund von den Versicherten höhere Beiträge und Verzicht fordert, sollte erst einmal das Mißverhältnis zwischen Leistung und Bezahlung gerade im Gesundheitsbereich in Einklang gebracht werden.

Auch von der Arbeitgeberseite werden immer wieder Leistungskürzungen angemahnt. So forderte Arbeitgeberpräsident Hundt drastische Leistungskürzungen von den Kassen und meinte, daß nur noch eine Basisversorgung abgesichert werden solle.[73] Daß jedoch durch solche Forderungen die Kosten keineswegs kleiner werden, sondern nur von den Kassen auf die Privatbürger umverteilt werden und die Probleme keineswegs gelöst sind, das wollen die Experten anscheinend nicht erkennen. Wie bei den Ärzten, so handelt es sich auch bei den Mitgliedern des Arbeitgeberverbandes um Leute, welche selbst gerade nicht in das System einzahlen, jedoch bestimmen wollen, daß andere hier mehr bezahlen sollen.

Auch in einem weiteren Bereich des Sozialbudgets, der **Arbeitslosenversicherung**, werden die Beiträge durch Verschwendung in die Höhe getrieben. Vor allem die sogenannte aktive Arbeitsmarktförderung, die beispielsweise fast 28 Milliarden Mark des 44 Milliarden Mark großen Etats der Bundesanstalt für Arbeit ausmachte, ist in Verruf geraten. Durch diese Förderungen werden beispielsweise Weiterbildungs-, Qualifizierungs- und auch Arbeitsbeschaffungsmaßnahmen finanziert. Der Bund der Steuerzahler wies darauf hin, daß sich hier oftmals Politiker profilieren wollten, die Arbeitslosigkeit zu bekämpfen und gleichzeitig die Erwerbslosenstatistik zu schönen. Vor allem die praxisfremden Weiterbildungsmaßnahmen bei völlig heterogener Teilnehmerzahl grenze mehr an Steuerverschwendung als an sinnvolle Programme. Es wurden beispielsweise Arbeitslose im Rahmen eines Pflichtseminars von Psychotherapeuten darüber belehrt, daß sie zum Großteil selbst an ihrer Erwerbslosigkeit Schuld hätten. Niemand konnte erklären, wie dadurch das Ziel des Seminars erreicht werden sollte, gerade die Arbeitslosen wieder zu motivieren, um eine erfolgreiche Jobsuche zu bewerkstelligen. Auch die Umschulungsmaßnahmen haben oftmals wenig Sinnvolles zu bieten: Da wurden zum Beispiel Arbeitsuchende für ganze 40.000 DM pro Kopf zu Mediengestaltern umgeschult, ohne die Fähigkeit erlernt zu haben, beispielsweise mit neuen Computerprogrammen unter anderem Internetseiten zu gestalten. Fast zwei Milliarden Mark werden nur in die Umschulungsmaßnahmen zur IT-Qualifizierung gesteckt, obwohl in einigen Fällen das Internet bei insgesamt sechs Stunden Kursdauer gerade drei Stunden verfügbar war. Es stellt sich auch die Frage, warum etwa ein EDV-Experte einen Grundkurs für MS-Word besuchen muß. Schon allein die Feststellungsmaßnahme – vor dem eigentlichen Seminar – kostete in manchen Fällen sage und schreibe über 1.600 DM pro Kopf. Zu Recht weist der Bund der Steuerzahler darauf hin, daß heute widersinnigerweise der Erfolg einer Arbeitsbeschaffungsmaßnahme nicht daran gemessen wird, welchen Erfolg sie bringt, sondern daran, wieviel Geld sie gekostet hat.[74] Also wird auch hier oftmals nur wieder der Bürger unnötig mit einer Zwangsversicherung belastet, ohne daß sie im Bedarfsfall viel nutzen würde.

Den schlimmsten Bereich der Sozialversicherung stellen die **Rentenbeiträge** dar, nicht nur, weil hier die Beiträge mit fast 20 Prozent am höchsten sind, sondern weil hier auch die Ungerechtigkeit des Systems am deutlichsten zutage tritt.

»Von welcher Seite aus man das System also auch betrachtet: Es reißt Jung und Alt, Frauen und Männer, Arm und Reich auseinander. Das Rentensystem ist damit vollkommen aus dem Kontext der Verfassung und dem Konsens der Sozialstaatlichkeit herausgefallen.«
Süddeutsche Zeitung, 17.11.1998

Rentenversicherung – Der Bürger wird zur Kasse gebeten

Schon seit längerem ist durch Medien und Politik zu erfahren, daß sich die Altersversorgung in der Krise befinde und nicht mehr auf Dauer überlebensfähig sei. Die OECD schätzt beispielsweise, daß sich die Rentenzahlungen bis zum Jahr 2050 verdreifachen werden, während sich das Bruttosozialprodukt gerade verdoppelt. Schon in den nächsten Jahren wird die Rentenlast von 10 auf 15 Prozentpunkte vom Bruttosozialprodukt ansteigen. Da dies alles nicht mehr finanziert werden kann, weist die OECD in einer Studie darauf hin, daß die Staatsverschuldung in allen Ländern allein deshalb ansteigen muß. Für Europa soll sie von heute 60 auf 100 Prozent im Vergleich zum Bruttosozialprodukt, ansteigen.[75] Die Deutsche Bundesbank warnte bereits davor, daß künftige Generationen in Gefahr seien, unter der Abgabenlast zusammenzubrechen.[76] Diesen Angaben zufolge muß die heutige junge Generation erheblich mehr in das Renten- und Staatswesen einzahlen als sie je zurück bekommen wird (Abb. 6).

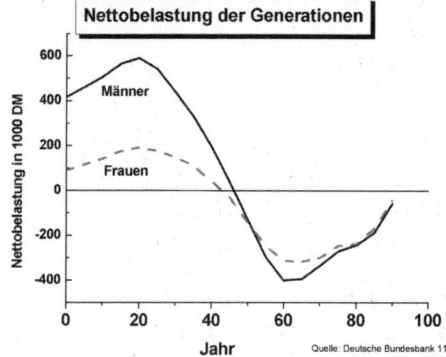

Abb. 6: Nettobelastung bei entsprechendem Lebensalter im Jahr 1996.

So muß etwa ein im Jahr 1996 Zwanzigjähriger bei Fortsetzung der Entwicklung fast 600.000 DM mehr in das Staats- und Sozialsystem einzahlen, als er letztlich zurückerhält. Hier wird schon deutlich, daß das heutige Prinzip der Alterssicherung keine dauerhafte Lösung darstellen kann. In Zukunft ist sogar noch mit einer wesentlichen Verschärfung der Situation zu rechnen. So forderte die OECD, daß das Rentensystem mit einer Erhöhung des Rentenalters auf 70 Jahre, gleichzeitiger Anhebung der Sozialversicherungsbeiträge und Einschränkung der Rentenzahlungen gestützt werden müsse.[77] Das heißt, daß in Zukunft mehr Beiträge gezahlt, noch später als bisher Leistungen bezogen und kleinere Renten erhalten werden sollen – wo kann hier von Gerechtigkeit die Rede sein?

Der Renten-Experte Meinhard Miegel wies bereits darauf hin, daß die Politik in den letzten 23 Jahren bereits elfmal versuchte, das immer weniger finanzierbare Rentensystem zu reformieren und sich die Versprechen einer dreißigjährigen Sicherung der Rente meist nach zwei bis drei Jahren als leer herausstellten. Als unvermeidlich betrachtete er auch, daß die Rentenabgaben drastisch steigen werden. Da Millionen von Menschen durch Arbeitslosigkeit kein Durchschnittseinkommen mehr erzielen können, erwartet der Experte in zehn Jahren eine massive Altersarmut als Folge der Rentenreform.[78]

Schnell wird deutlich, daß dieses Zwangssystem dem Großteil der Bevölkerung, vor allem in Zukunft, wenig nutzt. Im Gegenteil: Die Belastungen werden in ungeahnte Dimensionen getrieben werden. Hier wird klar, daß die Rentenversicherungspflicht dem normalen Arbeitnehmer im Gegensatz zum superreichen Kapitalinvestor große Nachteile bringt, was besonders anhand des Mißverhältnisses zwischen Beiträgen und Rentenauszahlungen deutlich wird.

»Wenn ich jemand wäre, der unter 35 ist, würde ich wahrscheinlich täglich demonstrieren in Bonn, um diese Katastrophe vom Land zu wenden. Aber offenkundig gibt es keine unter 35jährigen oder sie schlafen.«
Norbert Walter, Chefvolkswirt der Deutschen Bank
über die Rentenversicherung

Maximale Einzahlungen und Minirenten

Häufig wird der Anteil ausgezahlter Alterssicherung bei weitem überschätzt. Es ist deshalb einmal interessant zu erfahren, wie hoch überhaupt die heute ausgezahlten Renten sind. 70% der Rentner (Arbeiter) bekommen weniger als 2.000 DM im Monat. 23% der Arbeiter müssen sich mit weniger als 1.000 DM Rente pro Monat begnügen und liegen damit unterhalb der Armutsgrenze in Deutschland. Bei den Frauen (Arbeiter) sind derzeit sogar 77% Bezieher von weniger als 1.000 DM pro Monat.[79] Die Rentenauszahlung der Angestellten liegt nur etwa 500 DM über denen der Arbeiter. Am großen Anteil von Niedrigrenten wird deutlich, daß unser heutiges Rentensystem seinem Anspruch nicht gerecht wird.

Wie klein die Renten, im Vergleich zu den Beiträgen, eigentlich sind, wurde auch in einer Studie des Deutschen Institutes für Altersvorsorge (DIA) deutlich, die besagte, daß die Rentner seit mehr als 20 Jahren keinen Anteil an der allgemeinen Wohlstandsentwicklung gehabt hätten. Mit elf Maßnahmen habe der Gesetzgeber seit 1977 in des Rentensystem eingegriffen, mit der Folge, daß die Renten heute um fast ein Drittel niedriger seien als ohne die Eingriffe.[80] Es muß also von der Bevölkerung immer mehr bezahlt werden, wohingegen die ausbezahlten Renten, relativ gesehen, immer kleiner werden.

Geradezu kriminell wird es, wenn trotz steigender Beitragslasten die Leistungen immer weiter eingeschränkt werden. So setzte etwa die Bundesversicherungsanstalt für Angestellte (BfA) in ihrem Zehnpunkteprogramm im Jahr 2000 auf eine Anhebung des Renteneintrittsalters auf 67 Jahre – und das bei gleichzeitiger Absenkung des Rentenniveaus. Zudem solle die Rentenversicherung in eine »Erwerbstätigenversicherung« unter Einbeziehung von Selbständigen und Beamten ausgebaut werden. Darüber hinaus wird noch gefordert, eine obligatorische Zusatzversicherung einzuführen.[81] Mit aller Deutlichkeit wird klar: Um die allgemeine, durch die explodierende Verschuldung des Staates verursachte Problematik in den Griff zu bekommen, sollen immer weitere Teile der Bevölkerung dazu gezwungen werden, in ein System einzuzahlen, das seinem

Anspruch eine »Versicherung« zu sein, schon lange nicht mehr gerecht wird.

Betriebsrenten – Zeitbombe für die Unternehmen

In einem ähnlichen Dilemma wie der Staat stecken inzwischen auch die Unternehmen, die Versprechen auf Betriebsrenten abgegeben haben. Wie Untersuchungen der Versicherungsanalysten der WestLB zeigten, wird die deutsche Wirtschaft mittelfristig vor große Probleme gestellt sein. Die Pensionsrückstellungen beliefen sich auf 250 Milliarden Euro, wovon allerdings nur 50 Prozent überhaupt kapitalgedeckt seien. Die andere Hälfte wurde von den Betrieben in das Unternehmen investiert und ist damit nicht direkt verfügbar.[82]

Wenn in Zukunft große Rentenforderungen auf die Wirtschaft zukommen, dann fehlt es sehr schnell in vielen Unternehmen an Liquidität, und es könnten Existenzprobleme entstehen. Hier tickt gewissermaßen eine Zeitbombe, die schon in wenigen Jahren fatale Folgen zeigen könnte.

Da es nun immer offensichtlicher wird, wie dieses System in Zukunft, insbesondere durch die demographische Entwicklung, zum Scheitern verurteilt ist, ließen sich die Verantwortlichen einen weiteren Trick einfallen, um die Bevölkerung weiter unter Druck zu setzen und damit das brüchige Schuldensystem zu stützen: die kapitalgedeckte Zusatzversicherung.

»Ein pflichtversicherter Arbeitnehmer, der 40 Jahre lang den höchstmöglichen Beitrag an die gesetzliche Rentenversicherung abgeführt hat, erhält heute eine Monatsrente von etwas mehr als 3.500 DM. Würde er den gleichen Betrag privat bei einer Lebensversicherung angelegt haben, könnte er allein an Zinsen 6.600 DM monatlich kassieren und hätte noch obendrein ein Vermögen in Millionenhöhe zur Verfügung.«
Süddeutsche Zeitung, 16.6.2000

Kapitalfinanzierte Rente – zusätzliche Belastung der Bevölkerung

Häufig wird als Alternative zum Beitragssystem die kapitalfinanzierte Rente vorgeschlagen. Man versteht darunter die Anlage der Beiträge auf dem Kapitalmarkt. Durch die eingezahlten Gelder und ausgeschütteten Zinsen soll die Rente finanziert werden. Hier stellt sich die Frage, wie sich die Rentenauszahlung vom heutigen umlagefinanzierten System

48

unterscheidet. Dies läßt sich einfach an einem Rechenbeispiel zeigen: Wir gehen von einem heute Zwanzigjährigen aus, der sich nach 45 Arbeitsjahren zur Ruhe setzen möchte. Vergleichen wir nun das Altersruhegeld bei drei verschiedenen Bruttoeinkommen, wenn der Arbeiter seine Beiträge (20% vom Bruttolohn) in die heutige Rentenversicherung, oder bei fünf Prozent Zins pro Jahr auf ein Sperrkonto monatlich einzahlt. Welche Beträge hätte er als Rente bzw. für die Verzinsung des gesparten Kapitals zu erwarten?[83] Wie aus Abb. 7 hervorgeht, wäre beim kapitalfinanzierten Modell ein über dreifaches Ruhegeld nur durch Zinsen zu erwarten als beim bisherigen Umlagesystem. Sogar ein Kleinverdiener mit nur 30.000 DM Bruttogehalt pro Jahr, wäre am Ende seines Arbeitslebens Millionär.

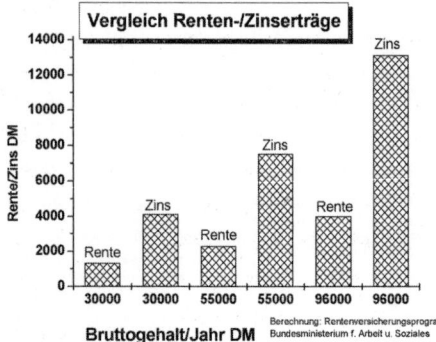

Abb. 7: Ausgezahlter Betrag bei Individualanlage oder Rentenversicherung.

Im beitragsfinanzierten System dagegen muß er sich mit einer Rente von 1.307 DM zufriedengeben. Bereits nach 26 Jahren Arbeit würde das angesparte Kapital genausoviel Zinsen abwerfen, wie der Arbeiter nach 45 Jahren Arbeit an Rente bekommen würde.

Das hört sich alles schön und überzeugend an, doch wo ist der Haken an der Sache?

Bei dieser Rechnung wird schnell vergessen, daß die Zinsen erarbeitet werden müssen. Wie deutlich wurde, wäre ohne die heutige Rentenabgabe bereits nach wenigen Jahrzehnten praktisch jeder Arbeitnehmer Millionär. Die Erben würden danach bereits auf hohem finanziellem Niveau beginnen, bzw. gar nicht erst zu arbeiten anfangen, da allein die Zinsen für das gesparte Kapital ein angenehmes Leben ohne Mühe ermöglichen würden. Somit wird deutlich, daß auch eine kapitalgedeckte Rente im Zinssystem nicht dauerhaft funktionieren kann. Die Wirtschaft müßte zusammenbrechen, weil niemand mehr einer Arbeit nachgehen würde. Deutlich wird jedoch an diesem Beispiel, daß eine Geldanlage auf dem

Kapitalmarkt erheblich mehr Gewinn ermöglicht, als die Einzahlung in das Rentensystem. Kaum beachtet wird, daß dies eine der Ursachen für die zunehmenden Ungleichgewichte der Vermögen darstellt.

Wie unsinnig die Kapitalrente ist, zeigte auch eine Studie der Hypo-Vereinsbank, die zum Ergebnis kam, daß die Kapitaldeckung nicht vor dem demographischen Problem schütze – also vor der Entwicklung, daß immer weniger jüngeren Arbeitenden eine immer größere Zahl von Rentnern gegenübersteht. Die Stütze der Kapitalrente wird dabei in Zukunft davon bedroht, daß eine zunehmende Anzahl von Senioren ihr Erspartes konsumieren will und entsprechend Aktien verkauft, während immer weniger Jüngere die Wertpapieren kaufen könnten. Ein Preisverfall und damit eine Rentenkrise sei deshalb vorprogrammiert.[84] In die gleiche Richtung geht der Lehrstuhlinhaber für Kapitalmärkte, Dirk Schiereck, wenn er darauf hinweist, daß das Risiko von Aktien völlig unterschätzt werde. Auch die Aussage, daß Aktien auf Dauer jede andere Anlageform schlügen, hält er für »höchst fragwürdig«, da für den deutschen Markt überhaupt keine Daten für längere Anlagezeiträume vorlägen. Weiterhin stellt sich die Frage, was mit dem Altersruhegeld passiert, wenn es zu unerwarteten Ereignissen kommt? Der Finanzexperte von der Uni Frankfurt, Gunter Löffler wies darauf hin, daß sich bei einer Anlage über zwanzig, dreißig oder fünfzig Jahre zwar kurzfristige oder konjunkturelle Risiken ausgleichen, jedoch die Wahrscheinlichkeit steige, daß eine Depression, ein Krieg oder eine Enteignung den Ertrag stark beeinflusse.[85] Also auch das kapitalgedeckte System ist letztlich zum Scheitern verurteilt, weil im Alter mehr Kapital vom Finanzmarkt abgezogen wird und entsprechend die Kurse an den Börsen sinken müssen. Nötig dafür wäre ein gewaltiger Kapitalstock, aus dem hohe Zinserträge fließen müßten. Doch stellt sich sofort die Frage, wer diese Kapitalerträge erarbeiten sollte?

Zu Recht weist der ehemalige Sozialminister Blüm darauf hin, daß eine dem Umlageverfahren der alten Rentenversicherung entsprechende neue Versicherung einen Kapitalstock von zehn bis fünfzehn Billionen Mark erfordern würde – mehr als das Doppelte bzw. Dreifache des privaten Geldvermögens. Weiter betont er, daß die OECD schon vor Jahren gefordert habe, sich die Kapitaldeckung für die Alterssicherung bei den Tigerstaaten Ostasiens zu holen – glücklich aber sei, wer diesem Rat nicht folgte. Blüm weiter: »**Es scheint im übrigen reichlich vermessen, davon auszugehen, daß zum Beispiel die Dritte Welt auf Dauer mit unserem Kapital jene Zinsen erwirtschaftet, mit denen wir dann anschließend unsere Alterssicherung bezahlen wollen.** Folgten alle Länder dem Rat der Weltbank und setzten in der Alterssicherung auf

Kapitaldeckung, würde ein so großes Kapitalangebot nötig, welches die Rendite schlagartig nach unten sinken würde.« Weiter führt er Chile als schlechtes Beispiel an. Dieses Land mußte inzwischen für seine kapitalgedeckte Altersversorgung Minuszinsen von 4,7 Prozent im Jahr 1995 und 2,6 Prozent im Jahr 1996 hinnehmen und dazu noch Verwaltungskosten von nahezu 25 Prozent des Beitragsaufkommens verkraften. Genauso entstünden nach Blüms Angaben durch das kapitalgedeckte System letztlich die gleichen Probleme wie im Umlagesystem, sobald sich die Altersstruktur ändert. Wenn die Zahl der Einzahler im Vergleich zu den Auszahlungsempfängern abnimmt, wird Kapital abgebaut und es muß entsprechende Kursverluste geben.[86] Mit anderen Worten: Die kapitalgedeckte Zusatzversorgung ist mitnichten eine sichere Altersvorsorge, sondern bekommt in Zukunft die gleichen Probleme wie das jetzige marode System.

Zu Recht zweifeln deshalb die meisten Bundesbürger daran, daß das im Jahr 2001 beschlossene Rentenkonzept aufgehen werde. Insbesondere die Altersklasse der besonders betroffenen 30- bis 44jährigen lehnt nach einer Meinungsumfrage das Rentenkonzept zu 86 Prozent ab.[87]

> *»Tatsächlich könnte wohl nur ein grandioser weltweiter Wachstumsschub verhindern, daß das Vermögen der heutigen Rentensparer irgendwann zwischen 2010 und 2025 drastisch entwertet wird. ... Denn wer heute sein Geld in Aktien und Zinstiteln anlegt, benötigt nach der Verrentung Käufer für eben diese Anlagen.«*
> Spiegel online, 8.7.2001

Die Versicherungsillusion

Kaum jemand beachtet heute bei den Zuwachsversprechen der Versicherungsbranche, wo nicht selten mit zwölf Prozent Zinseszins gerechnet wird, also einer Verdopplung des eingezahlten Kapitals alle sechs Jahre, daß schon innerhalb kurzer Zeit die auszuzahlenden Zinserträge gar nicht mehr real erwirtschaftet werden können. Liest man jedoch die Versicherungsbedingungen genauer, so schmilzt die versprochene Rendite schnell dahin. So wird dort im Kleingedruckten meist nur eine mickrige Rendite von ein bis maximal zwei Prozent garantiert – nach dem Rentenkonzept des Bundesarbeitsministers Riester soll sogar nur das einbezahlte Kapital gesichert sein. Dazu kommt, daß nur auf den Sparanteil der Versicherung überhaupt Rendite gezahlt wird, nicht auf den Risikoanteil. Daneben rechnet die Versicherungsbranche schon im vorhinein mit einer möglichst großen Quote von bereits vor dem Rentenalter sterbenden Personen, an die dann keine Leistungen mehr bezahlt werden müssen (oder nur kleinere Hinterbliebenenrenten). Dazu kommt noch, daß das Kapital nur dürftig über einen Sicherungsfond gegen einen Verlust infolge einer Finanzkrise abgesichert ist. Dieser Fond kann vielleicht einer kleineren Versicherung bei einer vorübergehenden »Schieflage« unter die Arme greifen, in einer ausgewachsenen Krise jedoch sind die Gelder verloren. Allein aus dieser Betrachtung kann klar gesagt werden, daß die kapitalfinanzierte Altersvorsorge auch schnell in die Klemme kommen kann.

Letztlich ist die neue Versicherungskomponente nur wieder eine weitere Zusatzsteuer für das baufällige System. **Zu Recht weisen Experten darauf hin, daß die steigende Belastung der Bevölkerung durch die neue Altersvorsorge in den nächsten Jahren den realen Lohnzuwachs auffressen wird** und es deshalb zu keiner Ausweitung des Verbrauchs und damit des Sozialproduktes mehr kommen kann.[88] Die meisten Bürger werden also noch viel mehr als heute schon von den Sozialabgaben belastet werden. Damit wird das frei verfügbare Einkommen und in Folge davon der Lebensstandard sinken. An diesem Punkt stellt sich die Frage, wer eigentlich die Gewinner bei solch einem teuren Spiel sind.

»Wie sehr unser Rentensystem schon seit Jahren die Leistung der Bürger überfordert, zeigen nicht allein die steigenden Abgaben, sondern noch deutlicher der zunehmende Anteil der Rentenzahlungen am Bruttosozialprodukt. 1970 betrugen die Rentenzahlungen 38,1 Milliarden DM, ... 1980 erforderten die Rentenzahlungen bereits fast das Dreifache, nämlich 109 Milliarden DM. 1998 war dieser Anteil weiter auf 8,7 Prozent (zum BSP) gestiegen, bei einer Rentensumme von 329 Milliarden DM.«
Handelsblatt 28.12.1999

Superreiche – die lachenden Gewinner

Wenn man diese Frage klären will, muß man sich nur ansehen, wer heute an dem Zwangssystem nicht beteiligt ist, also nicht gezwungen wird, auf große Anteile seines Einkommens wegen einer zweifelhaften »Versicherung« zu verzichten. Der reiche Anteil der Bevölkerung muß nicht in das heutige Rentensystem einzahlen und kann dadurch schneller Kapital über das Zinssystem aufbauen. Bei den Arbeitern und Angestellten wird von vornherein ein Teil des Verdienstes an die Altersversicherung abgeführt – zum Sparen bleibt häufig nichts mehr übrig. Langfristig kommt es schon allein dadurch zu einer immer größeren Vermögensdiskrepanz. Insgesamt ist das Sozialsystem wieder ein großer Umverteilungsmechanismus von arm zu reich. Da nur Arbeitserträge von den Soziallasten betroffen sind, steht den Geldbesitzern ein viel größerer Betrag der Einkünfte für verzinste Anlagen zur Verfügung. Während der Großteil der Bevölkerung durch die Sozialbeiträge für durch das Schuldensystem verursachte Mißstände bezahlen muß, kann eine reiche Minderheit das gesparte Geld nach der Zinseszinsrechnung vervielfachen. Wie extrem bereits die Umverteilung durch das Sozialsystem ist, zeigen folgende Zahlen: 1960 umfaßte das Sozialbudget pro Jahr 74 Milliarden DM, zehn Jahre später bereits 189 Milliarden DM, 1980 500 Milliarden DM und 1992 wurde die Grenze zur ersten Billion durchbrochen.[89] Doch ist die Sozialkasse nicht der einzige Bereich, in dem die natürlichen Marktkräfte aufgehoben werden und der Bürger zur Kasse gebeten wird.

Zusammenfassung

Parallel zur steigenden Staatsverschuldung müssen auch Steuern und Abgaben wachsen, da der Staat immer höhere Zinslasten zu tragen hat und diese beim Bürger eingefordert werden. Allerdings sind diese Steuerlasten sehr ungleich verteilt. Während die normalen Bürger bis zur Schmerzgrenze belastet werden, werden die Reichen und Superreichen entlastet. Die an sich schon zunehmende Schere zwischen Arm und Reich vergrößert sich damit noch weiter. Vor allem die Sozialversicherungen sind überhaupt nicht sozial, da sie wieder nur von den unteren und mittleren Bevölkerungsgruppen aufgebracht werden müssen. Wie schon bei den Steuern, so sind auch bei dieser scheinbaren »Versicherung« umfangreiche Fälle von Verschwendung bekanntgeworden, welche die Beiträge noch zusätzlich in die Höhe treiben. Vor allem die Rentenversicherung wird in Zukunft zu beinahe unannehmbaren Bedingungen führen: Niedrigrenten für die Pensionäre und hohe Beiträge für die Arbeitenden. Die zusätzlich geforderte kapitalgedeckte Rentenversicherung wird die Situation noch weiter verschärfen, da diese Alterssicherung schon nach kurzer Zeit vor den gleichen Problemen wie die herkömmliche Rentenversicherung stehen wird. Nutzen haben davon nur wieder die Kreise, die nicht an den Soziallasten beteiligt sind: die Reichen und Superreichen.

„Wenn der einzelne die Macht, Entscheidungen zu treffen, an den Staat delegiert, muß er davon ausgehen, daß dieser im Interesse von Lobbyisten entscheidet. ... Politiker hingegen wollen so erscheinen, wie es der Wähler sich wünscht, aber so handeln, wie einflußreiche Kreise es wollen.«
David Friedman, Sohn des Nobelpreisträgers Milton Friedman[90]

Subventionen – die Marktwirtschaft außer Kraft gesetzt

Eine ähnlich fatale Verzerrung der Vorgänge, wie sie durch die Sozialversicherung bewirkt wird, ergibt sich auch durch das heute ausufernde Subventionssystem. Subventionen sind dabei im Grunde nichts anderes als Umverteilungsleistungen, durch welche die freien Marktkräfte von Angebot und Nachfrage außer Kraft gesetzt werden. Die selbstregulierende Marktwirtschaft wird dabei nach und nach in eine Planwirtschaft verwandelt, die am Ende kaum noch den Bedürfnissen gerecht werden kann. Noch dazu braucht solch eine Planwirtschaft immer mehr Beamte und Funktionäre, die über die Verwendung der Gelder entscheiden. Diese Bürokratie kostet letztlich immer mehr Geld – der Zerfall solch eines Staates ist nur eine Frage der Zeit. Dabei meinen die Politiker oft, mit den Subventionen etwas Gutes zu tun, etwa wenn der Wohnungsbau durch staatliche Zuschüsse und Steuererleichterungen gefördert wird. Doch was häufig übersehen wird, ist das Faktum, daß all diese schönen Geldgeschenke von irgendwem bezahlt werden müssen; und da der Staat ohnehin kaum seinen Schuldendienst erfüllen kann, muß genau dieser Geldregen wieder zu neuen Schulden führen.

Dabei beginnen die Subventionen schon bei unserem Steuerrecht, das immer komplizierter und undurchschaubarer wird. Bestimmte Geldinvestitionen werden steuerlich bevorzugt behandelt – mit dem Endeffekt, daß die Bürger Dinge finanzieren, in die sie normalerweise nie Geld stecken würden. Beispiele dafür sind die zur Deutschen Einheit steuerbegünstigten Investitionen in Geschäftsräume auf dem Gebiet der Neuen Bundesländer. Nun gibt es dort ein unsinniges Überangebot. Wegen der vielfältigen Steuersubventionen kennen heute nicht einmal mehr die Verantwortlichen in der Politik das Gesamtvolumen des Umverteilungstopfes. Niemand kann eine richtige Größenordnung für die Marktverfälschung angeben, da die Subventionen in unterschiedlichster Richtung erfolgen:

Zuschüsse, Steuervergünstigungen, Einnahmeverzichte, Bürgschaften, Garantien und Regulierungsmaßnahmen. Genauso ist die Empfängerseite nicht genau bestimmbar, da sie aus den unterschiedlichsten Gruppierungen besteht. Je nachdem, welche Leistungen nun eingerechnet werden, gelangen die unterschiedlichen Studien zu verschiedenen Ergebnissen: Der Subventionsbericht des Bundes kommt beispielsweise auf eine Summe von 117 Milliarden DM für das Jahr 1998, während die Volkswirtschaftliche Gesamtrechnung nur 80,8 Milliarden DM ausweist. Das Kieler Institut für Weltwirtschaft kommt sogar auf nahezu 303 Milliarden DM im Jahr 1998.[91] Das bedeutet, daß die Steuerzahler für hohe Beträge staatlicher Umverteilung zusätzlich Geld aus ihrer Tasche entbehren müssen, damit privilegierte Gruppen zusätzliche »Hilfen« einstreichen können.

Doch wer bestimmt, welche Gruppe Subventionen bekommt und welche nicht?

Es sind genau die gleichen Leute, die auch über die Verteilung und Höhe der Mittel entscheiden – und wem werden solche Mittel bevorzugt zugeteilt? Natürlich denjenigen, die den Entscheidungsträgern entweder selber wieder Vorteile zuschanzen oder ihnen vom Verwandtschaftsgrad her am nächsten stehen. Die Gefahr ist dabei nicht von der Hand zu weisen, daß es nur eine Frage der Zeit ist, bis sich das Subventionssystem in eine Vetternwirtschaft verwandelt, und ein Filz aus Interessengruppen und Industrie entsteht – auf Kosten der Steuerzahler. Hier sei nur nochmals an die Forschungsförderung erinnert, die privilegierte, oftmals ineffizient arbeitende Kreise bekommen, eine Förderung, die aber andererseits fähigen einzelnen Erfindern vorenthalten wird.

Wie Subventionen sehr schnell zu einem zweischneidigen Schwert werden, wenn sie einmal wegfallen, dafür ist die jahrzehntelang mit Förderungen überschwemmte Stadt Berlin ein gutes Beispiel. Nachdem durch die Deutsche Einheit die Subventionen abgeschafft wurden, sind seit 1991 in Berlin drei von vier Arbeitsplätzen verlorengegangen. Früher wurden Arbeitsstellen über Umsatzsteuer-Präferenzen und direkte Subventionen mit bis zu 250.000 DM bezuschußt. Dabei gab es Produkte, bei denen die Förderung höher war als die gesamten Produktionskosten. So wurde etwa Kakaomasse als Produkt nur für Berlin erfunden, um die Förderungen einstreichen zu können, da es sich nur auf diesem Weg gelohnt hat zu produzieren. Nachdem diese Marktverfälschung nun weggefallen ist, sind von einst mehreren hunderttausend Arbeitsplätzen gerade 113.000 Stellen in der Industrie übriggeblieben, und es gibt nur noch 14 Großbetriebe in der Hauptstadt.[92] Die Förderungen haben also deutlich zu unsinnigen

Produktionsweisen geführt, entgegen dem Bedarf unter Marktgesichts-punkten. Jahrzehntelang mußte darüber hinaus noch der Steuerzahler für diesen Nonsens aufkommen.

Ähnlich ist es bei den Subventionen für den Wohnungsbau: Hierfür werden jährlich 25 Milliarden Mark ausgegeben. Mit dieser Förderung soll der Erwerb von Wohneigentum erleichtert werden. Doch statt dieses Ziel konsequent zu verfolgen, wurde im gleichen Atemzug beispielswei-se die Grunderwerbssteuer 1997 um 75 Prozent angehoben, so daß der Käufer einer durchschnittlichen Immobilie im Wert von 400.000 DM mit 14.000 DM allein an Grunderwerbssteuer belastet wird. Es wird also eine Förderung gewährt, welche gleichzeitig wieder durch die Steuer vernichtet wird.[93] Ähnlich ist es beim Wohngeld: So hat eine Familie mit zwei Kin-dern Anspruch auf Wohngeld bis zu einem Bruttoeinkommen von 5.300 Mark. Doch statt die Familie direkt durch niedrige Steuern zu fördern, wird der bürokratische Umweg über die Miet-Subvention gewählt. Da-bei bringt dieses Wohngeld für den angespannten Wohnungsmarkt über-haupt nichts, sondern fördert im Gegenteil noch das weitere Ansteigen der Mietpreise, da diese Subvention dem Vermieter erlaubt, die Miete weiter zu erhöhen. Wohngeld ist ein reines Geschenk für den Vermieter. Viel sinnvoller wäre es, das Geld direkt in den Wohnungsneubau zu stek-ken, was das Angebot an Wohnungen erhöhen und damit die Mieten di-rekt senken würde.

Doch führen die künstlichen Finanzspritzen nicht einmal – wie das eigentlich gedacht war – zu einem besseren Funktionieren des Marktes, vielmehr ist das Gegenteil der Fall.

Am bekanntesten ist die Subventionsmisere der Europäischen Union (EU). Dabei wird etwa die Hälfte (nach manchen Berechnungen bis zu 60 Prozent) des gesamten EU-Haushaltes nur für Agrarsubventionen ver-einnahmt. Dieser Ausgabenbereich soll im Haushaltsentwurf für das Jahr 2002 mit 4,6 Prozent noch dazu viel schneller wachsen als das Gesamt-budget, welches mit 2,7 Prozent Zuwachs veranschlagt ist. Dabei wird das Geld durch teilweise sich selbst gegenseitig aufhebende Programme und Maßnahmen verschwendet. So wird zum Beispiel der Tabakanbau gefördert und gleichzeitig eine Kampagne gegen das Rauchen gestartet. Oder aber die Subventionen sind so gestaltet, daß der Bauer nur dann Gewinne machen kann, wenn er immer mehr produziert. Dies führt zu Überschüssen, die wieder mit Haushaltsmitteln aufgekauft werden und teuer vernichtet oder wieder subventioniert auf dem Weltmarkt verschleu-dert werden müssen.[94] Subventionen sind auch eine Entmündigung des Bürgers: Statt es der

Bevölkerung zu überlassen, wo sie ihr Geld investiert oder nicht, nimmt der Staat Schulden auf (für deren Zinsen die Menschen wieder mit höheren Steuern belastet werden) und gibt es willkürlich bestimmten Gruppen. Es wird also letztendlich behauptet, daß die Politiker und Beamten besser als die Bürger darüber entscheiden könnten, wofür Geld verwendet wird oder nicht. **Jede Subvention bedeutet deshalb Verlust von Freiheit, bedeutet Zwang, Willkür und höhere Steuern.**

Häufig dienen die Finanzhilfen auch dazu, um in der Krise befindliche Wirtschaftsbranchen vor dem Untergang zu bewahren.

Subventionen – die Sozialhilfe für Unternehmer

Man kann die Subventionen dann auch als »Sozialhilfe für Unternehmer« bezeichnen. So wie dem unschuldig gescheiterten Menschen mit Sozialhilfe unter die Arme gegriffen wird, so werden heute durch die Subventionen Industriebereiche unterstützt, die im heutigen Marktumfeld nicht mehr existieren könnten. Dies hört sich anfangs gut und wohlwollend an, verkehrt sich dann in der Realität aber schnell ins Gegenteil, wenn die Gesellschaft in privilegierte (Subventionsempfänger) und nicht privilegierte Kreise aufgespalten wird – wenn beispielsweise ein Unternehmer aufgrund von Subventionen andere Wettbewerber, die nicht mit Finanzmitteln reich versorgt sind, aus dem Markt drängen kann. So wurde etwa im Herbst 1999 dem Baukonzern Holzmann AG durch staatliche Gelder und Zusicherungen unter die Arme gegriffen, um einen Bankrott zu verhindern. Gerade jedoch dieser Konzern hatte in der Vergangenheit besonders Kleinunternehmer durch aggressive Marktpolitik aus dem Wettbewerb gedrängt und in den Bankrott getrieben. Man sieht: Subventionen fördern wieder zuallererst diejenigen, die von vornherein schon einen großen Markteinfluß besitzen, da sie bedeutend mehr Macht auf die Geldvergabe geltend machen können.

Die Forderung kann deshalb nur lauten: Abschaffung aller Subventionen – Gerechtigkeit heißt Abschaffung aller Privilegien!

Doch statt Steuergelder durch Subventionen künstlich umzuverteilen, wäre es eigentlich sinnvoller, die Ursachen zu untersuchen, warum immer mehr Unternehmen in finanzielle Schwierigkeiten geraten und aufgeben müssen – man entdeckt dann schnell, daß auch dieses Problem in erster Linie ein Schuldenproblem ist.

Unternehmerschulden führen zum Bankrott

Wenn von Schulden die Rede ist, so wird im allgemeinen zuerst an die Staatsverschuldung gedacht, da sie den Menschen medienwirksam vorgeführt wurde. Das jedoch noch viel größere Problem der Unternehmensverschuldung wird ausgeklammert. Dabei fällt mehr als die Hälfte der Gesamtverschuldung Deutschlands (Summe aus Schulden von Staat, Unternehmen und Privathaushalten) auf die Betriebe (Abb. 8).

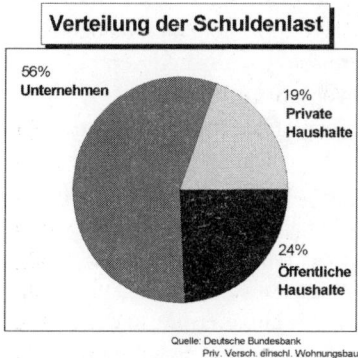

Abb. 8: Verteilung der Schuldenlast in Deutschland.

Jetzt stellt sich die Frage, ob sich die Verschuldung der Unternehmen ähnlich explosiv entwickelt wie die der Staatsverschuldung. In der Tat beweisen die Zahlen, so die Erhebungen der Deutschen Bundesbank in der gesamtwirtschaftlichen Finanzierungsrechnung, ganz deutlich, daß sich die Verschuldung der Unternehmen in immer schnellerer Geschwindigkeit aufbläht (Abb. 9).

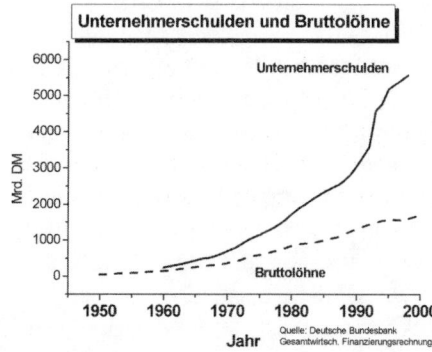

Abb. 9: Verschuldung der Unternehmen in Deutschland.

Schnell wird klar, daß sich mit den explodierenden Verpflichtungen für die Betriebe automatisch immer mehr Finanzierungsprobleme ergeben müssen.

Lag die gesamte Unternehmensverschuldung noch 1960 bei knapp 241 Milliarden DM, wurde diese bis 1990 mit fast 3.000 Milliarden DM mehr als verzwölffacht und erreichte 1998 mit 5.600 Milliarden DM einen 23mal höheren Stand wie noch 1960. Demgegenüber konnte sich die Wirtschaftsleistung, also das Bruttosozialprodukt, von 1960 bis 1998 gerade um das 12fache (nominal) steigern. **Die Verschuldung der Wirtschaft wächst also beinahe mehr als doppelt so schnell, wie die Produktivität.** Zwangsläufig geraten damit die Firmen in einen immer größer werdenden Engpaß: In einem Marktumfeld, in dem sich der Umsatz nicht weiter erhöhen läßt und der auch Preissteigerungen durch den härter werdenden Wettbewerb nicht zuläßt, werden die Zinskosten (Kapitalkosten) zunehmend drückender. Immer größere Anteile des Unternehmergewinns müssen nun für die Bedienung der Schulden verwendet werden. An allen Ecken und Enden wird es damit eng, vor allem für kleine und mittlere Betriebe, und vielen geht buchstäblich die Luft aus, sie müssen Konkurs anmelden. Wie sehr die ganze Welt in der Misere steckt, zeigt eine Studie der Thomson Financial Securities Data Agency aus den USA, die ermittelte, daß weltweit allein 1999 die Kredite um 140 Prozent angestiegen seien.[95] Da das Wirtschaftswachstum weltweit nur wenige Prozentpunkte gewachsen ist, kann man sich ausmalen, welche enorme Zinsbelastung aus diesen Schulden wachsen muß.

Doch warum verschulden sich die Unternehmen überhaupt so stark?

Das wird an einer typischen fiktiven Unternehmergeschichte deutlich: Zur Zeit des Wirtschaftswunders in den sechziger Jahren des 20. Jahrhunderts spielte die Kreditaufnahme für Betriebe keine große Rolle. Ein Markt, der gar nicht genug Produkte nachfragen konnte, erlaubte eine ständige Produktionsausweitung. Dafür aufgenommene Kredite und die daraus entstehenden Kapitalkosten konnten erfolgreich durch höheren Produktabsatz wettgemacht werden. Die Situation änderte sich erstmals, als Anfang der 1970er Jahre der Markt zunehmend Sättigungserscheinungen zeigte und der Absatz nicht mehr so schnell zunahm wie es sich der Unternehmer gewünscht hätte. Nur zehn Jahre später verstärkte sich dieser Trend und der einstmals stolze Firmeninhaber bekam es erstmals mit Existenznot zu tun, weil die Kapitalkosten aus früheren Krediten immer noch bedient sein wollten, während der Umsatz und erst recht der Gewinn stagnierten oder gar zurückgingen. Was also tat der Unternehmer? Er ging zu seiner Hausbank und besorgte sich einen neuen Kredit, mit dem er seine Kapitalkosten erst einmal bezahlte und der es ihm erlaubte, seine Produktionsanlagen von Grund auf zu modernisieren, um damit mehr Waren zu erzeugen. Da inzwischen die ersten, noch milden Rezessionsphasen vorbei waren, schien es, als ginge die Rechnung auf, und die immer weiter steigenden Kapitalkosten ließen sich auf diesem Weg reduzieren. Doch schon die nächste Rezession zeigte, daß es sich um eine Milchmädchenrechnung gehandelt hatte: Der jetzt noch größere Schuldenberg verlangte nach Schuldendiensten, die der Firmeninhaber nur dann aufbringen konnte, wenn er neue Kredite aufnahm. Anfang der neunziger Jahre des 20. Jahrhunderts, nach dem Strohfeuer »Einigungs-Boom«, wurde es ganz deutlich: Die goldenen Jahre waren vorbei. Da Mitbewerber eine ähnliche schuldenfinanzierte Strategie eingeschlagen hatten und mit modernisierten Produktionsanlagen immer mehr erzeugen konnten, kam es zunehmend zu einem gnadenloseren Wettbewerb. Um den eigenen Marktanteil halten zu können, war der Unternehmer immer mehr dazu gezwungen, seine Produkte zu Schleuderpreisen, manchmal sogar unter dem Herstellungspreis, zu verkaufen. Außerdem mußte er seinen Personalbestand ständig verkleinern, da die Lohnseite noch den einzigen Einsparbereich darstellte. Mit den Preissenkungen versuchte er, schwächere Mitbewerber aus dem Markt und damit in den Bankrott zu treiben. Nach dem Scheinboom im Jahr 2000 schließlich wurde der Unternehmer selber von einem großen Konzern in die Knie gezwungen, die Kapitalkosten waren nicht mehr zu bezahlen, der Konkurs die logische Folge.

Hätte der Unternehmer etwas anders machen können?

Eigentlich nicht, da er von Anfang an auf verzinste Kredite angewiesen war, sonst hätte er seinen Betrieb gar nicht erst aufbauen können. Später war er schon so im Schuldensystem gefangen, daß er seine Firma nur durch immer größere Neuverschuldung zur Bezahlung der Kapitalkosten über Wasser halten konnte. Wie wir später noch sehen werden, kann die Schuld an der Misere nicht einzelnen gegeben werden, sondern sie liegt im System begründet, das solch eine Entwicklung erzwingt. Dabei spielt es übrigens volkswirtschaftlich betrachtet gar keine Rolle, ob es zur Zeit Unternehmen gibt, die gerade mehr Gewinne erwirtschaften als Kapitalkosten bezahlt werden müssen. Wenn sich die Schulden doppelt so schnell entwickeln wie die Produktivität, dann muß es mit zunehmender Zeit einer größer werdenden Anzahl an Firmen an den Kragen gehen. Dabei setzt die Pleitewelle zuerst bei den Betrieben ein, die nur eine geringe Eigenkapitalquote haben, die also überwiegend mit geliehenem Geld arbeiten, wie beispielsweise die Unternehmen der Bauindustrie. Später ergreift die Bankrottwelle dann auch Unternehmen, die mit weniger Schuldenkapital arbeiten. Der Wirtschaftsauskunft Creditreform nach sind ein Drittel der Mittelstandsbetriebe pleitegefährdet. Hauptursache sei eine zu dünne Eigenkapitaldecke. Untersuchungen der Bundesbank hatten ergeben, daß von 1985 bis 1990 82 Prozent der Konkursfälle eine Eigenkapitalquote von unter zehn Prozent (Fremdkapitalquote über 90 Prozent) gehabt haben.[96] Über alle Unternehmensbranchen gerechnet, beträgt heute die Fremdkapitalquote etwa 82 Prozent. Dabei gibt es jedoch Branchen, wie beispielsweise den Einzelhandel oder die Bauwirtschaft, welche nur zu wenigen Prozent überhaupt Eigenmittel investiert haben. Das bedeutet, daß diesen Betrieben schon bei kleineren Konjunktureinbrüchen oder Zinserhöhungen sofort die Luft wegbleibt und eine Pleitewelle einsetzt. Auch die Transportunternehmen fallen in diese Kategorie, und die Kapitaldecke ist so gering, daß es schon ausreicht, wenn der Treibstoffpreis nur etwas anzieht, wodurch viele Betriebe die hohen Kapitalkosten nicht mehr tragen können und bankrott gehen.

Wie sehr die Unternehmen durch die Kapitalkosten in die Klemme kommen, dafür ist die Deutsche Bahn ein gutes Beispiel: **Trotz aller Einsparungen läßt sich mit den noch rentablen ICE-Neubaustrekken noch nicht einmal der Zinsendienst sicherstellen.** Dabei verlor die Bahn in der Vergangenheit durch die »Reformen« ständig an Gewicht. So wurden seit 1949 über 12.000 km Bahnstrecke abgebaut. Der Anteil des Personenverkehrs sank von 16 Prozent im Jahr 1960 auf neun Prozent im Jahr 1999, der des Güterverkehrs sogar von 38,6 Prozent auf nur noch 7,2 Prozent.[97] Es geht den Unternehmen heute zunehmend nur noch darum, die steigenden Kapitalkosten tragen zu können. Nur deshalb reduziert die Bahn ihr Streckennetz, da sie nur dort und beim Personal überhaupt einsparen kann. Oftmals fressen heute die Zinslasten den kompletten Gewinn auf. **Beim Tunnel zwischen England und Frankreich beispielsweise frißt die Zinslast, trotz ständig steigender Nutzung des Tunnels, die gesamten Gewinne aus dem Betrieb.**[98]

Da jedoch der Staat in der gleichen Misere wie die Unternehmen steckt, versucht er zunehmend, seine Schulden auf die freie Wirtschaft zu übertragen.

Schuldenumverteilung vom Staat auf die Unternehmen

Ein Beispiel dafür, wie Staatsschulden heute in Unternehmensschulden verwandelt werden, sind die Lizenzen, die im Jahr 2000 für die neue Mobilfunkgeneration an Telekom-Unternehmen vergeben wurden. Für den Staat ist dies zwar momentan eine Schuldenreduzierung, wobei jedoch das Problem nicht gelöst wird, da sich die Wirtschaft um genau diesen Betrag erneut verschulden muß. Es findet also nur eine Schuldenverschiebung, keine Schuldentilgung statt.

»In ihrem Quartalsbericht zu den Entwicklungen an den internationalen Finanzmärkten beziffert die BIZ (Bank für internationalen Zahlungsausgleich, d. A.) die Anleiheemissionen der Telekomanbieter in den ersten neun Monaten des laufenden Jahres auf 94 Milliarden $. Dazu kommen 197 Milliarden $ an Krediten. Das Institut weist in diesem Zusammenhang auf die Warnung des Baseler Forums für Finanzstabilität hin, der zunehmend verschuldete Telekomsektor berge neue Risiken für die Stabilität des globalen Finanzsystems.«
Handelsblatt, 26.11.2000

Die Telekom-Branche vor dem Zusammenbruch

Die internationalen Telekom-Konzerne haben nach Angaben der Bank für Internationalen Zahlungsausgleich (BIZ) im Jahr 2000 ihre Kreditaufnahme weltweit zur Finanzierung von Lizenzen und Übernahmen mit einem Rekordwert von 256 Milliarden Dollar verdreifacht. Allein im letzten Quartal des Jahres 2000 wurden nur durch die Telekom-Konzerne zwanzig Prozent aller Kredite, die überhaupt gestellt wurden, aufgenommen. Weiter zitierte die BIZ Stimmen, wonach viele Banken durch die vergebenen Kredite in Bedrängnis kommen könnten, da sie sich übernommen hätten.[99] Wie sehr diese Branche in der Schuldenfalle gefangen ist, wird deutlich, wenn man sich vergegenwärtigt, daß allein von Mitte 2001 bis Anfang 2002 weltweit mehr als 200 Milliarden Dollar Verbindlichkeiten fällig werden. Dies können die Unternehmen keinesfalls durch Gewinne erwirtschaften, so daß sie neue Kredite aufnehmen müssen, nur um alte Schulden abzuzahlen. Die Bankschulden allein des europäischen Telekom-Sektors haben sich deshalb im Jahr 2000 von 41 Milliarden Dollar auf 150 Milliarden Dollar fast vervierfacht.[100] Damit schnappt allerdings die Schuldenfalle zu, und die Unternehmen sind in einem Teufelskreislauf aus steigenden Krediten und immer höheren Zinslasten gefangen. Die Schulden steigen dann mit zunehmender Geschwindigkeit nach der Zinseszinsrechnung. Die Deutsche Telekom beispielsweise ist eines der am meisten verschuldeten Unternehmen im Land überhaupt. Der Schuldenberg lag 2001 bei unvorstellbaren 69 Milliarden Euro.[101] Besonders brisant wird es für die Telekom-Unternehmen und die kreditgebenden Banken, wenn die angestrebten zukünftigen Gewinne aus der neuen Mobilfunkgeneration und den dafür gekauften Lizenzen ausbleiben. Zunehmend wird jedoch klar, daß die Technik, für welche die Lizenzen erworben wurden, bald schon durch bessere technische Lösungen verdrängt sein wird. Die Unternehmensberatung McKinsey erklärte bereits vor einiger Zeit in Studien, daß durch die Einführung von UMTS europaweit rund 270 Milliarden Euro an Kapital vernichtet werde. In einer anderen Studie eines finnischen Anbieters wurde sogar der Sinn des Systems an sich in Frage gestellt. Einer Untersuchung des renommierten japanischen Finanzdienstleisters Nomura zufolge wird es schon bald alternative Techniken geben, die viel schneller und günstiger sind als UMTS.[102]

Für die betroffenen Unternehmen wird es dann allerdings eng: Denn im Gefolge der gewaltigen Kredite müssen ständig Zinsen bezahlt werden. Da diese jedoch mangels ausbleibender Gewinne nicht erwirtschaftet werden können, bleibt nur der Weg, immer neue Kredite aufzunehmen, um die Kapitalforderungen erfüllen zu können. Der Bankrott der kreditnehmenden Firmen und unter Umständen sogar Bankenpleiten sind die unvermeidbare Folge. Vielleicht springt auch der Staat ein und hilft den Konzernen mit Geldern aus der Patsche, allerdings nicht ohne die Staatsverschuldung wieder kräftig ausweiten zu müssen. Das würde dann wieder einer Schuldenrückverlagerung auf den vormals entlasteten Staat entsprechen. Effektiv werden die Kredite jedoch nicht getilgt, sondern nur hin und her geschoben.

Es stimmt schon sehr bedenklich, wenn unter den 25 weltgrößten Schuldnern auf dem Rentenmarkt mittlerweile bereits sechs Telekom-Firmen vertreten sind. Vodafone-Airtouch, 1999 auf Platz 29, war im Jahr 2000 schon der drittgrößte Kapitalnehmer. Da diese Verschuldung kaum mehr zu kontrollieren ist, werteten Rating-Agenturen die Kreditsicherheit der Telekom-Unternehmen herab, was dazu führte, daß diese immer höhere Zinssätze für die Schuld zahlen müssen.[103] Hier entsteht dann für die Unternehmen ein zusätzlicher Teufelskreislauf: Weil die Betriebe schlechter bewertet werden, müssen sie höhere Zinsen zahlen.

Durch höhere Zinsen steigt automatisch wieder die Verschuldung und die Bewertung sinkt weiter, was wieder höhere Zinsen erzwingt usw. ...

Schulden-Schiebereien

Die teure Vergabe der Mobilfunk-Lizenzen an die Telefonanbieter ist ein sehr gutes Beispiel dafür, wie heute versucht wird, das Schuldenproblem zu »lösen«. Es findet nämlich gar keine Reduzierung der Verbindlichkeiten statt, es wird vielmehr nur umverteilt. So wie sich der Bund dadurch schönrechnet, indem er Kosten und damit letztlich Schulden auf die Länder und Kommunen abschiebt (die ihrerseits wieder die Kredite in scheinbar selbständigen städtischen Unternehmen verstecken), genauso versucht der Staat an sich die Schulden auf die Wirtschaft abzuschieben, wie hier geschehen. Die Staatsschuld wurde hier um keinen einzigen Pfennig getilgt, sondern lediglich der Wirtschaft übergestülpt. **Überhaupt gibt es heute, wie wir noch sehen werden, keinen einzigen Fall, in dem wirklich einmal Schulden getilgt wurden, ohne daß nicht ein anderer Marktteilnehmer sich um mindestens den gleichen Betrag hätte neu verschulden müssen.** Die Wirtschaft jedoch, auf der schon heute der Großteil der Gesamtverschuldung lastet, stöhnt mehr und mehr unter den explodierenden Kapitalkosten, die aus solch einer »Lösung des Schuldenproblems« erwachsen. Wie Experten schon betonten, ist heute die Überschuldung der Hauptfaktor dafür, daß eine Firma Insolvenz anmelden muß.

Schulden führen zu Konkursen und Arbeitslosigkeit

Angesichts der explodierenden Kapitalkosten ist es kein Wunder, daß die Firmenbankrotte immer schneller ansteigen. Hochrechnungen der Wirtschafts-Auskunftsdatei Creditreform ergaben, daß es im Jahr 2001 annähernd 50.000 Firmeninsolvenzen geben wird, ein Jahr vorher waren es noch 40.400. In ganz Europa ist der gleiche Trend zu beobachten. So werden für das Jahr 2001 ganze 200.000 Firmenpleiten erwartet, im Vergleich zu 187.000 im Vorjahr. Ausdrücklich wird darauf hingewiesen, daß sich die Dramatik an der Konkursfront vor allem aus dem immer schnelleren Zusammenbrechen junger Firmen, aber auch aus der besonders hohen Zinsempfindlichkeit des Mittelstandes ergebe. Die Schäden durch Pleiten werden heute bereits auf 53 Milliarden Mark für Deutschland und 170 Milliarden Mark für ganz Europa beziffert.[104] Im Lauf des Jahres 2001 wurde deutlich, daß laut Creditreform die größte Pleitewelle in der Nachkriegszeit auf Deutschland zurolle. Neben der konjunkturellen Verschlechterung wurde wieder auf den geringen Eigenkapitalanteil bei den Unternehmen als Hauptgrund für den Bankrott hingewiesen.[105] Eine geringe Eigenkapitalquote bedeutet, daß sich das Unternehmen überwiegend durch Fremdkapital, also Kredite, finanziert. Für die Schulden müssen hohe Kapitalkosten gezahlt werden, was die Unternehmen unter Druck setzt. Selbstverständlich ist die Entwicklung der Insolvenzenzahl auch vom Geldmarktniveau abhängig: Bei niedrigen Zinsen schaffen es noch viele Betriebe, den Kapitalforderungen nachzukommen. Steigen diese jedoch an, ist bei vielen Unternehmen schnell die gerade noch finanzierbare Grenze erreicht und sie müssen die Tore schließen.

Zu den direkten Belastungen der Unternehmen durch Kapitalkosten kommen noch die indirekten dazu: Weil der Staat und die privaten Haushalte als Kunden zunehmend unter Druck stehen und überschuldet sind, verschlechtert sich deren Zahlungsmoral zunehmend. Dadurch geraten die Betriebe in einen Liquiditätsengpaß, der zu zusätzlicher Verschuldung und oft zum Bankrott zwingt. So ergab eine Untersuchung der Bundesvereinigung mittelständischer Bauunternehmer, daß die schlechte Zahlungsmoral der öffentlichen Hand mit schuld an der steigenden Zahl von Konkursen sei. Etwa 80 Prozent der westdeutschen mittelständischen Bauunternehmen hätten darunter zu leiden – in den neuen Bundesländern waren es sogar 96 Prozent. Durchschnittlich mußte jeder westdeutsche Baubetrieb in den letzten fünf Jahren 35 verspätete Zahlungen verkraften und finanzieren.[106]

Deutlich wird die Abhängigkeit der Unternehmensbankrotte vom Finanzmarkt besonders anhand der Parallelität der Zinserträge der Banken (= Zinsaufwendungen der Unternehmen) und der Anzahl der Insolvenzen pro Jahr (Abb. 10).

Steigt das Zinsniveau, so steigen auch, mit einer zeitlichen Verzögerung, die Zinseinnahmen der Banken durch vergebene Kredite. Da die meisten Kredite an die Unternehmen vergeben wurden, müssen diese den größten Anteil an den Kapitalkosten tragen. Doch die Folgen dieser Entwicklung bleiben nicht nur auf die Unternehmen begrenzt, sondern erfassen die ganze Gesellschaft. Da die Firmen unter dem Kapitaldruck jede Einsparmöglichkeit nutzen müssen, sind sie dazu gezwungen, zunehmend Personal zu entlassen. Die Arbeitslosigkeit muß also in gleichem Umfang zunehmen, wie die Kapitalbelastung der Unternehmen, bzw. die Insolvenzenzahl. Dieser Zusammenhang ist in der Tat zu beobachten. (Abb. 11).

Abb. 10: Parallelität der Insolvenzen und Zinserträge der Banken.

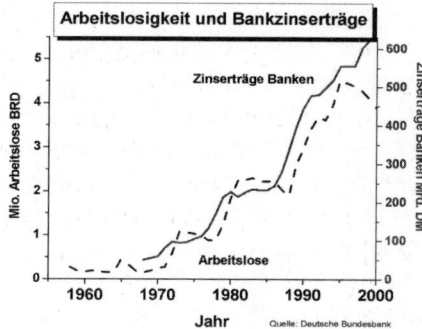

Abb. 11: Veränderung der Arbeitslosigkeit zu den Zinserträgen der Banken.

Wie sehr die Schulden- und damit Zinslast die Unternehmen tatsächlich bedrängt, wurde beispielsweise an einer Erklärung der Linde AG Mitte 2001 deutlich: Es wurde betont, daß man die deutlich angestiegenen Schulden zügig reduzieren wolle. Gleichzeitig wurde der Abbau von 1.900 Stellen angekündigt.[107] Durch den Kapitaldruck kommt es in der Wirtschaft zu einer allgemeinen Gewohnheit, sich durch Entlassungen zu »sanieren«. Im weiteren Verlauf folgen dieser Praxis dann auch Unternehmen, die noch Gewinne machen, allein, um die Rendite für die Investoren zu erhöhen. Obwohl die Deutsche Bank beispielsweise im Jahr 2000 ihren Gewinn auf fünf Milliarden Mark verdoppelt hatte, wurde erklärt, daß von den weltweit 89.000 Arbeitsplätzen binnen zwei Jahren 2.600 abgebaut werden sollen.[108]

Daß es jedoch weder die Löhne, noch die Steuern oder Sozialabgaben sind, welche die Unternehmen zu Entlassungen zwingen, das wurde nicht zuletzt in einer Studie des WISO-Institutes deutlich, die belegte: Die

Entwicklung der Arbeitslosigkeit verlief unabhängig von den Lohn-Ne-
benkosten und damit von den Sozialabgaben. In Ländern, in denen der
Arbeitgeberanteil an der Sozialversicherung mit 40 Prozent besonders
hoch gewesen sei, wie in Frankreich, verlief die wirtschaftliche Entwicklung in den vergangenen zehn Jahren nicht schlechter als beispielsweise
in Dänemark, in dem die Beiträge mit 5,2 Prozent besonders gering waren. Vor diesem Hintergrund, müßten Lösungsmuster für wirtschaftliche
Probleme völlig neu überdacht werden, so wurde betont.[109] Das Lohnniveau ist heute bei der Wahl von Unternehmensstandorten und damit der
Entwicklung regionaler Beschäftigung auch nicht wesentlich. So ergab
eine Studie des Institutes der deutschen Wirtschaft (IW), daß für Unternehmen in erster Linie die Nähe zum Kunden für die Standortwahl entscheidend sei, Lohnkosten werden als zweitrangig eingestuft.[110]

Mit einer zunehmenden Arbeitslosigkeit ist jedoch gleichzeitig auch
ein zunehmender Druck auf die noch Beschäftigten verbunden, da diesen
ständig mit der Entlassung gedroht werden kann, wenn sie sich nicht auf
unattraktive Verhandlungsbedingungen einlassen würden.

"... MIR BLEIBT NUR DER REST VOM SOZIALEN NETZ ...!"

»Wenn alle Experten sich einig sind, ist Vorsicht geboten.«
Bertrand Russel

Druck auf die Beschäftigten

Je mehr jedoch die Arbeitslosigkeit wächst, umso mehr kann auch von
den Arbeitgebern, vor allem von großen Konzernen, Druck auf die Ange-

stellten ausgeübt werden. Wie sehr dieser Druck wirkt, dafür ist die Krankenstatistik ein guter Beleg, welche seit einiger Zeit deutlich sinkt, weil sich kaum mehr ein Arbeiter traut, sich krank zu melden, aus Angst, seinen Arbeitsplatz zu verlieren. Dabei fiel beispielsweise der Krankenstand der Arbeitnehmer von 1991 bis zum Jahr 2000 um ganze 21 Prozent und erreichte damit den zweitniedrigsten Stand seit der Wiedervereinigung.[111] Genauso sinkt auch die Möglichkeit der Arbeitnehmer, überhaupt auf Firmenentscheidungen Einfluß zu nehmen. So sind heute in Deutschland nur noch etwa 40 Prozent der Beschäftigten von einem Betriebsrat vertreten.[112] Dadurch kann heute der Druck auf die Beschäftigten beinahe beliebig ausgeweitet werden, ohne daß dem etwas entgegengesetzt werden könnte.

Unter den verschärften Bedingungen wird es für die Arbeitnehmer immer schwieriger, eigene Forderungen durchzusetzen. Vor allem bei den Löhnen müssen zunehmend schmerzliche Einschnitte hingenommen werden. Dabei kommt es auch von der Seite des Gesetzgebers zu einer zusätzlichen Verschärfung der Lage: Das Bundesverfassungsgericht erließ beispielsweise im Jahr 2001 eine Grundsatzentscheidung, wonach der Staat in bezug auf die Tarifautonomie umfangreiche Eingriffmöglichkeiten habe. So kann der Staat beispielsweise in die Tarifautonomie eingreifen, wenn er Regelungen zur Abwehr von Arbeitslosigkeit, zum Schutz des Allgemeinwohls oder zur Stabilisierung des Sozialwesens erläßt. Nach Experten-Meinung könne mit diesen weitreichenden Formulierungen der Staat nun in fast jeden Bereich der Tarifautonomie eingreifen.[113] Im Prinzip ist damit der Weg für ein staatlich diktiertes Lohnniveau geebnet, wenn sich beispielsweise die wirtschaftlichen Umstände, wie zu erwarten ist, weiter verschlechtern.

Die steigende Arbeitslosigkeit zwingt die Arbeitnehmer immer mehr dazu, auf zustehende Leistungen »freiwillig« zu verzichten. So steigen beispielsweise die Überstunden immer stärker an, und die Bundesanstalt für Arbeit erwartete für das Jahr 2001 einen neuen Zehnjahresrekord. Gleichzeitig wurde darauf hingewiesen, daß das drängende Problem der unbezahlten Überstunden überproportional zunehme. Immer mehr Arbeitnehmer bekommen also für ihre Mehrarbeit keinerlei Ausgleich in Form von Geld oder zusätzlicher Freizeit. Wie drängend das Problem ist, wird aus einer Studie klar, die vom IG-Metall-Justiziar Jens Herbst zitiert wurde: **Danach werden in Deutschland jedes Jahr ein Drittel mehr unbezahlte als bezahlte Überstunden geleistet.**[114] Ein ähnliches Ergebnis lieferte eine Studie des Gelsenkirchener Institutes für Arbeit und Technik (IAT), die darauf hinwies, daß vor allem hochqualifizierte

Angestellte zunehmend länger arbeiten müßten, obwohl die tariflich vereinbarte Zeit immer kürzer würde. Während die tarifliche Arbeitszeit für Fach- und Führungskräfte in den letzten anderthalb Jahrzehnten von 41,2 auf 38,9 Stunden reduziert worden sei, habe die tatsächliche Arbeitszeit einen Anstieg von 45,3 auf 46,1 Stunden erfahren. Nicht nur, daß die tariflichen Arbeitszeitverkürzungen nicht umgesetzt worden seien, die tatsächliche Wochenarbeitszeit sei im Gegenteil sogar ausgeweitet worden. So kam die Frage auf, welchen Wert tarifliche Arbeitszeitverkürzungen eigentlich noch hätten, wenn sie nicht umgesetzt würden und auch nicht mehr Arbeitsplätze entstünden? Möglicherweise, so wurde betont, sind die Hochqualifizierten nur Vorreiter für neue Arbeitsstrukturen. **Es wurde befürchtet, daß in Zukunft immer länger, intensiver, schlechter bezahlt und zu unsozialen Tages- und Nachtzeiten gearbeitet werden müsse.** Nicht einmal die Einhaltung des Arbeitszeitgesetzes werde in Zukunft möglicherweise noch kontrolliert.[116]

Daß der Druck auf die Arbeitnehmer tatsächlich immer größer wird, wurde nicht zuletzt an der Forderung von DIHK-Chef Braun deutlich, als er behauptete, daß nur durch Abweichen von den Tarifverträgen Beschäftigung gesichert und ausgebaut werden könne. Seinen eigenen Betrieb nannte er als Beispiel dafür, wie durch eine Vereinbarung zur unbezahlten Mehrarbeit 200 Arbeitsplätze geschaffen worden seien.[116]

Zunehmend wird damit vom Arbeitnehmer gefordert, für das Unternehmen seine Freizeit zu opfern. Der Erfolg des Betriebes soll in den Mittelpunkt gerückt werden und pünktlicher Feierabend als schlechte Motivation und zu geringe Identifikation mit dem Unternehmen gewertet werden. Vor allem in der Forschung und Entwicklung wird fast nur noch rund um die Uhr in Projekten gedacht und gearbeitet. Der Karrieredruck zwingt die Arbeitnehmer weiter, Gesundheit und Familie der Firma zu opfern. Hier erwies sich vor allem die Abschaffung der Stempeluhr in vielen Unternehmen als hilfreich, da Überstunden einfach nicht mehr erfaßt werden und offiziell gar nicht vorkommen. Wenn doch Mehrarbeit anfällt, wird diese nur zu einem geringen Teil abgegolten, was über enge Grenzen hinausgeht, verfällt einfach. Überhaupt ist es heute für den Unternehmer günstiger, die Belegschaft bis zum Umfallen schuften zu lassen, statt neue Arbeitskräfte einzustellen. Die Lohnkosten stellen sonst für den Betrieb – in einem instabilen Wirtschaftsumfeld – ein Risiko dar, in konjunkturschwachen Zeiten die nicht mehr voll ausgelasteten Beschäftigten weiter bezahlen zu müssen.

Ein weiterer Schritt zu immer höheren Arbeitszeiten war beispielsweise an den Plänen zu erkennen, den Wertpapierhandel an der Börse, und damit die Mehrarbeit der Angestellten, an vier Feiertagen zuzulassen. Zu Recht wiesen Gewerkschaften darauf hin, daß dies einen »neuen Schritt in dieser Republik« darstelle, dem andere folgen könnten, weshalb ein »Dammbruch« zu befürchten sei.[117] Es handelt sich hier in der Tat um eine schleichende Entwicklung, an deren Ende die durchgehende Sonn- und Feiertagsarbeit und am Ende das »Rund-um-die-Uhr«-Arbeiten steht. Hintergrund dafür sind allerdings wieder die explodierenden Kapitalkosten, welche durchgehenden Betrieb erzwingen. Wären diese Kosten nicht da, so würden allenfalls Anfahrkosten für die Maschinen anfallen.

Selbstverständlich sind die geforderten Maßnahmen auch mit realen Lohnkürzungen verbunden. So fordern heute die meisten Experten eine Absenkung des Lohnniveaus, zumindest Lohnsteigerungen unterhalb des Bruttosozialproduktes. So äußerte sich beispielsweise Rolf Peffekoven, Mitglied des Sachverständigenrates, daß die bisherigen Tarifabschlüsse kein Beitrag zur Förderung von Beschäftigung gewesen seien. Er gehe davon aus, daß ein beschäftigungsorientierter Abschluß deutlich unter dem Produktivitätsfortschritt bleiben müsse.[118] Kaum einer der Experten fragt allerdings danach, mit welchem Geld dann die Bevölkerung die anwachsende Produktfülle erwerben soll, wenn die Löhne hinter dem Produktionszuwachs zurückbleiben sollen? Hier wird das Problem der Kaufkraft wieder völlig unberücksichtigt gelassen: Mit was sollen denn die Bürger den steigenden Warenausstoß aufkaufen, wenn nicht mit ebenso steigenden Löhnen?

Doch wird es in jedem Fall zukünftig zu Lohnverzichten kommen – freiwillig, oder unfreiwillig. So forderte beispielsweise der Computerriese Hewlett Packard im Juli 2001 seine weltweit 88.500 Mitarbeiter zu einem Gehaltsverzicht von zehn Prozent auf. Alternativ könne auch auf entsprechende Urlaubstage verzichtet werden. Die Aktion, so wurde erklärt, sei »freiwillig«, um einer Konfrontation mit dem Betriebsrat aus dem Weg zu gehen. Hintergrund für die Maßnahmen war ein Gewinnrückgang von 66 Prozent gegenüber dem Vorjahresquartal.[119] Man kann sich denken, wie diese »freiwillige« Aktion ablaufen wird: Wer daran nicht teilnimmt, ist in Zukunft entsprechend im Unternehmen vorgemerkt, wird nicht mehr befördert oder verliert bei der nächsten Entlassungswelle ganz seinen Job. Daneben darf man auch nicht den Gruppendruck unterschätzen. Wenn nur einer der Mitarbeiter an der Maßnahme nicht »freiwillig« teilnimmt, so werden die anderen Mitarbeiter entsprechend Druck auf ihn ausüben, bis hin zum Mobbing. Doch auch die Zustimmung von mehr als drei Vierteln der Belegschaft zum Lohnverzicht, verhinderte nicht, daß der US-Konzern wenig später bekanntgab, trotzdem 6.000 Stellen zu streichen.[120]

Mit solchen Aktionen müssen sich die Arbeitnehmer in Zukunft wohl oder übel anfreunden, da die Unternehmergewinne durch den Kapitaldruck zwangsläufig kräftig bedrängt werden. Zu Recht erklärte dazu der Arbeitnehmervertreter bei HP, Uwe Meinhard, daß damit ein Signal an die Beschäftigten gegeben werde,»daß auch das Einkommen aus abhängiger Arbeit nicht mehr sicher ist«.[121] Solche Maßnahmen kann man als Auftakt für eine andauernde Lohnsenkungs-Runde sehen. Wie zu erwarten war, schloß sich dieser Maßnahme bei HP auch schnell ein weiterer Konzern an: die Wacker-Chemie AG. Anfang August 2001 wurde dort die Belegschaft zum Lohnverzicht aufgerufen, um»zu einer Reduzierung des Personalaufwandes zu kommen«. Eine Beteiligung sei ein Zeichen konzernweiter»Solidarität«.[122]

Ganz übersehen wird in diesem Zusammenhang oft, daß beispielsweise in den Neuen Bundesländern schon seit nahezu zehn Jahren durch eine solche Praxis versucht wird, das Lohnniveau zu drücken. So sind beispielsweise nur 15 Prozent der sächsischen Metall- und Elektroindustrie dem Flächentarifvertrag angeschlossen.[123] Doch es soll noch schlimmer kommen: So hat der ehemalige Baden-Württembergische Ministerpräsident und jetzige Jenoptik-Chef Lothar Späth in einem Programm zur»Belebung des Arbeitsmarktes« vorgeschlagen, daß junge Arbeitnehmer nur noch zu Sondertarifen eingestellt werden sollten, welche»bis zur Höhe der Sozialhilfe« hinuntergehen sollten. Daneben sollten ältere Arbeitnehmer für zwei Jahre untertariflich bezahlt werden.[124]

Doch wer meint, mit solchen Lohnsenkungs-Runden könnten die Unternehmen vor der Pleite gerettet werden, der wird – wie sich später noch zeigen soll – bald eines Besseren belehrt.

Zu Recht wies in diesem Zusammenhang der Wirtschaftsweise Jürgen Kromphardt darauf hin, daß Lohnzurückhaltung der Arbeitsnehmer kein Mittel sei, um den massiven Stellenabbau der weltweit operierenden Konzerne zu verhindern. Ob die Arbeitskräfte fünf Prozent mehr oder weniger verdienten, sei nicht das Kriterium – die Leute werden einfach überflüssig, sagte Kromphardt.[125]

Ein ganz findiger Trick, mehr Druck auf die Beschäftigten erzeugen zu können, liegt darin, diese durch Kapitalbeteiligungen an der Firma»partizipieren« zu lassen. So forderte Bundeskanzler Schröder schon im Jahr 2000, daß die Arbeitnehmer am Kapital und am Schicksal ihrer Firma beteiligt werden sollten. Die Rede ist hier oft von einem sogenannten »Investivlohn«, also der Aufteilung des Arbeitnehmerlohnes in einen

»Barlohn«, der wie bisher ausbezahlt wird, und einen »Sparlohn«, der im Unternehmen bleibt.[126] Wozu solch eine Praxis allerdings führen würde, ist ganz klar: Einmal kann der Arbeitnehmer seinen Arbeitsplatz nicht mehr so einfach wechseln, weil sonst seine Investitionen weg sind und zum anderen kann das Management den psychologischen Druck auf die Belegschaft dahingehend erhöhen, daß gedroht wird, Teile des Betriebes zu schließen (mit Verlust des »Sparlohnes«), wenn nicht zu niedrigeren Löhnen und höheren Arbeitszeiten mehr geleistet werde. In beiden Fällen wird der Arbeitnehmer unter Druck gesetzt werden, ohne irgendwelchen Einfluß auf Entscheidungen des Managements zu gewinnen. Wer an dem Investivlohnmodell in einem Konzern dann nicht mitmachen will, wird womöglich gleich ganz aus dem Betrieb entfernt, mit dem Argument, daß er sich anscheinend nicht mit dem Unternehmen identifiziere, da er sich nicht am Risiko beteiligen wolle. Doch während insgesamt der Druck am Arbeitsplatz zunimmt, genehmigen sich die Verantwortlichen im Management oft ausgiebige Privilegien.

Das Management läßt es sich gutgehen

So findet Kontrolle beispielsweise in der Schweiz nur für die Beschäftigten statt, das Management kontrolliert sich selbst. Beispielsweise ist Lukas Mühlemann, der oberste Chef der Credit Suisse Bank, sein eigener Aufseher. Diese Machtbefugnisse werden oftmals gründlich ausgenutzt.

So überwies sich beispielsweise der Kuoni-Chef Daniel Affolters zusätzlich zu seinem Lohn noch einen Bonus von über zehn Millionen DM. Genauso war es für drei ehemalige Manager der Bank Vontobel ganz normal, sich von einer Party zur nächsten mit einem Hubschrauber fliegen zu lassen. Der Wirtschaftsprofessor Konstantin Theile sprach deutlich davon, daß im Management eine Tendenz zum Größenwahn feststellbar sei.[127] Wie heute üblich, so müssen die Fehlentscheidungen von der Belegschaft ausgebadet werden. So kündigte etwa in der Schweiz der Swissair-Konzern an, daß ein Stellenabbau bei dem durch Managementfehler in die roten Zahlen gerutschten Konzern unumgänglich sei.[128]

Ähnliches war auch in Deutschland bei der Deutschen Bahn AG zu vernehmen, als bekannt wurde, daß nahezu 47.000 Stellen abgebaut werden sollen.[129] Der Chef der Deutschen Bahn AG Mehdorn kündigte an, daß die Bahn ab 2005 in der Lage sein werde, die Zinsen für aufgenommene Kredite selbst zu tragen und eine Umsatzrendite von neun Prozent zu erzielen. Dazu sollten betriebsbedingte Kündigungen ermöglicht werden.[131] Deshalb sollen bis zu 20 Prozent der Stellen im Nahverkehr abgebaut werden, was wiederum mit »zu hohen Kosten« begründet wurde.[131] Zunehmend zählt damit nicht mehr die Arbeitsleistung, welche jemand erbringt, sondern es geht nur noch darum, eine möglichst hohe Rendite für das Kapital zu erwirtschaften.

Eine bittere Pille: Erwerbstätigkeit in der Zukunft

Auch die Volkswirte haben keine anderen Lösungen parat, als ständig Lohnsenkungen zu fordern. So plädierte der amerikanische Nobelpreisträger Heckman dafür, die Mindestlöhne abzusenken und dafür die Löhne staatlich zu subventionieren.[132] In der Praxis würde dies nur bedeuten, daß die Belastung der Unternehmen auf den Staat übergewälzt würde, also sich die Betriebe weniger, der Staat dann aber umso mehr verschulden müßte. Am Gesamtproblem des Schuldensystems würde sich nicht im geringsten etwas ändern. Heckman vertritt weiter die Meinung, daß das amerikanische Prinzip des »Heuern und Feuern«, also einstellen und rausschmeißen der Arbeitskräfte ganz nach Belieben, die Wirtschaft viel weiter voranbringe als das deutsche Arbeitsschutzgesetz. Weiter sollten ausgebildete Einwanderer als Bereicherung empfunden werden, da man gut ausgebildete Leute zum Nulltarif bekomme.[132] Daß jedoch damit ein gewaltiger Lohndruck auf die einheimische Bevölkerung ausgeübt wird und Arbeitsstellen zur beliebigen Verschiebemasse der Großkonzerne verkommen, will der Nobelpreisträger nicht erkennen. Genausowenig will er sehen, daß mit diesen Maßnahmen gar nicht die Grundproblematik, das heißt, die der hohen Kapitalkosten, gelöst wird.

Wie die Zukunft der noch Erwerbstätigen aussehen wird, liegt dabei eigentlich auf der Hand:

Je mehr Arbeitslose sich in Zukunft zwangsläufig auf der Straße ansammeln werden, desto größer wird der Druck auf die Löhne werden. Die noch Beschäftigten werden sich dabei einem immer unerträglicher werdenden Druck ausgeliefert sehen, durch den die Löhne real jedes Jahr sinken werden. Gleichzeitig wird die Arbeitszeit und auch die geforderte Leistung permanent nach oben getrieben werden: einmal ganz offen, indem zuerst die 40-, dann die 45- und schließlich wieder die 50-Stunden-Woche eingeführt wird. Zum anderen jedoch wird diese Arbeitszeiterhöhung versteckt unter der Hand ablaufen, indem der Mitarbeiter beispielsweise immer stärker mit Arbeit zugedeckt wird, welche er einfach nicht mehr in der tariflichen Arbeitszeit wird erledigen können. Dann ist »Heimarbeit« angesagt, da eine Beschwerde über »zu viel Arbeit« vom Unternehmen dahingehend gedeutet werden könnte, daß es bei der Motivation des Erwerbstätigen schlecht bestellt sei und man sich deshalb nach einer besseren Stellenbesetzung im Heer der Arbeitslosen umsehen müßte. Die Löhne werden im weiteren Verlauf so tief sinken, daß viele zwei oder drei Jobs gleichzeitig erfüllen müssen, um überhaupt noch über die Runden zu kommen. In Zukunft wird darüber hinaus der Lohn nur noch zu einem Teil direkt ausbezahlt. Ein erhebliches Stück davon wird einfach in das Unternehmen re-investiert und der Arbeitnehmer am Gewinn (oder Verlust) des Betriebes »beteiligt«. Ein Stellenwechsel eines unzufriedenen Mitarbeiters wird dann sehr schwer möglich sein, da er sonst einen Großteil seines »Investivlohnes« einfach verliert. Das allein schon wird die Arbeitnehmer zu Höchstleistungen zwingen, um überhaupt irgendwie noch am Gewinn des Betriebes beteiligt zu sein. So etwas wie Urlaub oder Freizeit wird in Zukunft auch weitgehend reduziert werden, da ein Ferienwunsch mit einer mangelnden Identifikation mit dem Unternehmen gleichgesetzt wird. Der Sinn des Lebens wird sich also auf Gedeih und Verderb am Wohl der Firma orientieren. Alles, was nicht unmittelbar dem arbeitgebenden Unternehmen nützt, wird von sich aus als verwerflich angesehen.

Genauso wie auf die Beschäftigten Druck ausgeübt wird, so werden auch die Opfer der Schuldenentwicklung, die Arbeitslosen, selbst immer mehr in die Mangel genommen.

Druck auf die Arbeitslosen

Statt die Ursache der Arbeitslosigkeit, die explodierenden Kapitalkosten, näher zu untersuchen, sind die Verantwortlichen mehr damit beschäftigt, den Druck auf die Opfer des Systems zu verstärken. So schlug der Volkswirtschaftsprofessor Norbert Berthold, stellvertretend für die meisten seiner Zunft, vor, die Versicherungsleistungen für Arbeitslose auf die Sozialhilfe zu beschränken und die Bezugsdauer auf maximal sechs Monate zu reduzieren. Die Arbeitslosenhilfe solle sogar ganz abgeschafft werden und auch die Gewerkschaften an der Finanzierung der Beiträge beteiligt werden. Würden solche Vorschläge verwirklicht, so gingen die »Fehlanreize« zurück und die Lohnstrukturen würden stärker »differenziert«. Eine gründliche Reform der Sozialhilfe solle die Langzeitarbeitslosen aus der Falle der Arbeitslosigkeit »befreien«.[134] Im Endeffekt bedeuten diese Vorschläge nichts anderes, als daß trotz der hohen Zwangsbeiträge in die Arbeitslosenversicherung in Zukunft kaum noch Leistungen erwartet werden dürfen. Das Lohnniveau soll dann, durch stärkeren Druck auf die Arbeitslosen, auf ein niedrigeres Niveau abgesenkt werden. Es stellt sich die Frage, warum immer nur auf die Opfer, auf die Arbeitslosen, Druck ausgeübt wird, nicht auf die Täter, die Bezieher hoher Kapitaleinkommen, deren Kapitalerträge erst die Unternehmen zu Entlassungen und Bankrotten zwingen? Es wäre das gleiche, wie wenn bei einem Raubüberfall der Räuber ungeschoren davonkommt, während der Druck auf die Opfer gesteigert wird, sich gefälligst mehr anzustrengen, um nicht ausgeraubt zu werden.

Je schlimmer die Probleme werden, um so mehr versuchen die Verantwortlichen anscheinend von den Ursachen abzulenken. So forderte sogar schon der Chef der Deutschen Angestellten-Gewerkschaft, Roland Issen, daß der Druck auf arbeitsunwillige Arbeitslose erhöht werden müsse. Der BDA-Arbeitsmarktexperte Christoph Kannengießer begrüßte die Forderungen und erklärte, daß Arbeitslose nicht nur gefördert, sondern auch gefordert werden müßten. Es müsse unbequem gemacht werden, arbeitslos zu sein, was durch Vermittlungsdruck und Zwang zu Weiterbildungsmaßnahmen zu bewirken wäre.[135] Genauso sieht es auch der Bankenverband, der sogar behauptete, daß die steigende Zahl von Sozialhilfeempfängern kein Ausdruck wachsender Armut, sondern nur Folge davon wäre, daß die staatlichen Hilfen zu hoch seien und damit zu wenig »Anreize« für Fürsorgeempfänger geboten würden, eine Arbeit anzunehmen.[136] Daß jedoch die Banken oftmals auch Nutznießer der Kapitalkosten sind, die den Unternehmen aufgebürdet werden und diese dann dazu zwingen, Löhne zu kürzen oder zu entlassen, wurde vom Bankenverband wohlweislich verschwiegen.

In die gleiche Richtung weisen auch Forderungen des Internationalen Währungsfonds (IWF), der in ungewöhnlich scharfer Form Ende 2000 den deutschen Arbeitsmarkt kritisierte. Der Fond forderte dabei die Bundesregierung zu einer »aktiveren Arbeitsmarktpolitik« auf, womit das »Mißverhältnis zwischen Anspruchslöhnen und Nettolöhnen« beseitigt werden solle. Insgesamt solle es eine größere »Differenzierung« bei den Löhnen geben und den Arbeitsanreizen für niedrig Qualifizierte »höchste Priorität« eingeräumt werden.[137] Es wird also gefordert, die Löhne auf ein Mindestmaß zu drücken und Arbeitslose dazu zu zwingen, praktisch umsonst zu arbeiten.

Bei der ganzen Diskussion wird jedoch weiter von den Ursachen abgelenkt und von der Tatsache, daß es unter dem Kapitaldruck der Unternehmen zu wenige im heutigen System rentable Stellen gibt. Ohnehin ist es ja nicht der »arbeitsunwillige« Arbeitslose, der bei einem Bezug von vielleicht 1.000 DM Arbeitslosengeld im Monat die Gesellschaft und Wirtschaft schädigt, sondern die schnell explodierenden Kapitalkosten, die ohne Gegenleistung für die Wirtschaft bezahlt werden müssen.

Um die wahre Problematik zu verdecken, versuchen die Verantwortlichen in Politik und Wirtschaft schon seit längerer Zeit, die Arbeitslosenzahl schönzurechnen. Während dies jedoch früher von der Presse eher kritisch betrachtet wurde, bekommen heute die Politiker von den Medien Schützenhilfe: Eine Auswertung von Zeitungsmeldungen und Kommentaren von 1995 bis März 2001[138] in den Wochenmedien »Spiegel«, »Focus«, »Zeit«, »Woche« und »Rheinischer Merkur« ergab, daß vor dem sozialdemokratischen Regierungswechsel 1998 eindeutig der Anteil negativer Bewertungen zur Manipulation der Arbeitsmarktstatistik überwog. Nach der Machtübernahme der neuen Regierung änderten die Medien plötzlich ihre Beurteilung und interpretierten die schlechten Verhältnisse auf dem Arbeitsmarkt plötzlich positiv. Die wachsende Problematik soll dadurch offensichtlich aus dem Blickfeld der Öffentlichkeit verdrängt werden.

Ebenso lächerlich sind die Erklärungen für das Problem, wie sie etwa vom Chef der Nürnberger Bundesanstalt für Arbeit, Jagoda, abgegeben wurden, der Mitte 2001 allen Ernstes behauptete, daß »Schwarzseher und Pessimisten« den Arbeitsmarktaufschwung womöglich mehr strangulierten als die wirtschaftlichen Rahmenbedingungen und daß das Arbeitsmarktproblem zu dieser Zeit mehr ein psychologisches als ein ökonomisches sei.[139]

Auch das Verschleiern der Arbeitslosigkeit durch Schaffung von ABM-Stellen (Arbeits-Beschaffungs-Maßnahmen) löst das Problem nicht, sondern schönt nur die Statistik. Wie das Zentrum für Europäische Wirtschaftsforschung ermittelte, kam im Jahr 1998 auf drei offene Arbeitslose ein verdeckter Erwerbsloser hinzu. Da die Teilnehmer an den meisten Maßnahmen nicht als arbeitslos registriert würden, sei die Erwerbslosenrate nur kosmetisch geschönt. Auch den Sinn der ABM-Maßnahmen schätzten die Experten negativ ein, da die Anstellungschancen nach der Maßnahme gering seien.[140]

Ebenso ineffektiv sind alle Beteuerungen von Politik und Wirtschaft, das Problem durch ein »Bündnis für Arbeit« lösen zu wollen. Schon das erste solche Bündnis von 1995 scheiterte bereits nach gut einem Jahr. Und auch der zweite Anlauf im Herbst 1998 mißglückte – trotz sieben Treffen auf Spitzenebene.[141] Auch die ständigen Forderungen aus der Politik an die Arbeitslosen, sich besser zu qualifizieren, geht an der Problematik völlig vorbei, da es ja nicht zu wenig Qualifikation, sondern schlicht und einfach zu wenig bei den heutigen Kapitalkosten finanzierbare Stellen gibt. Würden alle Arbeitslosen und Beschäftigte beispielsweise studieren, dann gäbe es eben studierte Straßenfeger, die arbeitslos sind.

Doch gehen die Folgen der explodierenden Schulden der Unternehmen für die ganze Gesellschaft noch viel weiter: Auch die Umwelt wird dadurch zunehmend in Mitleidenschaft gezogen.

Steigende Kapitalkosten erzwingen Umweltzerstörung

Weil die Unternehmen durch die explodierenden Schulden einem zunehmendem Druck durch die Kapitalkosten ausgesetzt sind, muß in allen Bereichen, welche nicht unmittelbar dem Umsatz dienen, gespart werden. Neben der Reduzierung des Personals und dem Drücken der Löhne, wird kräftig an den Ausgaben für den Umweltschutz gespart. Bereits seit 1988 sind die Ausgaben im produzierenden Gewerbe für Umweltschutz stark rückläufig (Abb. 12). Dabei wies auch das Statistische Bundesamt darauf hin, daß im produzierenden Gewerbe zunehmend weniger in den Umweltschutz investiert wird. 1998 fielen die Ausgaben dafür auf nur noch 3,3 Milliarden DM.[142]

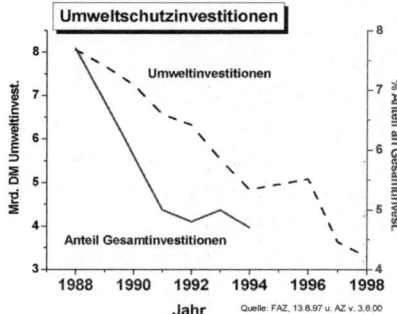

Abb. 12: Umweltschutzinvestitionen im produzierenden Gewerbe.

Entgegen der landläufigen Meinung, daß immer mehr für die Umwelt getan werde, sind die Ausgaben dafür schon seit längerer Zeit stark rückläufig. Dazu kommt noch, daß die Betriebe dem Kapitaldruck nur dadurch entgegenwirken können, indem sie die Produktion ständig ausweiten und außerdem versuchen, dem Verbraucher die – oftmals sinnlosen – Produkte mittels Werbemaßnahmen schmackhaft zu machen. Mit einer zunehmenden Produktion ist ein entsprechend steigender Energie- und Rohstoffverbrauch verbunden, sowie ein wachsender Müllberg. Wohin diese Praxis sinkender Umweltschutzaufwendungen bei steigendem Verbrauch führt, ist ganz klar: Wir entwickeln uns zurück zu einem Umweltzustand wie in den fünfziger oder sechziger Jahren des 20. Jahrhunderts. Wenn dann durch die hohen Schulden auch noch den Kommunen die Luft ausgeht und erste Klärwerke geschlossen werden müssen, dann ist der Weg zum hemmungslosen Zerstören der Umwelt, mit allen Folgeschäden, vorgezeichnet. Der Ausstieg der USA aus den Klimavereinbarungen geht dabei schon deutlich in diese Richtung.

Doch wird der Schuldendruck für die Unternehmen und damit der Druck auf die Umwelt in Zukunft noch erheblich zunehmen.

Verschärfung der Situation – Basel II

Drastisch verschärfen wird sich die Schuldenproblematik für die Unternehmer, wenn die neuen internationalen Eigenkapitalforderungen für Banken, die durch den Baseler Ausschuß für Bankenaufsicht Anfang 2001 beschlossen wurden, in Kraft treten. In diesem sogenannten Basel-II-Abkommen, verpflichten sich die Banken gemäß einer Risikoeinstufung, von Schuldnern entsprechend Eigenkapital anzusammeln. Das führt dazu, daß Kredite mit langen Laufzeiten, wie bei Unternehmern üblich, mit höheren Kosten für die Bank verbunden sind, und diese höheren Kosten werden in Form höherer Zinssätze den Betrieben angelastet. Daneben werden Kredite an kleine und mittelständische Firmen generell verteuert.[143] Das kuriose dabei ist, daß die Banken Kreditrisiken doppelt absichern müssen: einmal wie bisher über den Risikozuschlag zum Zinssatz und zusätzlich über das Eigenkapital. Der langfristige Kredit muß dabei, im Gegensatz zum kurzfristigen, bis zum Sechsfachen stärker mit Eigenkapital abgesichert werden.[144] Die Folgen für die Unternehmen werden drastisch ausfallen: Einmal wird die Bank den Firmen höhere Zinssätze auferlegen, wodurch allein schon vielen Betrieben die Kapitaldecke soweit gekürzt werden wird, daß nur noch der Konkurs übrig bleibt. Zum zweiten werden die Banken bemüht sein, in Zukunft möglichst wenig langfristige Kredite zu vergeben und die Betriebe in kurzfristige Verschuldung zu drängen. Kurzfristige Schulden beeinträchtigen allerdings erheblich die langfristige Planungsmöglichkeit des Unternehmers, da er nie weiß, mit welchen Kapitalkosten aufgrund schwankender Zinsen er im nächsten Jahr zu kämpfen haben wird. Fatal wird die Lage dann, wenn durch einen Crash das Zinsniveau plötzlich ansteigt und der Betrieb sofort mit ungeahnten Kapitalforderungen belastet wird. Eine sofortige Pleitewelle, ohne zeitlichen Puffer, muß die Folge sein. Vor allem wenn die Unternehmen ohnehin in Schwierigkeiten sind – in der Rezession – verschärfen die Richtlinien dann die Situation noch weiter: Da in der Rezession der Unternehmensumsatz sinkt, sieht auch die Bank den Betrieb zunehmend als Risiko, und entsprechend den Vorschriften wird dann einfach der Kredit gekündigt – mit fatalen Konsequenzen für den Unternehmer. Auf diesen Umstand wies auch die Bank für Internationalen Zahlungsausgleich (BIZ) in einem Bericht hin und äußerte die Gefahr, daß gerade das neue aufsichtsrechtliche System Konjunkturabschwünge verschärfen könne.[145] Doch schon vor dem Inkrafttreten der neuen aufsichtsrechtlichen Regelungen im Jahr 2005 machen sich die Beschlüsse bei der Kreditvergabe der Banken deutlich bemerkbar. Um die Forderungen einhalten zu können, kündigen Banken bereits jetzt schon Kredite vor allem für kleine und mittelständische Unternehmen. Auch die Neuvergabe von Krediten in diesem Bereich ist deutlich rückläufig. Dazu kommt noch, daß die Sparkassen, die bisher 40 Prozent der kleinen und mittelständischen Unternehmen und 70 Prozent des Handwerks finanzierten, durch Wegfall der staatlichen Gewährsträgerhaftung zusätzlich unter Druck kommen und verstärkt Kredite zurückfahren müssen.[146]

Die Situation der Unternehmen wird also mittelfristig noch kritischer.

Zusammenfassung

Ähnlich wie die Staatsverschuldung entwickelt sich die Verschuldung der Unternehmen mit steigender Geschwindigkeit. Dabei versucht der Staat zunehmend, eigene Schulden auf die Betriebe zu verlagern. Der Verkauf von Mobilfunklizenzen zeigte diesen Zusammenhang deutlich und brachte die Telekom-Unternehmen in eine bedrohliche Schuldensituation. Doch auch alle anderen Betriebe sind wachsenden Kapitalkosten aus der Verschuldung ausgesetzt. Das fatale dabei ist der Umstand, daß die Schulden und die entsprechenden Zinslasten wesentlich schneller zunehmen als der Produktionszuwachs der Unternehmen. Die Schulden werden damit immer unbezahlbarer, die Gewinne sinken, die Firmenpleiten steigen und die Arbeitslosigkeit kann nur ansteigen. Mit der bedrohlichen Finanzsituation der Betriebe und einer steigenden Arbeitslosigkeit ist ein wachsender Druck auf die noch Beschäftigten verbunden. Stillschweigend werden dabei die Arbeitszeiten erhöht, die Arbeitsbedingungen verschlechtert und die Löhne gesenkt. Weil den Betrieben durch die steigende Kapitalbelastung die Luft wegbleibt, wird überall »gespart«, was nicht unmittelbar zu höheren Gewinnen führt. Aus diesem Grund sinken schon seit längerer Zeit auch die Investitionen in Umwelttechnik. Bereits in wenigen Jahren wird sich die Schuldensituation der Unternehmen weiter drastisch verschärfen. Die neuen Kreditrichtlinien zwingen die Banken zu einem umfangreichen Risikomanagement, das vielen Betrieben die neue Finanzierung über Kredite verteuern oder unmöglich machen wird. Weitere Pleitewellen mit noch mehr Arbeitslosen werden die Folge sein.

Die Privatbürger in der Schuldenfalle

Während die Staatsverschuldung sehr im Blickfeld der Öffentlichkeit steht, wird die Verschuldung der privaten Haushalte immer gerne verschwiegen. Ohnehin spricht niemand aus der Bevölkerung gerne darüber, wie er sich durch das Aufladen von Verpflichtungen in Abhängigkeit begibt. Dabei stieg die Schuld der Privatleute allein zwischen 1991 und 1999 um unglaubliche 77 Prozent auf 3,1 Billionen Mark[147] – auf einen Betrag größer als die gesamte Staatsverschuldung.

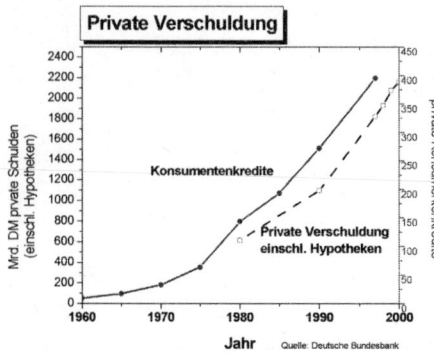

Abb. 13: Verschuldung der privaten Haushalte.

Schon hier wird deutlich, wie dieser Mißstand im allgemeinen völlig unterschätzt wird. Sich zu verschulden, ist inzwischen in der Bevölkerung zu einer Art »Volkssport« geworden. Längst sind die alten Grundsätze der Großeltern vergessen, daß sich nur der etwas leisten könne, der vorher auch entsprechend gespart habe. Im Gegenteil: Wer heute keine Schulden hat, wird nicht selten als »altmodisch« disqualifiziert. Besonders unter Jugendlichen ist die Bereitschaft zur Verschuldung in den letzten Jahren stark angewachsen. Eine Umfrage unter 1.000 Schülern hat ergeben, daß sich zwischen 55 und 65 Prozent der Schüler eher verschulden würden, als auf etwas zu verzichten.[148] Es hat sich also tatsächlich eine weitreichende Mentalität herausgebildet, Schulden nicht mehr als Risiko oder etwas Verwerfliches zu sehen.

Dabei wird es für immer mehr Privatbürger schwieriger, mit der wachsenden Schuldenlast fertig zu werden. Wie sehr die privaten Haushalte inzwischen überschuldet sind, zeigt das Beispiel einer Untersuchung in Berlin. Eine Studie der Landesarbeitsgemeinschaft Schuldner- und Insolvenzberatung (LAG) ergab, daß sogar nach vorsichtigen Schätzungen nahezu 160.000 und damit zehn Prozent der Berliner Haushalte überschuldet sind. Im Jahr 1998 seien es erst 100.000 gewesen. Ursache für die Verschuldung sei die schlechte soziale Lage in der Stadt. Ganze drei Fünftel der Bevölkerung lebten nicht hauptsächlich vom Erwerbseinkommen, sondern von staatlichen Transferleistungen oder elterlichem Unterhalt. Die durchschnittliche Verschuldungssumme belaufe sich auf 95.000 DM und habe sich damit seit dem Jahr 1995 verdoppelt.[149] Die meisten Bürger Berlins leben also nicht mehr von Arbeitseinkommen, wie man das eigentlich erwarten würde, sondern sind auf zusätzliche Hilfsleistungen angewiesen. Dies ist ein deutlicher Hinweis darauf, wie weit viele Bürger inzwischen auf ein niedriges soziales Niveau abgerutscht sind.

Ein ähnlich düsteres Bild zeigte eine Analyse der Auskunftsdatei Creditreform, der zufolge bereits 2,6 Millionen Haushalte in Deutschland überschuldet sind. Die Zahl der Verbraucherinsolvenzen kletterte allein im Jahr 2000 um fast 270 Prozent auf 9.000 Fälle. Genauso die Entwicklung bei den eidesstattlichen Versicherungen: Während es in der ersten Hälfte der 1990er Jahre gerade 400.000 solcher Offenbarungseide gegeben hat, sind es inzwischen mit über 800.000 schon mehr als doppelt soviel.[150] Alle 39 Sekunden mußte schon im Jahr 1999 ein Schuldner eine Eidesstattliche Erklärung abgeben.[151] In die gleiche besorgniserregende Richtung geht eine Analyse der Verbraucherverbände, die darauf hinweist, daß inzwischen 2,8 Millionen Haushalte überschuldet und sechs Millionen Menschen in der Schuldenfalle gefangen seien. Häufig können die Betroffenen nichts für ihr Abrutschen: In 38 Prozent der Fälle war Arbeitslosigkeit und in 22 Prozent das Scheitern von Beziehungen die Ursache für den Abrutsch, sowie in 37 Prozent Schicksalsschläge wie Unfälle, Krankheit oder Tod des Partners. Neunzehn Prozent der Betroffenen gaben sogar an, daß dauerhaft zu niedriges Einkommen zu der Misere geführt habe.[152] Manch einer, der vielleicht heute noch über Familien lacht, die in der Schuldenfalle gefangen sind, gehört nach einem unvorhersehbaren Unglücksfall schon bald selbst zu den Ausgestoßenen.

Eine typische Leidensgeschichte

Die Schuldenkarriere vollzieht sich oftmals schleichend: Herr Müller machte beispielsweise zum ersten Mal Schulden, als er sich in seiner Ausbildungszeit ein Moped leisten wollte. Bereitwillig erhielt er auch den Kredit von seiner Hausbank, schließlich konnte er ja regelmäßige Einnahmen vorweisen. Als er später seine Ausbildung als Handwerker beendete und kurz darauf heiratete, war ein neuer Kredit fällig, da eine größere Wohnung bezogen werden mußte und sich auch schon Nachwuchs ankündigte. Seine Frau fiel damit schnell als Dazuverdienerin aus, außerdem brauchte man auch ein Fortbewegungsmittel und finanzierte dazu den Autokauf mittels eines bequemen Ratenvertrages. Da Herr Müller sich in seinem Beruf fest eingebunden fühlte und zudem auch die Konjunkturlage dem Unternehmen Aufträge in Hülle und Fülle versprach, nahm er sein erstes größeres Projekt in Angriff: Ein eigenes Haus. Da Müller nicht sofort fast eine Million für das Eigenheim bezahlen konnte, erfolgte der Kauf wieder auf Kredit, den die Hausbank auch problemlos bereitstellte, da ja weiterhin ein solides Einkommen sichergestellt war. Er störte sich auch kaum an der Tatsache, daß er den Kredit sage und schreibe 40 Jahre lang abbezahlen müsse, sich erst mit 75 Jahren überhaupt als stolzen Eigenheimbesitzer bezeichnen könne. So falsch kann das Ganze doch nicht sein, dachte er, wenn alle ihr Eigenheim auf Pump finanzieren, noch dazu, wo doch überall kräftig gebaut wird. Doch im Lauf der Jahre änderte sich die Konjunkturlage und Müllers Betrieb kam immer tiefer in die roten Zahlen. Schließlich verlor er seine Arbeitsstelle, da der Betrieb seine, ebenfalls großen, Schulden nicht mehr finanzieren konnte. Da das Arbeitslosengeld schon erheblich unter seinem bisherigen Einkommen lag, traten schnell finanzielle Probleme auf, weil die Kapitalkosten für die Schulden kaum mehr etwas zum Leben übrigließen. Familie Müller versuchte diesen Engpaß durch vermehrte Ratenkäufe zu überbrücken, was allerdings den Schuldenberg noch weiter anschwellen ließ. Überdies kam es durch Müllers Erfolglosigkeit bei der Arbeitsuche und die ständigen Geldprobleme zunehmend zu ehelichen Spannungen, die darin endeten, daß seine Frau die Scheidung einreichte. Die Kosten dafür waren so groß, daß die Schulden nicht mehr bedient werden konnten und die Bank zur Zwangsversteigerung schritt. Da der Verkauf des Objektes schnell erfolgen mußte, war der erzielte Preis weit unter dem Marktwert. Das bedeutete, daß Herr Müller nur einen Teil seiner Schulden überhaupt abdecken konnte. Nun hatte er alles verloren (Arbeitsstelle, Haus, Familie) und stand immer noch hoch mit Schulden beladen da. Durch die vielen unbedienten Kredite war er mittlerweile bei den Banken als unzuverlässiger, insolventer Kunde bekannt, weswegen das weit überzogene Girokonto gekündigt wurde. Ohne Girokonto allerdings, so merkte Müller sehr schnell, bekommt man weder eine Arbeitsstelle noch eine Wohnung, weswegen der Abstieg auf die Stufe der Obdachlosen nur eine Frage der Zeit war …

Solch eine Schuldenkarriere gehört heute zum Alltag, und das Ausmaß wird sich auch, wie wir noch sehen werden, mit zunehmender Zeit enorm verschärfen. Durch diesen Tatbestand wird die Gesellschaft an sich negativ beeinflußt.

Wie sehr die private Verschuldung das Leben ganzer Generationen gefährden kann, dafür ist Japan ein gutes Beispiel. Nachdem der Nikkei-Aktienindex in den letzten zehn Jahren fast zwei Drittel an Wert verloren hat und die Immobilienpreise einbrachen, stehen heute viele Japaner vor dem Bankrott, da sie vor dem Crash in überteuerte Immobilien investierten und sich deshalb kräftig verschuldeten. **Weil die Immobilienpreise so hoch waren, müssen oftmals zwei Generationen heute die Kredite abtragen.**[153] Wie wir noch sehen werden, ist eine Schuldenkrise, auch bei uns, mit ihren fatalen Folgen nur noch eine Frage der Zeit. Doch schon heute ist das Problem der privaten Verschuldung nicht mehr zu überschätzen. Viele trösten sich damit, daß doch der Staat nun auch einen privaten Konkurs mit Schuldenabschreibung zugelassen hätte.

Unwirksamer Verbraucherkonkurs

Weil immer mehr Haushalte durch die schnell wachsenden Schulden ihre Grundlage verlieren, wurde seit 1.1.1999 vom Gesetzgeber die Möglichkeit eingeräumt, auch als Privatmann Konkurs anmelden zu können. Doch zeigte diese Möglichkeit kaum Erfolge. Der Bundesverband Deutscher Inkasso-Unternehmen (BDIU) wies darauf hin, daß gerade jeder 600ste betroffene Privatschuldner von dieser Möglichkeit überhaupt Gebrauch machte. Schuld daran seien vor allem der hohe bürokratische Aufwand und die damit verbundenen Kosten, die der Betroffene, der ohnehin nichts mehr hat, aufzubringen habe. Das Bundesjustizministerium will zwar das Verfahren verbessern, allerdings werden dann, laut BDIU, auf die Länder in den kommenden sieben Jahren Kosten in Höhe von mehr als einer Milliarde Mark zukommen.[154] Damit wird dann wieder die Staatsverschuldung in die Höhe getrieben. Doch ist es mit einem Schuldenerlaß gar nicht so einfach, wie viele es sich vorstellen. Die Haushalte, die sich auf dieses Verfahren einlassen, verlieren nicht selten damit auch ihre Freiheit, da sie sich einer siebenjährigen »Wohlverhaltensperiode« unterwerfen, in der sie beispielsweise einen Arbeitsplatzwechsel zu melden haben und bei Arbeitslosigkeit nicht wählerisch sein dürfen. Doch damit nicht genug: Jemand, der einmal dem Bankensystem als unzuverlässiger Schuldner bekannt geworden ist, der kann sein Leben lang weder ein Girokonto eröffnen noch sonst irgendwelche Leistungen des Systems in Anspruch nehmen. Wer heute jedoch über keine Bankverbindung verfügt, der gilt sowohl bei der Arbeits- als auch der Wohnungssuche als unzuverlässig und bekommt damit sein Leben lang kein Bein mehr auf den Boden.

In Anbetracht der geschilderten Zusammenhänge stellt sich die Frage, ob es sich bei den Schulden um eine gerechte Sache oder aber um Ausbeutung oder sogar eine neue Form von Sklaverei handelt?

Zusammenfassung

Wie die Unternehmen und der Staat, so sind auch die privaten Haushalte einer zunehmenden Verschuldung ausgesetzt. Dabei sind viele Bürger schon so belastet, daß die Kosten für die Verschuldung nicht mehr getragen werden können. Die vor wenigen Jahren eingeführte Möglichkeit einer Verbraucherinsolvenz erweist sich dabei zunehmend als untauglich. Überschuldung kann nicht gänzlich auf das Versagen der Betroffenen zurückgeführt werden, sondern beruht oftmals auf unvorhersehbaren Unglücksfällen. Überschuldung zerstört in vielen Fällen jede zukünftige Lebensplanung und läßt die Betroffenen fast zu Ausgestoßenen werden.

Schulden und Ausbeutung

Von Ausbeutung kann immer dann gesprochen werden, wenn jemand zu Lasten anderer Reichtümer anhäuft, also im Endeffekt die Arbeitskraft anderer ausnutzt, ohne eine entsprechende Gegenleistung zu erbringen. Früher, zu Zeiten der Sklaverei, war noch alles klar, da offensichtlich war, daß der Sklavenhalter die Gefangenen mit roher Gewalt zur Arbeit antrieb. Doch, ist das beim Schuldensystem prinzipiell anders? Daß ein Kreditnehmer für ausgeliehenes Geld aufkommen, also dieses wieder zurückzahlen muß, ist einsichtig. Daß er jedoch oftmals ein Vielfaches dazu als Zins und Zinseszins begleichen muß und hinterher immer noch Schulden hat, das grenzt in der Tat an eine Form der Ausbeutung. Was also das Problem an der ganzen Angelegenheit ist, das stellt weniger die Geldschuld dar, sondern die Zinskosten, die aus dem Ruder laufen. Besonders deutlich wird die Problematik anhand der explodierenden Verschuldung in der Dritten Welt.

»Wir, die Mitglieder der Vereinten Nationen, ... verkünden feierlich unsere gemeinsame Entschlossenheit, nachdrücklich auf die Errichtung einer neuen Weltwirtschaftsordnung hinzuwirken, die auf Gerechtigkeit, souveräner Gleichheit, gegenseitiger Abhängigkeit, gemeinsamem Interesse und der Zusammenarbeit aller Staaten ungeachtet ihres wirtschaftlichen und gesellschaftlichen Systems beruht, die Ungleichheiten behebt und bestehende Ungerechtigkeiten beseitigt, die Aufhebung der sich vertiefenden Kluft zwischen den entwickelten Ländern und den Entwicklungsländern ermöglicht und eine sich ständig beschleunigende wirtschaftliche und soziale Entwicklung in Frieden und Gerechtigkeit für heutige und künftige Generationen sicherstellt.«
UNO-Erklärung[155]

Weltweite Ausbeutung

Die Verschuldung der Dritten Welt führte und führt zu unbeschreiblicher Armut, was auch kein Wunder ist, da diese Staaten einen großen Teil ihrer Arbeitskraft nur zur »Bedienung« der Kredite verwenden müssen. So stieg die Verschuldung der Entwicklungsländer allein von 1992 bis zum Jahr 2000 von 1.300 auf 2.100 Milliarden Dollar, die entsprechenden Zinslasten im gleichen Zeitraum sogar von 167 auf 343 Milliarden Dollar – also eine Verdopplung der Kapitalkosten.[156] Deshalb werden vor allem die Arbeits- und Lebensbedingungen immer drückender, und zunehmend kommt es sogar zur Ausbreitung von Zwangsarbeit.

Die Internationale Arbeitsorganisation (ILO) wies im Mai 2001 darauf hin, daß es weltweit zu einer Zunahme der Zwangsarbeit und damit Ausbeutung von Kindern, Frauen und Minderheiten komme. Vor allem in Ländern wie dem Sudan, Pakistan, Indien oder Brasilien müßten Menschen oft unentgeltlich für die angeblichen Schulden ihrer Eltern oder Großeltern arbeiten. Hauptursache sei nach wie vor die schnell zunehmende Armut.[157] Man muß sich dies einmal vorstellen: Da wird Kindern in Entwicklungsländern offeriert, daß – sagen wir einmal – die Großeltern bei einem Geldverleiher Schulden gemacht hätten, die wegen der hohen Zinssätze nicht mehr abbezahlt werden konnten. Nun müssen diese Kinder ihr Leben lang Frontdienste leisten, um diese Kredite abzuarbeiten, was allerdings nicht gelingt, da die Zinslasten oft höher sind, als sie überhaupt erarbeitet werden können und zudem der Gläubiger den Lohn entsprechend niedrig ansetzen wird. Damit wird die Schuld weitervererbt und ganze Generationen landen buchstäblich in der Sklaverei. In Indien werden viele Arbeiter beim Antritt der Arbeitsstelle beispielsweise dazu überredet, einen Kredit von einigen hundert Dollar vom Arbeitgeber anzunehmen. Da es diesen Menschen an entsprechender Bildung mangelt, ist ihnen auch die Wirkung des Zinseszinses bei 20 oder 30 Prozent Zins nicht klar. Weil der Schuldenberg durch diesen Effekt immer größer wird, behält der Arbeitgeber immer größere Teile des Lohnes als Schuldendienst ein und verbietet dem Arbeiter auch jede Art von Arbeitsplatzwechsel. Dabei kann der Unternehmer dann die Löhne nach Belieben festlegen und dies wird meist so geschehen, daß die Schulden nie weniger werden. Das berechtigt dann wieder den Arbeitgeber dazu, das Arbeitssoll zu erhöhen. Wenn jemand krank wird, ist er wieder gezwungen, neue Kredite aufzunehmen, die ihn weiter in die Schuldknechtschaft treiben. Unter diesen Umständen kann es in den meisten Ländern der Welt niemals besser werden.

Die Folgen der Schuldenmisere sind deutlich: Wie die Welternährungsorganisation (FAO) bekannt gab, hungert fast ein Sechstel der Menschen weltweit.[158] Ein Zehntel der Weltbevölkerung muß mit weniger als zwei Dollar am Tag überleben. In einem Viertel dieser Länder ist eine ständige Verschlechterung der Lage zu beobachten.[158] Genauso betonte schon die Weltbank, daß Wirtschaftswachstum allein für sich die Armut in den betroffenen Ländern nicht beseitigen könne. Die Verteilung der Gewinne sei im Zeitalter der Globalisierung »außergewöhnlich ungleich«. Das Durchschnittseinkommen in den zwanzig reichsten Ländern sei inzwischen 37mal so groß, wie in den zwanzig ärmsten – vor vierzig Jahren sei diese Lücke nur halb so groß gewesen.[160] Genauso ist die Situation in vielen Ländern der Welt. Verschärft wurde die Problematik noch durch eine Reihe von Währungskrisen in den letzten Jahren. So muß heute beispielsweise Ecuador die Hälfte seines Staatshaushaltes für den Schuldendienst aufwenden. Eine neue große Erdölpipeline wird nur deshalb gebaut, damit die Gläubiger befriedigt werden können – 80 Prozent der Gewinne daraus sollen sofort zur Bedienung der Schulden ins Ausland fließen.[161] Die Differenz zwischen Entwicklungs- und Industrieländern wird also nicht kleiner, sondern über das Schuldenproblem immer größer.

Genauso forderte die UN-Organisation für Handel und Entwicklung (Unctad) die internationale Gemeinschaft eindringlich zu einer stärkeren Unterstützung der 48 am wenigsten entwickelten Länder auf. In ihrem Jahresbericht zur Lage der ärmsten Länder bezeichnete die UN-Organisation die externe Verschuldung und den Mangel an finanzieller Hilfe als für diese Staaten untragbar. Die ärmsten Länder der Welt verlören in der globalisierten Wirtschaft weiter an Boden. Zudem seien die hohen Ölpreise ein Schock für ihre labile Wirtschaft, und der Verfall der Rohstoffpreise hielt sie in ihrer Misere gefangen. Wegen der niedrigen Einkommen könnten die Entwicklungsländer weder sparen noch investieren, und wenn die internationale Gemeinschaft nicht handle, würden diese Länder mit 614 Millionen Einwohnern wie bisher karge Armutsregionen bleiben. Ein Zehntel der Weltbevölkerung müsse mit weniger als zwei Dollar pro Tag überleben, habe eine Lebenserwartung von weniger als 50 Jahren und die Hälfte der erwachsenen Bevölkerung in diesen Ländern seien Analphabeten. In einem Viertel dieser Länder sei sogar eine anhaltende Verschlechterung der wirtschaftlichen Lage festzustellen. Ausländische Investitionen seien in diesen Ländern seit 1990 um 45 und die ausländische Entwicklungshilfe um 30 Prozent zurückgegangen. Gleichzeitig habe die Schuldenlast noch zugenommen. Die bisherigen Entschuldungsinitiativen seien völlig unbefriedigend gewesen und hätten kaum zu einer Entspannung beigetragen. Der Schuldenerlaß komme nicht nur zu spät und zu langsam, auch die Hilfe reiche einfach nicht aus.[162] Wie wir später noch sehen werden, helfen die angeblichen »Entschuldungsprogramme« bei der Lösung der Probleme der Dritten Welt gar nicht, sondern dienen nur dazu, das Geld der Gläubiger vor dem Verlust zu schützen und die Ausbeutung weiter aufrechtzuerhalten. Von den internationalen Institutionen wird heute im allgemeinen immer Wachstum der Wirtschaft als Problemlösung gefordert. Doch muß man sehen, daß die

Misere gar nicht aus einer mangelnden Produktion stammt, sondern die Arbeitsleistung durch den Schuldendienst einfach aufgefressen wird.

Zu Recht wies hier der Weltbank-Präsident Wolfensohn darauf hin: »Wachstum ist wichtig, aber es ist nicht genug.« Die gegenwärtige Ungleichheit bedrohe den Weltfrieden, erklärte er weiter und wies darauf hin, daß es falsch sei, wenn die reichsten 20 Prozent der Weltbevölkerung mehr als 80 Prozent des globalen Einkommens zur Verfügung hätten.[163] Ein anderes Mal forderte der Weltbank-Präsident jedoch, daß die Entwicklungsländer weiter hart an der Sanierung der Wirtschaft arbeiten müßten.[164] Wie dies allerdings geschehen soll, wenn der Großteil der Einnahmen wieder in die Bedienung der Schulden fließt, diese Erklärung blieb er schuldig.

Wie sehr die Entwicklungsländer in einer unlösbaren Schuldenfalle gefangen sind, zeigte der nigerianische Wirtschaftsprofessor Sam Aluko. Er wies darauf hin, daß die Auslandsschulden der afrikanischen Länder seit 1980 bis 1997 immer gestiegen seien. Nigeria beispielsweise hat seit 1978 Auslandskredite von etwa 17,5 Milliarden Dollar aufgenommen. Obwohl das Land von 1978 bis 2000 insgesamt 32,5 Milliarden Dollar zurückzahlte, schuldete es Ende 2000 immer noch 28,5 Milliarden Dollar.[165] Das Land zahlte also fast die doppelte Summe des einst geliehenen Geldes zurück und ist heute keineswegs seine Verpflichtungen los. Im Gegenteil: Der Schuldenberg beträgt ebenfalls fast das Doppelte des einst geliehenen Kapitals. Die Ursache liegt im Zinseszinseffekt, der die Schulden schnell explodieren und unbezahlbar machen läßt.

Für die armen Länder in ganz Afrika sieht es ähnlich aus: 1980 hatten die afrikanischen Staaten Auslandschulden von insgesamt 60 Milliarden Dollar, im Jahr 2000 schon 300 Milliarden Dollar. Allein in den 1990er Jahren bezahlten die Länder durchschnittlich 23 Milliarden Dollar an Schuldendienst. In einem Jahrzehnt bezahlte Afrika damit 250 Milliarden Dollar Schulden, um am Ende vor einen noch größeren Schuldenberg zu stehen. **Auch ein Schuldenerlaß bringt den Ländern nichts. So mußte beispielsweise Sambia im Jahr 1999 136 Millionen Dollar für seine Schuldenlast zahlen, zwei Jahre später schon 225 Millionen Dollar und nach dem Schuldenerlaß sogar 235 Millionen Dollar.**[166] Unter diesen Umständen gibt es für diese Länder gar keine Hoffnung. Richtiger Schuldenerlaß würde bedeuten, daß Gläubiger und Banken wirklich auf angelegtes Geld verzichten müßten – und im Gegenteil: Es müßte sogar diskutiert werden, ob nicht der Dritten Welt ein guter Teil der hohen Zinsforderungen zurückerstattet werden müßte, da die Kredite längst mehrfach abbezahlt sind. Überall auf der Welt breitet sich nun eine Schuldenlawine aus, und immer mehr Regionen stürzen ins Chaos.

Ähnlich sieht es im gesamten Ostblock aus. So ist beispielsweise der Kapitalwert der kroatischen Wirtschaft unter die Gesamtsumme der Schulden gefallen.[167]

>>*Bei den Industriestaaten wächst die Sorge, daß die ärmsten Länder trotz der Entschuldungsinitiative HIPC in eine neue Schuldenfalle geraten. Übereilte Umsetzung der Entschuldungsprogramme und die hohen Ölpreise könnten dazu führen, daß der teilweise Schuldenerlaß nur kurzfristige Erleichterung bringe.*<<
Die Welt, 26.9.2000

Die Lüge vom Schuldenerlaß und von der Entwicklungshilfe

Überhaupt entpuppen sich die angeblichen Schuldenerlasse mehr als Alibimaßnahmen. So wiesen Wissenschaftler und Wirtschaftsexperten Mitte März 2001 im Bundestag darauf hin, daß auch der zweite Teil der Entschuldungsinitiative für besonders arme Entwicklungsländer erfolglos bleiben werde. So gebe man bei den zuständigen Organisationen wie dem Internationalen Währungsfond und der Weltbank den Mißerfolg nur hinter vorgehaltener Hand zu.[168] Die Verantwortlichen sind sich also sehr wohl darüber im klaren, daß es so etwas wie einen Schuldenerlaß gar nicht geben wird. Geradezu höhnisch wirken jedoch die Lösungsvorschläge mancher Experten: Statt die Verschuldung und entsprechende Zinslasten als Ursache für die Problematik deutlich zu machen, setzen die Verantwortlichen lieber auf die Verbreitung von Computer und Internet in der Dritten Welt. So wurde auf dem Weltwirtschaftsforum Anfang 2001 in Davos lauthals verkündet, daß durch Computer und Internet die Entwicklung armer Länder entscheidend vorangetrieben werden könne. Die Frage, ob Informationstechnologie bei der Bekämpfung der Armut helfen könne, wurde von allen Teilnehmern bejaht. Der Direktor der Forschungsabteilung von Sun Microsystems, John Gage, und die Direktorin der britischen Menschenrechtsorganisation one world, Anuradha Vittachi, erklärten, daß eine Mutter in der Dritten Welt dann per Computer herausfinden könne, wie sie ihr krankes Kind behandeln müsse. Genauso könne ein Bauer dann per Internet herausfinden, ob sich die Reise auf einen weit entfernten Markt lohne, oder Dorfbewohner könnten sich darüber informieren, wo das Geld für ein Schulhaus geblieben sei.[169] Es klingt schon fast zynisch: Statt den Bewohnern der Entwicklungsländer die Zinsausbeutung endlich zu ersparen, sollen sie nun bei leerem Magen im Internet verfolgen können, was die Reichen so alles besitzen. Überhaupt ist doch das Problem der armen Länder nicht ein Informations- sondern ein Ausbeutungs- und Schuldenproblem!

Im Ganzen ist die sogenannte »Entwicklungshilfe« nur eine Hilfe für die Banken der Industrieländer, damit diese wieder hochverzinsliche Kredite an arme Staaten vergeben können. Die deutschen Großbanken haben sich nach Einschätzung des Instituts für Ökonomie und Ökumene massiv gegen die Interessen der Entwicklungsländer versündigt. Der Sinn von Projekten habe kaum eine Rolle gespielt, und Finanzgeschäfte mit korrupten Regierungen seien vielfach die Regel gewesen. Großbanken hätten über viele Jahre hinweg ökonomisch und ökologisch gleichermaßen riskante und fragwürdige Großprojekte finanziert, was den Schuldenberg der Dritten Welt weiter vergrößert habe. Vor allem deutsche Institute hatten sich hier unangenehm bemerkbar gemacht. So sind beispielsweise in Brasilien zwei Kernkraftwerke ausgebaut worden, obwohl brasilianische Kernkraft fast doppelt so teuer sei wie etwa Energie aus heimischem Erdgas. Allein durch das unsinnige Atomprojekt sei die Schuldenlast des Landes um zehn Milliarden DM erhöht worden. Professor Wilhelm Hankel erklärte, daß, wenn sich an diesem Zustand nichts grundlegendes ändere, auch weiterhin »eine Finanzkrise die nächste jagen« werde.[170] Doch es schien von Anfang an auch Sinn der Kredite an die Dritte Welt gewesen zu sein, daß dadurch kräftige Zinsgewinne für superreiche Anleger und Banken sprudeln können.

Sogar der Weltbank-Präsident Wolfensohn mußte einräumen, es stehe zweifellos fest, daß arme Menschen unter den explosionsartig ansteigenden Defiziten und der Inflation am meisten zu leiden hätten. Finanzhilfen, die nur einigen Eliteschichten zugute kämen, seien unfair, und Korruption erdrücke zuallererst die Schwächsten.[171] Ein andermal wies der Weltbank-Präsident darauf hin, daß die Entwicklungshilfeleistungen der Industriestaaten laufend zurückgingen und heute nur noch 0,2 Prozent, statt der vereinbarten 0,7 Prozent, des Bruttosozialproduktes der Industriestaaten betragen. Er betonte, daß der Rückgang staatlicher Entwicklungshilfe ein Verbrechen sei und der Abstand zwischen armen und reichen Staaten laufend zunehme.[171] Überhaupt verschlimmert die Entwicklungshilfe oftmals die Not, statt sie zu lindern. So besteht heute Entwicklungshilfe im allgemeinen wieder aus Krediten, welche die Verschuldung und damit die Zinslasten weiter explodieren läßt. Daß diese Hilfe nicht ganz selbstlos erfolgt, liegt auf der Hand. So erklärte die Kreditanstalt für Wiederaufbau Mitte 2001 stolz, daß im Jahr 2000 ganze 1,45 Milliarden Euro für Entwicklungshilfe vorgesehen waren. Dabei erwirtschaftete die Bank einen Jahresüberschuß von nahezu 205 Millionen Euro. Daneben beschreite die Bank, wie deren Vorstandssprecher Reich stolz erklärte, seit letztem Jahr neue Wege bei der Kreditvergabe, indem die Kredite zu Marktbedingungen mit deutlich höheren Zinssätzen vergeben würden. Es gebe viele Projekte, die deutlich höhere Zinssätze verkraften würden, so erklärte man.[173] Es ist schon eigenartig, daß sich durch solche »Hilfen« doch stattliche Gewinne mit hoher Rendite erwirtschaften lassen. Da dies anscheinend immer noch zu wenig ist, sollen nun die überschuldeten Länder noch höhere Zinssätze aufgebrummt bekommen. Man rühmt sich damit, den Entwicklungsländern zu »helfen«, ohne jedoch zu sagen, daß dies ausschließlich zur eigenen Bereicherung geschieht. Nach ähnlichem Muster arbeiten auch die Weltbank und der Internationale Währungsfond.

Ganz vergessen wird weiterhin, daß die Entwicklungshilfe die Wirtschaft der Länder zerstört. So werden Nahrungsmittelhilfen gewährt, durch welche beispielsweise die einheimische Landwirtschaft ruiniert wird. Weil die »Hilfen« kostenlos verteilt werden, können die einheimischen Produzenten nichts mehr verkaufen und müssen den Betrieb einstellen. Oftmals entsteht dadurch erst eine richtige Not, weil das Land die Fähigkeit verliert, sich selbst zu versorgen. Experten schätzen, daß über 90 Prozent der Nahrungsmittelhilfen nicht zur Überbrückung einer vorübergehenden Not, sondern als Entsorgung für die Überschußproduktion der Industriestaaten dienen. Deutlich werden die Folgen dieser »Hilfen« am Beispiel Afrika: Die Getreideimporte verdoppelten sich dabei von 1975 bis 1995. Die Nahrungsmittelhilfe wurde gar von 1975 bis 1999 um das 90fache ausgeweitet und geht heute zum großen Teil in Länder, die einst als Brotkorb Afrikas galten.[174] Durch viele Entwicklungsprojekte werden darüber hinaus auch noch die dortigen Menschen regelrecht entwurzelt. So wurde in einer internen Studie der Weltbank bekannt, daß durch die laufenden Projekte, wie beispielsweise Staudammbauten, nahezu 2,6 Millionen Menschen zwangsumgesiedelt oder vertrieben würden.[175] Die »Hilfe« hilft also der armen Bevölkerung überhaupt nicht, sondern macht ihr das Leben noch schwerer als es ohnehin schon ist.

Dazu kommt, daß die vermeintliche Entwicklungshilfe meist in Form einer sogenannten »Mischfinanzierung« geleistet wird. Dies bedeutet, daß dadurch in erster Linie die Wirtschaft der Industrieländer von den Leistungen profitieren solle, erst danach gelten die Interessen der Dritten

Welt. Es ist kein Wunder, daß unter solchen Voraussetzungen die Dritte-Welt-Problematik bisher noch nicht einmal im Ansatz gelöst werden konnte. Im Gegenteil: Alle internationalen Institutionen sind scheinbar an einer weiteren Verschuldung interessiert.

»Im UNDP-Bericht wird zudem auch betont, daß Armut ebenso eine Frage der Menschenrechte ist wie eine willkürliche Verhaftung oder die Folter von Inhaftierten. Während allerdings die Folter eines Gefangenen oft zu Protesten führe, werde die Tatsache, daß täglich 30.000 Kinder an den Folgen von vermeidbaren Ursachen ums Leben kämen, einfach hingenommen.«
Süddeutsche Zeitung, 30.6.2000

Der IWF – Ausbeutung ohne Ende

In diesem System spielt der Internationale Währungsfond (IWF) eine Schlüsselrolle, um die vergebenen Kredite für die großen Investoren zu sichern, wenn ein Land seinen Zahlungsverpflichtungen nicht mehr nachkommen kann. Seit der Rettung Mexikos im Jahr 1995 sind durch den IWF mehr als 250 Milliarden US-Dollar der Privatwirtschaft auf öffentliche Geldgeber übertragen worden. Außer 1998 in Rußland ist noch kein Kredit den Investoren wirklich verlorengegangen.[176] In erster Linie geht es also bei einer Schuldenkrise der Entwicklungsländer gar nicht um eine Hilfe, sondern darum, daß die beteiligten Banken und Großinvestoren möglichst ungeschoren aus der Sache herauskommen. Wenn ein Staat einmal nicht mehr zahlen kann, dann werden die Schulden mitnichten gestrichen, sondern einfach auf einen anderen Staat überschrieben.

Die von Privatbanken vergebenen Kredite werden also unter Mithilfe des IWF nur auf Staaten, wie beispielsweise Deutschland, übertragen, wofür der dortige Steuerzahler dann die Zinsrechnung begleichen darf. Die privaten Großinvestoren bleiben unter allen Umständen schadenfrei und konnten durch die Ausbeutung der Entwicklungsländer hohe, risikofreie Gewinne einfahren.

Ähnlich verhält es sich mit den vom Staat vergebenen sogenannten Hermes-Bürgschaften: Dabei vergeben Banken an Entwicklungsländer riskante Kredite, und der Staat sichert ihnen damit zu, daß – wenn das arme Land die Kredite nicht mehr tragen kann – dann der deutsche Staat für den Schuldendienst einspringt. Die Banken können also hochverzinste und profitable Kredite ausgeben, und der deutsche Steuerzahler darf am Ende das Risiko bzw. die Rechnung bezahlen. Kein Wunder, daß die Profiteure solcher Aktionen eine ständige Fortsetzung wünschen. So warnte der Deutsche Industrie- und Handelstag Anfang 2001 vor neuen Auflagen bei der Hermes-Exportversicherung.[177] Dabei wäre es nur angemessen, wenn die entsprechenden Banken bei der Kreditvergabe auch das Schuldenrisiko zu tragen hätten, statt alles dem Steuerzahler zu überlassen. Unter solchen Bedingungen ist es kein Wunder, daß arme Länder weltweit mit Krediten geradezu überschwemmt wurden.

Zusammenfassung

An der explodierenden Verschuldung der Entwicklungsländer kann deutlich erkannt werden, wie Verschuldung zur Ausbeutung des Schuldners führt. Obwohl die betroffenen Länder die einmal aufgenommenen Kredite schon mehrfach abbezahlt haben, ist heute die Schuldenlast durch die aufgelaufenen Zinslasten höher als je zuvor. Die Bevölkerung wird durch diese Kapitalkosten in bitterer Armut gehalten, ohne Hoffnung auf eine Besserung. Parallelen zur Sklaverei früherer Jahre drängen sich dabei geradezu auf. Auch die von den Industriestaaten geleistete »Entwicklungshilfe« bessert die Lage keineswegs, sondern verschlimmert alles nur noch weiter durch neue Kredite oder unsinnige Projekte, welche die Unabhängigkeit der betroffenen Länder untergraben. Genauso führt der oft zitierte »Schuldenerlaß« keineswegs zu einer Entlastung der Dritten Welt, sondern erhöht die Abhängigkeiten von den Geldgebern letztlich nur noch weiter. Die Schulden werden dabei gar nicht erlassen, sondern nur von einem auf ein anderes Land umgebucht. Die Geldgeber im Hintergrund fahren nach wie vor hochrentable Gewinne ein.

Die Lüge vom Sparen – Warum die Verschuldung in unserem System immer steigen muß

Als Antwort auf die wachsende Schuldenproblematik wurde vor allem
im Lauf der 1990er Jahre immer mehr das »Sparen« in den Mittelpunkt
gerückt. Ausgelöst wurde diese Kampagne unter anderem durch den Maa-
strichter Vertrag zur Einführung von Euro-Einheitsgeld in Europa. Um
den Beitritt zu dieser Gemeinschaftswährung erreichen zu können, wurden jedem Land Stabilitätskriterien auferlegt, die verlangten, daß unter
anderem die Neuverschuldung unter drei Prozent und die Gesamtverschuldung unter 60 Prozent des Bruttosozialproduktes zu liegen habe.

»Weitaus leiser geben Sozialdemokraten und Grüne allerdings zu
Protokoll, daß ohne beträchtliche Privatisierungserlöse ein solches
Ergebnis nicht möglich wäre. Da unterscheidet sich Eichel nicht
fundamental von seinem Vorgänger. Der Christsoziale Theo Waigel
pflegte Etatlücken besonders gerne mit dem Verkauf von
Staatsbesitz zu kaschieren.«
Süddeutsche Zeitung, 28.11.2000

Sparen – das politische Einheitsrezept

Um diese Hürden nehmen zu können, wurden dem Volk nach Anwendung buchhalterischer Tricks mehrere »Sparpakete« verordnet. So forderte beispielsweise die damalige Unionsregierung, daß Bund und Länder 50 Milliarden D-Mark einzusparen hätten. Diese Maßnahmen lösten schon damals in der Bevölkerung breite Ablehnung aus, was sich in Großdemonstrationen des Gewerkschaftsbundes und der damaligen SPD-Opposition äußerte. Der damalige hessische Ministerpräsident Eichel bekräftigte den Widerstand der SPD gegen die geplanten Sozialsparmaßnahmen im Bundesrat.[178] Wie widersprüchlich allerdings die Aussagen der Politiker waren, wurde deutlich, als Eichel dann 1999 selbst Finanzminister wurde und sich, wie vormals die Unionsparteien, für Sparmaßnahmen einsetzte, die er ehemals aus wahltaktischen Gründen abgelehnt hatte. Schon im Mai 1999 wurde deutlich, daß der neue Finanzminister sich für radikale Sparmaßnahmen einsetzen würde. Eichel unterstrich, daß im Sozialbereich gleichfalls Kürzungen unvermeidbar seien. Auch waren damals deutliche Steuererhöhungen im Gespräch.[178] Im Herbst 1999 kam es dann wieder zu großen Demonstrationen gegen das Sparpaket. Neben Protesten der CDU-Opposition kritisierte der Präsident des deutschen Steuerberaterverbandes Jürgen Pinne die Maßnahmen und bezeichnete die gesamte Steuerpolitik als »gesetzgebungstechnische Flickschusterei«. Er rief zum »passiven Steuererklärungstreik« auf. Eichel erklärte daraufhin, daß es zum Sparen keine Alternative gebe und wenn die Zustimmung zu dem einen oder anderen Sparvorhaben ausbleiben würde, dann eben andere Sparmaßnahmen mit gleichem Volumen stattfinden würden.[180] Zur gleichen Zeit erläuterte der Finanzminister seine Vision, daß ab 2004 keine neuen Staatsschulden mehr gemacht würden, und legte dazu ein Stabilitätsprogramm vor. Danach sollte das Staatsdefizit innerhalb dreier Jahre auf Null sinken. Zudem solle der Schuldenstand im Jahr 2004 nur noch 54,4 Prozent des Bruttoinlandsprodukts (BIP) betragen. Bis zum Jahr 2006 wurde sogar von Überschüssen im Gesamthaushalt geträumt, weil die rasante Entschuldung durch Ausgabendisziplin und die Steuerreform dies ermöglichen würden.[181] Im Sommer 2000 forderte die Bundesbank die Bundesregierung zu einem noch strikteren Sparkurs auf. Angesichts der zu erwartenden Einnahmeausfälle wegen der Steuerreform sollen sowohl die Erträge aus dem UMTS-Verkauf als auch Zinsersparnisse zur Schuldentilgung verwendet werden.[182] In die gleiche Richtung ging der Rechnungshof in seinem Jahresbericht 2000 und äußerte scharfe Kritik an überflüssigen Ausgaben und Fehlplanungen. Es wurde darauf verwiesen, daß der Bund jedes Jahr rund zehn Milliarden DM sparen könne. Vor allem mangelhafte Konzepte bei der Nutzung von Großinvestitionen sowie zu niedrige Gebühren und Abgaben würden den Staatshaushalt belasten. Man behauptete, daß bei einer Umsetzung der Vorschläge des Rechnungshofes der Staatshaushalt bereits kurzfristig um mehrere hundert Millionen DM zu entlasten wäre.[183] Alle politischen und wirtschaftlichen Institutionen scheinen sich also einig zu sein, daß man das Schuldenproblem durch »Sparen« lösen könne. Dabei solle sich der Spareffekt sogar weltweit durchsetzen.

Auch die amerikanische Privatbank J. P. Morgan prognostizierte, daß schon im Jahr 2001 die Mehrheit der entwickelten Staaten einen Haushaltsüberschuß erzielen werde. Für Norwegen wurden ganze acht Prozent des Bruttoinlandsproduktes vorhergesagt. Die USA sollten bis zum Jahr 2013 sogar völlig schuldenfrei sein.[184] In den Niederlanden plädierte auch der Fraktionsvorsitzende der Arbeiterpartei (PvdA), Ad Melkert, für einen vollständigen Abbau der Staatsschuld von umgerechnet etwa 450 Milliarden DM innerhalb von 25 Jahren.[185] Man könnte angesichts dieser Aussagen fast schon meinen, das Schuldenproblem sei so gut wie erledigt. Endlich hätten also die Politiker erkannt, daß wir auf den Staatsbankrott zugehen und steuerten nun entgegen, wobei die Misere schnell gelöst sein werde. Doch wie wir bereits bei den Staatsschulden gesehen haben, denken Politiker meist nicht lösungsorientiert, sondern versuchen lieber, anderen den Schwarzen Peter zuzuschieben. Aber nicht nur die Politik, sondern auch die Wirtschaft will sich der Schuldenfalle durch drakonische Sparprogramme entziehen.

Sparen, sparen, sparen – an Arbeitsplätzen

Überall werden Sparmaßnahmen als die rettende Lösung vor dem Bankrott angesehen. So wurde im Frühjahr 2001 beispielsweise vom weltgrößten Chemiekonzern, der BASF, ein Sparprogramm angekündigt, das 400 Millionen Euro bringen solle. Diese Maßnahmen wurden beschlossen, obwohl ein Umsatzrekord große Gewinne für die Anteilseigner sicherstellte.[186] Genauso gab Chrysler Mitte 2001 bekannt, daß die Ausgaben in den nächsten 5 Jahren um nahezu 40 Prozent gekürzt werden sollten. Dazu gehöre die Streichung von sechs Fabriken und 26.000 Arbeitsplätzen. Daneben versucht der Mutterkonzern die Kosten zu drükken, indem bei Projektausschreibungen mehr Firmen an der Abgabe eines Angebotes beteiligt werden.[187]

An diesen Beispielen wird deutlich, daß es bei allen Einsparprogrammen der Kapitalgeber auch immer jemanden geben muß, auf dessen Kosten gespart wird, wie beispielsweise Beschäftigte, die dadurch ihren Arbeitsplatz verlieren. Mit solchen »Einsparungen« werden dann die Kosten wieder auf den Staat umgewälzt, der für die Arbeitslosen zu sorgen hat. Daneben wird beispielsweise auf Kosten von Zuliefererbetrieben »gespart«, welche einem stärkeren Preisdruck ausgesetzt und ihrerseits gezwungen werden, etwa beim Personal zu »sparen«. So setzt sich eine regelrechte Kette von Sparmaßnahmen durch die ganze Wirtschaft fort, an deren Ende mehr Arbeitslose und Firmenbankrotte stehen. Einsparungen sind also heute nie umsonst zu haben.

Auch die Sicherheit und der Kundenservice leiden unter dem Sparzwang: So ließ die Deutsche Bahn AG beispielsweise, um Personal zu sparen, stundenlang ein Stellwerk an der Südharzstrecke unbesetzt. Die Lokführer mußten deshalb vor jedem Bahnübergang halten und sicherstellen, daß die Züge gefahrlos weiterrollen konnten.[188]

Auch beim Staat bedeutet jedes Sparpaket, daß es Opfer gibt, über die nur ungern berichtet wird. Da erhält dann plötzlich eine Baufirma keine Aufträge mehr, weil die bisherigen staatlichen Projekte fehlen, oder ein Krankenhaus wird plötzlich geschlossen und die Leute auf die Straße gesetzt. Nicht zu vergessen sind die deutlichen Einsparmaßnahmen bei der Bundeswehr, welche die Schließung vieler Standorte erzwang, mit der Folge, daß eine ganze Reihe von Beschäftigten auf der Straße stehen und auch bei ortsansässigen Unternehmen die Umsätze durch den Abzug einiger tausend Soldaten spürbar leiden. Einsparungen kann es also wirklich nie ohne Opfer geben. Wie ungerecht dieses »Sparen« ist, zeigte eine Erklärung der Christlich Demokratischen Arbeitnehmerschaft (CDA) die darauf hinwies, daß das geplante Sparpaket zu einem Viertel zu Lasten der Arbeitslosen ginge, indem ihre Rentenanwartschaften um bis zu 50 Prozent gekürzt würden.[189] **Effektiv wird also nirgendwo gespart, sondern es werden nur Kosten und Schulden von einem Sektor auf den anderen verschoben – im Ganzen ändert sich überhaupt nichts.**

Auch den privaten Haushalten wird geraten zu »sparen«, um der Verschuldungsfalle zu entgehen. Wenn sie dies aber tatsächlich machen würden, dann wären in der Folge wieder Umsatzrückgänge in der Wirtschaft zu verzeichnen sowie entsprechend einbrechende Steuererträge beim Staat. Schnell kommt man dann in einen Teufelskreislauf aus sinkenden Umsätzen bei den Firmen, Entlassungen, einbrechender Kaufkraft und wieder Rückgänge der Unternehmensgewinne. Der Spareffekt wird so durch eine höhere Arbeitslosigkeit und deshalb einer weiteren Anspannung der

Haushaltsfinanzen mehr als wettgemacht. Wieder wird also deutlich, daß durch Sparmaßnahmen keine Probleme gelöst, sondern nur Kosten von einen auf den anderen Sektor verschoben werden.

Klar wird jedoch an den einheitlichen Sparforderungen, daß sowohl alle politischen Parteien als auch wirtschaftlichen Institutionen im »Sparen« die Lösung für die Verschuldungsprobleme zu erkennen glauben. Demzufolge wird die Ursache der Entwicklung in einer Verschwendungsmentalität gesehen. Doch was hier verwechselt wird, ist die betriebswirtschaftliche mit der volkswirtschaftlichen Gesamtrechnung.

Der Verschuldungszwang

Wo liegt nun der Fehler in dem oberflächlich gesehen so einleuchtenden Argument, durch Sparen wirklich Schulden tilgen zu können?

Die Zeitschrift »Stern«[190] befragte zum Thema Schuldenabbau Experten vom Rheinisch Westfälischen Wirtschaftsinstitut (RWI) und bekam folgende Aussage: »Es ist möglich, innerhalb von 20 oder 30 Jahren den gesamten Schuldenberg von 2,4 Billionen Mark abzutragen.« (Abb. 14)

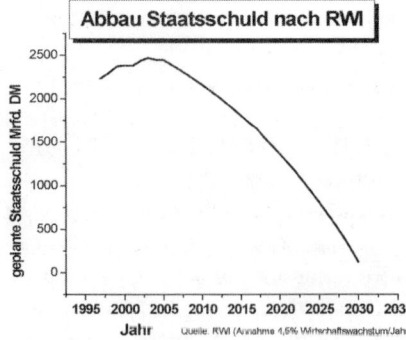

Abb. 14: Vorstellungen des RWI zum Schuldenabbau.

Nach deren Analyse solle sich die Lage der öffentlichen Haushalte dramatisch verbessern. Der Wendepunkt zum Schuldenabbau könne sogar angesichts sprudelnder Steuereinnahmen und hoher Privatisierungserlöse noch früher kommen. 2004 und 2005 könnten jeweils Überschüsse von 40 Milliarden Mark erzielt werden, und nach 30 Jahren wäre die gesamte Staatsschuld getilgt. **Allerdings wüßten die Experten nicht genau, welche Folgen eigentlich der Spareffekt habe, da noch nie solch eine Phase untersucht werden konnte, und so vertrauten alle aufs »Gesundsparen«.** Der »Stern« erklärte dann weiter: »Fest steht:

Anders als ein guter Hausvater kommt die Volkswirtschaft nie ohne Kredite aus. **Damit die Konjunktur in Schwung gerät, muß sich jemand verschulden.** Wenn der Staat spart, fällt die Nachfrage aus, und das Wachstum geht zurück. Im Gegenzug könnten allerdings die Bürger ihre Ersparnisse verringern, weil sie künftig mit niedrigeren Abgaben rechnen.« Also wird schon deutlich, daß Verschuldung in unserem System einen festen Stellenwert hat, daß also, wenn der Staat sich nicht mehr verschuldet, sich um so mehr andere Wirtschaftsteilnehmer verpflichten müssen, daß also im Endeffekt die Schulden nur umverteilt, aber nicht wirklich getilgt werden können. So fährt die Zeitschrift weiter fort: »Der lange Boom in den USA ist ohne den Tausch der Schuldnerrollen nicht zu erklären: Während der Staat spart, plündern die Bürger ihre Konten für den Konsum, und die Unternehmen borgen sich Geld zu niedrigen Zinsen, um Fabriken zu bauen.« Demnach handelte es sich, wie wir noch sehen werden, in den USA nie um eine richtige Schuldentilgung, vielmehr wurden die Verpflichtungen nur vom Staat auf die Bürger und die Wirtschaft umgewälzt – am Gesamtproblem hat sich nichts geändert.

Mit der gleichen Argumentation wie das RWI wiederholte auch Bundesfinanzminister Eichel auf dem Forum »Verantwortung für die Zukunft« der Dresdner Bank im März 2001 stereotyp seine Behauptung, die Steuersätze im zweijährigen Rhythmus senken und den Bundeshaushalt durch strikte Ausgabenbegrenzung bis zum Jahr 2006 ausgleichen zu wollen. Ab dem Jahr 2009 solle dann der Bundeshaushalt einen Überschuß von einem Prozent des Bruttoinlandsproduktes aufweisen. Den Haken bei dieser schönen Rechnung nannte Eichel auch, als er als Voraussetzung ein Wirtschaftswachstum von vier Prozent erwähnte. Um dies zu erreichen, fördere die Bundesregierung ein starkes Wirtschaftswachstum mit der Steuerpolitik und Verbesserung der Qualität der Staatsausgaben.[191] Wie allerdings langfristig ein Wachstum von vier Prozent durchgehalten werden soll, konnte der Finanzminister nicht erklären. Eine derartige Wachstumsrate würde bedeuten, daß sich die Produktion alle 18 Jahre verdoppeln soll, und niemand kann erklären, wer denn die Produkte eigentlich kaufen soll, welche dann den Markt überschwemmen, von den entstehenden Umweltproblemen einmal ganz abgesehen. Überhaupt sollen gerade die Löhne und damit die Kaufkraft der Bevölkerung keinesfalls steigen. Es soll also mehr produziert werden, ohne daß klar wäre, wer die Produkte kaufen soll und mit welchem Geld …

Bei näherer Betrachtung wird es klar ersichtlich, daß die Vorbedingungen für ein Wegsparen der Schuld beträchtlich sind. Einmal wird ein hohes Wirtschaftswachstum gefordert, welches sich realistisch gar nicht über einen längeren Zeitraum aufrechterhalten läßt, zum anderen werden die Unternehmen und Arbeitnehmer, welche dann unter die Räder kommen, ganz vergessen. Im Extremfall würde das Sparen dahin führen, daß das Land komplett verarmt, was am Beispiel Rumänien in den 1980er Jahren deutlich wurde. Rumänien war das einzige Land der Welt, das es tatsächlich geschafft hatte, seine Auslandsschuld durch drakonische Sparmaßnahmen ganz abzubauen. Durch diese Eingriffe konnten allerdings weder weitere Investitionen noch ein befriedigender Lebensstandard der Bevölkerung aufrechterhalten werden. Die entstandene Armut führte nach einigen Jahren zu einer blutigen Revolution. – Es wird also ganz deutlich, daß Sparmaßnahmen nicht die Lösung des Problems sein können, weil ohne Verschuldung im heutigen System nicht investiert wird. Doch warum wirkt diese scheinbare Problemlösungsstrategie für viele Politiker und auch die breite Bevölkerung so einleuchtend und damit attraktiv?

Dies kommt daher, weil ganz vergessen wird, daß eine komplette Volkswirtschaft nicht mit einem Einzelhaushalt verglichen werden kann. Weil beispielsweise ein überschuldeter Haushalt oder ein verschuldetes Einzelunternehmen durch Sparmaßnahmen tatsächlich seine Schulden tilgen kann, wird dieser Vorgang fälschlicherweise auf die ganze Volkswirtschaft übertragen. Es wird behauptet, daß die Schulden im ganzen durch Sparpakete abbaubar wären.

Der Fehler in dieser Betrachtung liegt darin, daß die den Schulden gegenüberstehenden Geldvermögen ganz vergessen werden. Damit überhaupt Kredite vergeben werden können, muß erst jemand bereit sein, sein Geld dafür zur Verfügung zu stellen. Genauso ist es beim Staat: Erst wenn jemand gewillt ist, beispielsweise Schuldpapiere des Staates gegen Geld anzunehmen, kann sich dieser überhaupt verschulden. Es muß also immer zwei Seiten geben: Schuldner und Gläubiger. Während der Gläubiger eine Geldforderung gegen den Schuldner hat (also ein Geldvermögen) hat dieser gegenüber dem Kreditgeber eine Schuld. Die Beträge der Schulden und Geldvermögen müssen also immer gleich groß sein, und wenn eine Größe zunimmt, muß auch die andere ansteigen. Im Umkehrschluß bedeutet das allerdings, daß Schulden nur dann wirklich reduziert werden können, wenn im gleichen Atemzug auch Geldvermögen vernichtet werden. Wenn also der Staat seine Verpflichtungen wirklich reduzieren würde, dann müßten gleichzeitig beispielsweise die Bundesschatzbriefe von Herrn Meier wertlos werden – das allein wäre wirkliche Schuldenreduzierung. Alles andere ist nur ein Verlagern des Problems vom einen auf den anderen Sektor.

Um also das Schuldenproblem zu verstehen, muß man sich erst einmal die Entwicklung der Geldvermögen ansehen, um dadurch zu erkennen, wieviel Kapital überhaupt verliehen werden kann, und, wie wir später noch sehen werden, sogar verliehen werden muß.

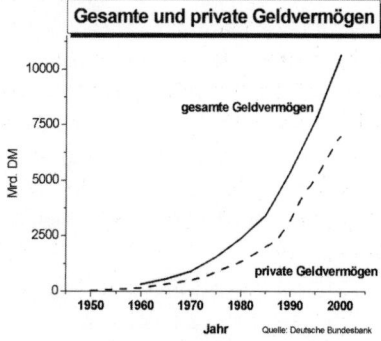

Abb. 15: Gesamte und private Geldvermögen in Deutschland.

Wie in Abb. 15 zu sehen ist, explodieren die gesamten Geldvermögen (Geldvermögen von Staat, Unternehmen und privaten Haushalten zusammengenommen). Wie weiterhin zu erkennen ist, machen die privaten Geldvermögen den größten Anteil der gesamten Kapitalvermögen aus – das Geld ist also nicht in der Hand von Institutionen, sondern im Besitz von Privatleuten. Schon beim Betrachten dieser Entwicklung drängt sich ein kausaler Zusammenhang zwischen Geldvermögen und Verschuldung auf, der in Abb. 16 noch deutlicher wird. Beide Größen wachsen, wie ersichtlich, um annähernd gleiche Beträge jährlich und das mit exponentiell steigender Geschwindigkeit.

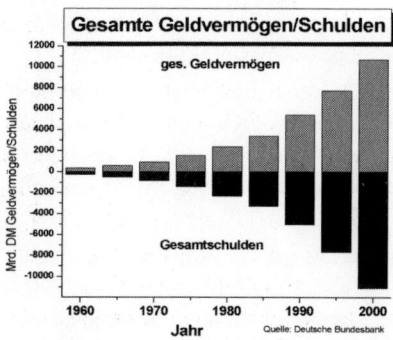

Abb. 16: Gesamte Geldvermögen und gesamte Schulden in Deutschland.

An sich wären Schulden und gleich hohe Geldvermögen kein Problem, würden daraus nicht Zinslasten für den Schuldner und entsprechende

102

Zinsgewinne für den Geldverleiher resultieren. Wenn die Beträge darüber hinaus nicht immer schneller anwachsen, sondern auf einem stabilen Niveau bleiben würden, dann wäre die Entwicklung ebenfalls nicht besorgniserregend. Das Grundproblem liegt also darin, daß die Geldvermögen und Schulden explodieren. Warum tun sie das?

Natürliches und exponentielles Wachstum

Um nun das Schuldenproblem vollständig zu verstehen, ist es ganz ratsam, einmal ähnliche Entwicklungen und deren Folgen in der Natur zu betrachten. Grundsätzlich gibt es hier zwei völlig voneinander verschiedene Sorten von Entwicklungsverläufen:

- Einen stabilisierenden »natürlichen Wachstumsverlauf« und
- einen zerstörerischen »exponentiellen Wachstumsverlauf« (Zinseszinseffekt)

Der natürliche Prozeß besagt, daß ein Lebewesen anfangs ein hohes Wachstumstempo aufweist und mit zunehmendem Lebensalter »erwachsen wird«, also bei seiner optimalen Größe aufhört zu wachsen. Würde ein Lebewesen statt dessen immer weiter wachsen, dann müßte es bald unter dem eigenen Körpergewicht oder spätestens an mangelndem Nahrungsangebot zugrunde gehen. Leben wäre also bei einem beschleunigten Wachstum, wie in unserer Wirtschaft durch die Schulden repräsentiert, nie möglich, weshalb die Natur auf eine optimale Größe und deshalb Stabilisierung setzt.

Allerdings gibt es ein paar Ausnahmen des exponentiellen Wachstums in der Natur – die jedoch allesamt in der Selbstzerstörung enden:

Eine Bakterie entwickelt sich beispielsweise nach einem beschleunigten Wachstumsprozeß: Ein einzelnes Bakterium teilt sich, und es werden daraus zwei Lebewesen, die sich weiter zu vieren entwickeln, dann sechzehn, zweiunddreißig, vierundsechzig usw. – bis das Nahrungsangebot erschöpft ist und die Bakterien allesamt zugrunde gehen müssen.

Das Tumorwachstum beim Menschen folgt ebenfalls einem Zinseszinsprozeß. Ist anfangs nur eine Krebszelle vorhanden, so teilt sich diese und es entstehen zwei Tumorzellen. Diese teilen sich wieder und es werden daraus vier, dann acht, 16 usw., bis schließlich der ganze Körper vom Krebs zerfressen ist und der Mensch zugrunde geht!

Ähnlich ist bei einer Lawine: Rollt am Anfang nur ein Eiskristall, so stößt dieses ein weiteres an, diese nochmals andere, bis am Ende der ganze Berg herunterkommt und alles im Weg Stehende zerstört.

Auch die Entwicklung einer Atombombenexplosion folgt einer Zinseszinskurve: Ein Atom wird durch Neutronenbeschuß gespalten und setzt wieder zwei Neutronen frei, die nochmals je ein Atom spalten können. Am Ende kommt es zur gewaltigen nuklearen Explosion.

Schnell wird deutlich, daß alle Entwicklungen, die auf einem sich selbst beschleunigenden, exponentiellen Mechanismus aufbauen, nicht dauerhaft funktionieren können. Sieht man sich den grafischen Verlauf solcher Entwicklungen an und vergleicht sie mit unserem Schuldenproblem, dann wird schnell der enge Zusammenhang klar (Abb. 17).

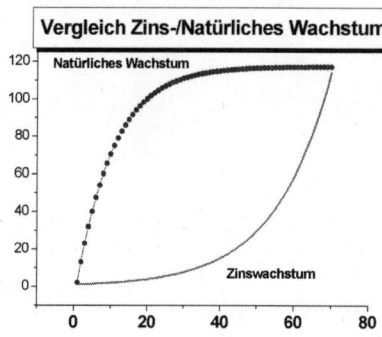

Abb. 17: Exponentielles und natürliches Wachstum.

»Das Beispiel von dem Pfennig, der, seit Christi Geburt zu ganz niedrigem Zinsfuß auf Zins liegend, heute den Wert eines Goldklumpens gewonnen haben müßte, schwerer als alles Gold der Erde zusammengenommen, erläutert die physische Unmöglichkeit des Fortbestehens solcher Einrichtungen.«
Prof. Dr. Ernst Abbé, Gründer der Zeiss-Werke in Jena

Der zerstörerische Zinseszins

Übertragen auf unser Schuldensystem bedeutet dies, daß es letztlich zum Zusammenbruch kommen muß. Doch stellt sich die Frage, wo die Ursache dafür zu suchen ist, daß die Schulden, wie die Geldvermögen explodieren?

Aus der Schule kennen viele das Beispiel des sogenannten »Josefspfennigs«, also jenes Rechenbeispiel, das die Zinseszinsrechnung erklären sollte und die Frage stellte, was wohl aus einem bei fünf Prozent Zins angelegten Pfennig nach sagen wir 2.000 Jahren würde. Heraus kommen dabei astronomische Zahlen, die sich kein Mensch mehr vorstellen kann und die nur einigermaßen faßbar werden, wenn man sie in ein Äquivalent aus Gold umrechnet (Abb. 18).

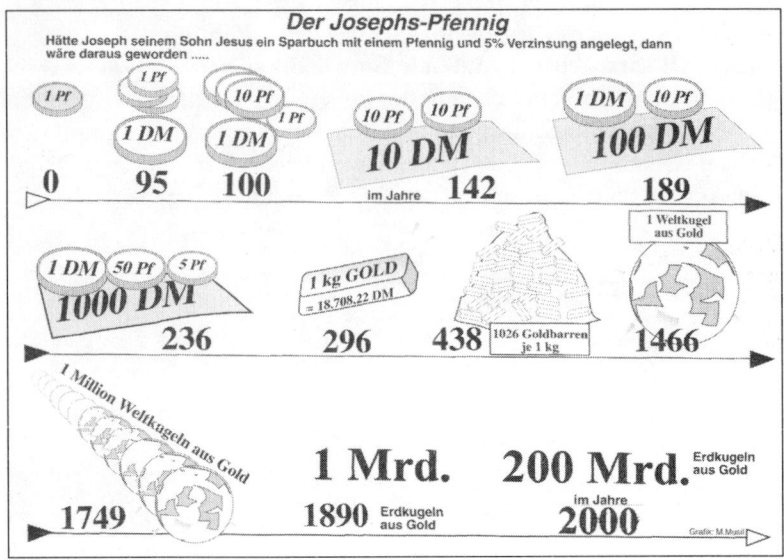

Abb. 18: Der Josefspfennig – Entwicklung einer Geldanlage bei fünf Prozent Zins.

Kaum jemand macht sich jedoch darüber Gedanken, was wäre, wenn unser System tatsächlich nach solch einem Mechanismus funktionieren würde! Dann müßte es nämlich zu genau den Vorgängen kommen, die wir heute beobachten können: Sowohl Geldvermögen, als auch Schulden müßten sich immer schneller auseinanderbewegen und die Zinslasten für die Schuldnerseite immer drückender werden. Es drängt sich also schon hier die Vermutung auf, daß sich das Schuldenproblem auf eine rein mathematische Komponente reduzieren läßt.

Daß sich die Entwicklung tatsächlich nach rein mathematischen Gesetzen vollzieht, wird auch deutlich, wenn man sich nochmals den Verlauf der privaten Geldvermögen ansieht (Abb. 19).

Deutlich wird schon optisch am Kurvenverlauf, daß es sich um eine immer schnellere, also exponentielle Entwicklung handelt – nach der Zinseszinsrechnung. Dabei ist die Dynamik dieser Entwicklung gewaltig: So gab die Bundesbank bekannt, daß sich von 1990 bis zum Jahr

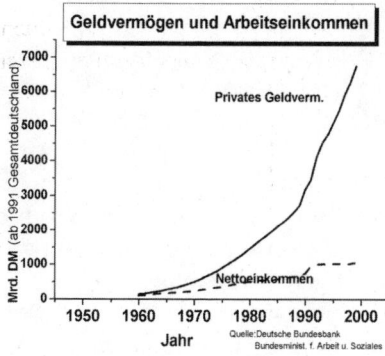

Abb. 19: Private Geldvermögen und Nettolöhne in Deutschland.

2000 die privaten Geldvermögen auf sieben Billionen Mark verdoppelt hätten.[192]

Um zu klären, ob unser Kapitalsystem möglicherweise genau nach solch einem Mechanismus funktioniert, ist es hilfreich, ein kleines Gedankenexperiment durchzuführen.

Unser Geldsystem erzwingt Verschuldung – ein einfaches Modell

Angenommen, in einer Gemeinschaft aus zehn Leuten gäbe es anfangs nur 100 D-Mark, gestückelt in kleine Münzbeträge, die als Tauschmittel zwischen den Mitgliedern dienen. Im Laufe der Zeit hätte es dann ein besonders tüchtiger Mensch der Gemeinschaft erreicht, mehr Geld zu erwirtschaften als er unmittelbar als Tauschmittel zum Leben benötigt. Diese Person würde also damit beginnen zu»sparen«, indem sie Geld zurücklegt. Da jedoch jetzt Tauschmittel für die anderen Mitglieder fehlt, sind diese darauf angewiesen, sich bei dem sparenden Zeitgenossen zu verschulden, um die täglichen Geschäfte bewerkstelligen zu können. Da jedoch der Sparer keinen Grund hat, sein Geld so ohne weiteres wieder ohne Gegenleistung herauszugeben, wird er dafür eine Belohnung, einen Zins verlangen. In diesem Augenblick werden die beiden Parteien – Gläubiger und Schuldner – geboren. Genauso hat der Gläubiger jetzt eine Geldforderung, also ein Geldvermögen gegenüber dem Schuldner – es kommt zur Ausbildung von auf dem Papier gebuchten Geldvermögen auf der einen und von Schulden auf der gegenüberstehenden Seite. Der Schuldner steht nun allerdings durch die Verpflichtung,

Zins zahlen zu müssen, zusätzlich unter Druck, da er mehr zurückzahlen muß, als er ausgeliehen hat. **Selbst, wenn der eine Schuldner es schafft, den Kredit samt Zins durch härtere Arbeit zurückzuzahlen, fehlt hinterher durch den zusätzlich gezahlten Zins noch mehr Geld in der Gemeinschaft als vorher schon. Der Kreditbedarf wird also bei der Gemeinschaft noch höher ausfallen, weswegen noch mehr Kredite genommen werden und deshalb noch mehr Zins bezahlt werden muß. Geldvermögen und Schulden werden sich also um die gleichen Größenordnungen immer schneller auseinanderbewegen.**

Wie schnell so eine Entwicklung vor sich geht, zeigt folgende Erweiterung unseres Modells: Angenommen in der Gemeinschaft würden nur 100 DM umlaufen und ein einzelner würde es schaffen, zehn DM einzustecken. Für die weitere Herausgabe des zehn-DM-Scheines würde er beispielsweise zehn Prozent Zins verlangen, dann würden ihm durch Zins und Zinseszins bereits nach nur 7,3 Jahren die ganzen umlaufenden 100 Mark gehören.

Ein Ende hat das Spiel dann erreicht, wenn die neuen verschuldeten Mitglieder der Gemeinschaft nicht mehr imstande sind, die Kapitalkosten durch Arbeit zu tragen. Dann wird der Geldgeber dazu übergehen, gar keine Kredite mehr zu gewähren, da einmal das Verlustrisiko zu groß ist und andererseits keine Zinsen mehr bezahlt werden können. Spätestens dann bricht die Gemeinschaft auseinander, da die Arbeit und Waren nicht mehr gegenseitig durch ein Tauschmittel ausgetauscht werden können. Es würden also in diesem Gedankenexperiment genau die gleichen Entwicklungen einsetzen, die wir aus unserer Wirtschaft im Großen und überall in der Welt schon kennen. Selbst wenn die verschuldeten Teilnehmer dazu aufgerufen würden, durch Konsumverzicht zu »sparen«, würde sich die Situation nicht verbessern – im Gegenteil: Weil dann weniger Kredite genommen werden, müßte der Zinssatz, dessen Höhe aus Angebot und Nachfrage nach Kapital resultiert, fallen, bis der Zins so klein wäre, daß der Geldverleiher keine Motivation mehr hätte, sein Kapital überhaupt zu verleihen. Dann würde die Gemeinschaft erst recht aus Mangel an Tauschmittel zusammenbrechen. Die ständig höhere Verschuldung hält das System also am Laufen, wohingegen »sparen« es zusammenbrechen läßt.

Was passiert denn, wenn beispielsweise der Staat im heutigen System seine Ausgaben einschränkt, also »spart«? Dann fehlt plötzlich Kaufkraft in der Wirtschaft, und zunehmend kommen immer mehr Betriebe in Schwierigkeiten. Dies wirkt sich zuerst auf die kapitalintensiven Unternehmen aus, später auch auf alle anderen. So rief beispielsweise der Präsident des Verbandes Bauindustrie angesichts der dramatischen Lage auf dem Bau Mitte 2001 zur Bildung eines Notkartells auf und erklärte, daß Finanzminister Eichel sofort aufhören solle, uns »tot zu sparen«. Die Forderungen sind verständlich, da der Auftragseingang in der Bauindustrie allein im ersten Quartal 2001 um 9,9 Prozent unter dem des Vorjahreszeitraumes lag. Im Wohnungsbau sei sogar ein Rückgang von 19,3 Prozent zu verzeichnen gewesen.[193] Wie wir schon gesehen haben, erfordert jede Sparpolitik zunehmend Opfer – im Extremfall die Verarmung eines Landes, weil ohne zusätzliche Verschuldung nicht mehr investiert wird.

Man kann die Problematik auch aus einem anderen Blickwinkel betrachten: Jedes Unternehmen muß, bevor es Gewinne einfahren kann, erst einmal Vorfinanzierungskosten tragen. So müssen zunächst Maschinen angeschafft und die Produktion geplant werden. Bis beispielsweise ein Auto vom Band rollen kann, dauert es in der Regel Jahre, in denen hohe Kosten zu tragen sind. Diese Kosten werden durch Kredite finanziert. Die anfallenden Zinskosten muß der Unternehmer den Beschäftigten vom Lohn abziehen, bzw. in Form erhöhter Preise an die Kunden weitergeben, da er auf keinen Fall Verluste machen will. Da nun die Arbeiter weniger verdienen und die Kunden mehr zahlen müssen als ohne Kapitalkosten, kann die Kaufkraft der Bevölkerung nie ausreichen, um die produzierten Produkte auch wieder zu kaufen. Dadurch entsteht für das Gesamtsystem laufend ein Zwang, sich immer schneller zu verschulden.

Es handelt sich also bei unserem System um einen **Verschuldungszwang**, weil ohne steigende Schuldenaufnahme kein Geld mehr in den Wirtschaftskreislauf zurückgeführt wird. Zwar muß sich der einzelne nicht verschulden, wohl aber die Volkswirtschaft als Ganzes. Da die Geldvermögen jedes Jahr um den Zinssatz ansteigen und dieser Zinsbetrag nur über neue Schulden wieder re-investiert werden kann, muß die Verschuldung jedes Jahr anwachsen (Abb. 20).

Der Vergleich der Entwicklung des Bruttosozialproduktes und der Gesamtverschuldung zeigt die auseinanderlaufende Entwicklung deutlich. Dabei wachsen die Schulden etwa 2 1/2 mal schneller, als das Bruttosozialprodukt. Wenn die Wertschöpfung langsamer wächst, als die Kreditaufnahme, das sollte eigentlich jedem Kind klar sein, entsteht ein immer größer werdendes Problem. Es ist wie bei einer Einzelperson, deren Schulden 2 1/2 mal schneller wachsen, als deren Einkommen. Der Bankrott muß die logische Folge sein.
In solch einem System ist eine richtige Schuldenreduzierung unmög-

108

Abb. 20: Nominales Bruttosozialprodukt und Gesamtverschuldung in Deutschland.

lich. Kredite können nur von einem auf den anderen Sektor umgebucht werden, wenn etwa der Staat Mobilfunklizenzen verkauft und dabei seine Schulden tilgt, während sich die Unternehmen um genau den gleichen Betrag neu verschulden müssen. Die Folgen eines solchen Mechanismus sind ganz eindeutig: Die Kapitalkosten für die explodierenden Schulden werden immer größer, und entsprechend müssen die Gewinne oder Arbeitseinkommen kleiner werden. Eindrucksvoll läßt sich das anhand einer Modellrechnung wie in Abb. 21 zeigen.

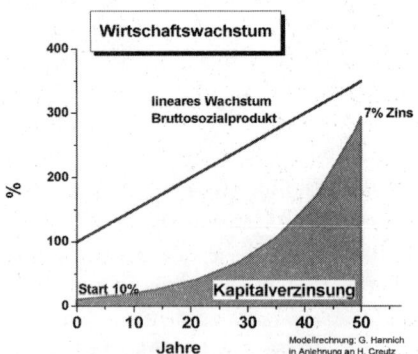

Abb. 21: Modellrechnung Entwicklung reale Volkswirtschaft und Kapitalanteil.

Seit Kriegsende wächst die Volkswirtschaft inflationsbereinigt linear. Anfangs war der Kapitalanteil (Verzinsung) klein und stieg nach der Zinseszinsrechnung um real sieben Prozent pro Jahr an. Zu Beginn konnte das gesamte Geldkapital hochverzinst in der wachsenden Produktion angelegt werden. Da sich aber der Zuwachs der Zinslast mit der Zeit beschleunigt, die Steigerung der Produktion jedoch nur um gleiche Beträge jedes Jahr möglich ist, wird die Bedienung des Kapitals mit jedem

Jahr schwieriger. Zusätzlich läßt sich auch die ständige Zuwachsrate bei der Produktion immer schwerer aufrechterhalten, da der Markt zunehmend gesättigt ist und der Wettbewerb dadurch größer wird. Die Kaufkraft der Bevölkerung wird durch die Zinslasten ständig kleiner, womit auch der Unternehmensabsatz letztlich geringer werden muß. In unserer Modellrechnung wächst nach etwa 35 Jahren (Jahr 1982 in der Realität) der Kapitalanteil erstmals schneller als die reale Wirtschaft, damit sinkt die erzielbare Rendite aus dem Produktivvermögen. Für den Geldanleger wird es damit immer uninteressanter, sein Kapital in die reale Wirtschaft zu stecken. Dieser Tatbestand wird durch offizielle Zahlen untermauert: Die rechnerische Kapitalproduktivität ist nach Angaben der Bundesbank seit 1991 um 1,3% pro Jahr gesunken.[194] In der Endphase eines solchen Systems reicht schließlich das Wirtschaftswachstum nicht mehr aus, um die steigenden Kapitalforderungen bedienen zu können. Dann beginnen die Einkommen real zu sinken, da die Unternehmergewinne zurückgehen, Löhne gedrückt werden und Steuern und Abgaben ausufern.

Dabei können die ständigen Forderungen nach Lohnsenkungen die Misere der Unternehmen auch nicht verbessern. So erkannte eine Studie der Universität Augsburg: **»Langfristig sind durch Lohnzurückhaltung negative Auswirkungen auf die Beschäftigungspolitik zu befürchten.«**[195] Eigentlich sollte auch klar sein, daß, je weniger die Bevölkerung verdient, um so weniger kann sie ausgeben, also die Produkte der Wirtschaft kaufen. Dieser Punkt der Kaufkraft wird allerdings bei der ganzen Diskussion über das »Sparen« überhaupt nicht berücksichtigt. Statt die Ursache der Problematik genauer zu untersuchen, forderte der Präsident des Deutschen Industrie- und Handelstages Ludwig Georg Braun wieder einmal eine Null-Runde bei Löhnen und Gehältern: »Im Interesse des Wettbewerbs und der Arbeitslosen wäre es auf absehbare Zeit richtig, die Lohnkosten beim derzeitigen Stand einzufrieren.«[196] Ein anderes Mal ging Braun noch weiter und forderte sogar unbezahlte Mehrarbeit, was der richtige Weg wäre, Arbeitsplätze zu schaffen.[197] Letztlich ändert allerdings alle Polemik nichts daran, daß das System auf eine explodierende Verschuldung nach der Zinseszinsrechnung angewiesen ist.

Geradezu zynisch muten hier Projekte der bayerischen Regierung an: Anfang 1997 wurde bekanntgegeben, daß Privatisierungserlöse im Wert von 400 Millionen DM in einen Fond eingezahlt werden sollen und die Zinserträge von erwarteten 55,5 Millionen DM für Projekte zur Bekämpfung der Arbeitslosigkeit Verwendung finden sollten.[198] Daß jedoch die Kapitalerträge letztendlich wieder von der Wirtschaft aufgebracht werden müssen, also der Wirtschaft genauso viel genommen wie gegeben wird, das erkannte scheinbar niemand bei diesem genialen Projekt. Doch statt den durch den Zinseszins explodierenden Schuldenberg und die daraus entstehenden Kapitalkosten als Ursache der Problematik dingfest zu machen, sind die Verantwortlichen oftmals bestrebt, gerade davon abzulenken. So forderte Ex-Bundesbankchef Hans Tietmeyer, daß das »bewährte Ordnungssystem« entschlackt und von seinem Ballast befreit werden müsse, was letztlich nichts anderes bedeutet, als daß wieder Leute auf die Straße gesetzt werden sollen. Ähnliches meinte der IW-Chef Fels, in dem er betonte, daß die Soziale Marktwirtschaft in den »Wohlstandsjahren« »zu viel Speck« angesetzt habe und man sich zu viel gegönnt habe, die Staatsschulden seien dadurch aus dem Ruder gelaufen. Korrekturen des Ordnungssystems im Sinne von mehr Marktwirtschaft und weniger Staat würden durch Reformängste in der Bevölkerung blockiert.[199] Daß jedoch der Schuldenberg eben nicht durch Verschwendungsmentalität der Bevölkerung, sondern durch einen Systemzwang verursacht wurde und weiterhin auch wird, das hingegen verschweigt man gerne. Mit Recht sehen die Leute die »Reformen« mit Skepsis, da hierdurch gar keine Problemlösung erreichbar ist, wie wir gesehen haben. Um es nochmals mit aller Deutlichkeit zu sagen: **In unserem System muß die Verschuldung deshalb wachsen, weil die ihr gegenüberstehenden Geldvermögen durch den Zinseffekt immer weiter zunehmen. Nur durch immer neue Schulden kommt dieser Zinszuwachs wieder in die Wirtschaft. Jeder Rückgang der Verschuldung hätte sofort eine schwere Wirtschaftskrise zur Folge. In unserem System herrscht also ein Verschuldungszwang.**

»Die Zweifel wachsen, ob die Gesellschaft die immer tiefer werdende Kluft zwischen privatem Reichtum einerseits und gesellschaftlicher Armut andererseits noch lange aushält. Kriminologen sehen die Ursache zunehmender Radikalisierung der Jugend in ihrer Perspektivlosigkeit, und der CDU-Politiker Heiner Geißler erinnert daran, daß soziale Spannungen ›in Europa zum Kommunistischen Manifest geführt haben ...‹«
Die Woche, 24.4.1998

Die Verschuldung muß explodieren

Die Hauptsorge der Verantwortlichen in unserem System gilt also der Frage, wie die Verschuldung und die Zahlung der Zinslasten in immer gewaltigerem Ausmaß sichergestellt werden kann. Aus diesem Grunde fördert auch der Staat jede Form von Verschuldung: Fast alle Steuersparmodelle beruhen darauf, daß Schulden gemacht werden und die Zinsen dafür von der Steuer abgesetzt werden können. Genauso wird eine Verschuldung der Unternehmen steuerlich gefördert, da diese ebenfalls in der Steuererklärung berücksichtigt werden. Insgesamt gehen also alle Bemühungen dahin, die durch den Zinseszins wachsenden Geldvermögen durch eine genauso hohe Verschuldung zu sichern – auch wenn offizielle Behauptungen anders lauten.

Deshalb geht auch die Forderung des Bundes der Steuerzahler in die verkehrte Richtung, wenn dort gefordert wird, daß Verschwendung von Steuergeldern ebenso unter Strafe gestellt werden solle, wie Steuerhinterziehung.[200] Der Staat muß, im Gegenteil, gerade Geld verschwenden, um überhaupt das Kapital der explodierenden Geldvermögen wieder in den Wirtschaftskreislauf zu bringen. Würden sinnvolle Investitionen damit getätigt, dann würde dies auf die Rendite drücken und weitere Investitionen erschweren. Nur deshalb sind bei den Politikern so unnütz teure Projekte wie Atomkraftwerke, Rüstungsprojekte oder Luxusbauten begehrt. Man schafft dadurch wieder Investitionsmöglichkeiten für das um den Zins angewachsene Geldkapital, ohne daß in anderen Bereichen die Rendite geschmälert wird.

Falsch ist auch die heutige Unterscheidung zwischen Krediten für Investitionen und Krediten für den Konsum. Es spielt volkswirtschaftlich von den Zinslasten her gesehen überhaupt keine Rolle, ob durch die höheren Schulden beispielsweise eine Straße gebaut wurde, oder ob sie nur deshalb gemacht wurden, um teure Wahlgeschenke eines Politikers zu finanzieren. In allen Fällen steigt die Gesamtverschuldung weiter an, und entsprechend müssen in der Zukunft Zinsen von der Bevölkerung bezahlt werden. Wieder bleibt festzuhalten, daß das System einem Verschuldungszwang unterliegt – die Verwendung der neuen Schulden ist dagegen eher nebensächlich.

Schuldenschiebereien

Man kann es gar nicht oft genug betonen, daß in unserem System Schulden immer nur verschoben, nie getilgt werden können. Schulden können vom Staat auf die Unternehmen verschoben werden, oder über höhere Steuern vom Staat auf die Privathaushalte – nie jedoch wirklich verschwinden. **Alle Lösungsmodelle beruhen heute letztlich auf dem Versuch, ein Loch dadurch zu stopfen, daß andernorts im selben Moment ein anderes, meist noch größeres Loch aufgerissen wird.**

Doch kann dieses Spiel nicht in alle Ewigkeit fortgesetzt werden. Es ist dann zu Ende, wenn – wie in unserer Modellrechnung – die Zinslasten nicht mehr bezahlt werden können, dann, wenn die gesamte Arbeitsleistung der Wirtschaft durch die Kapitalkosten aufgefressen wird. Da sich jedoch die Verantwortlichen nur ungern mit solch unangenehmen Fragestellungen befassen und dies schon gar nicht in der Öffentlichkeit diskutieren wollen, ist man beim Aufzeigen von Scheinlösungen sehr erfinderisch.

»Im vergangenen Jahr wuchs das amerikanische Bruttosozialprodukt um rund 500 Milliarden Dollar. Das gesamte Kreditvolumen stieg jedoch um mehr als 2.000 Milliarden Dollar an. Die Hälfte dieser zusätzlichen Schulden wurde durch Unternehmungen und Konsumenten aufgenommen, während die andere Hälfte vom Finanzsektor beansprucht wurde. Es ist also so, daß die Gesamtschulden in den Vereinigten Staaten um rund vier Dollar zunahmen, um nur einen Dollar Bruttosozialprodukt Wachstum zu erzeugen – und dies, obwohl der Staat

Schulden in einer Höhe von 71 Milliarden Dollar tilgte. Daß diese gewaltige Kreditexpansion, die im übrigen seit Anfang der 80er Jahre die amerikanische Wirtschaft kennzeichnet, nicht in alle Ewigkeit fortschreiten kann, dürfte auch einem Nicht-Ökonomen klar sein.«
Marc Faber, Investmentmanager[201]

Musterstaat USA – der große Irrtum vom Schuldenabbau

Um den Glauben der Bevölkerung an den Erfolg von Sparmaßnahmen zu stärken, unternehmen die Verantwortlichen alles, um durch Vorführen sogenannter »Musterstaaten« diese Illusion aufrechtzuerhalten. Vor allem die USA wurden und werden immer wieder dafür herangezogen, daß ein Abbau der Verschuldung möglich sei.

Dabei zeigt schon die Entwicklung der dortigen Verschuldung, daß sich de facto alles genauso bedrohlich entwickelt, wie in jedem anderen Land der Welt auch: Das letzte schuldenfreie Jahr war in den USA 1836. Bis 1980 häuften sich 712 Milliarden Dollar an, die sich bis 1992 auf 3.000 Milliarden Dollar vervierfachten. Bis zum Jahr 1997 steigerte sich die Schuld dann nochmals um weitere 800 Milliarden Dollar, also um 26 Prozent.[202] Erst seither konnte der Haushalt auf dem Papier einen Überschuß aufweisen. Was allerdings übersehen wird, ist die Tatsache, daß dies nur rechnerisch, schlichtweg durch Tricks realisiert werden konnte.

»Die Abgründe Amerikas bleiben unausgesprochen. Was Al Gore und George W. Bush in ihrem Wahlkampf nicht erwähnen … Die in den neunziger Jahren wuchernde Überschuldung der privaten Haushalte bei Minus-Sparraten müßte sehr nahe liegend für Wähler sein. Das Eis, auf dem die Familien tanzen – seit einigen Wochen sind Doppelverdiener erstmals in der Mehrheit, weil ein Gehalt die Wünsche nicht mehr deckt –, ist hauchdünn. Familien mit Reserven für einen Monat sind die Regel. Eine Rezession würde sie ins Bodenlose fallen lassen.«
Die Welt, 2.11.2000

Taschenspielertricks aus Amerika

Der erste Teil des Tricks besteht darin, nur die reine Staatsverschuldung zu betrachten, nicht jedoch die eigentlich wichtige Gesamtverschuldung. Wie wir gesehen haben, muß in jedem Zinssystem, das die

Vermögen explodieren läßt, auch die gesamte Verschuldung um den gleichen Betrag zunehmen – was der eine mehr hat, muß ein anderer weniger haben. Wenn sich also der Staat entschulden möchte, so funktioniert dies nur, wenn sich die Unternehmen und die Privathaushalte entsprechend mehr verschulden. Genau dies ist in den USA geschehen: In der Illusion eines ewigen Wirtschaftsbooms bauten die privaten Haushalte Vermögen ab und ritten sich ins Minus hinein, ebenso die Unternehmen. An der Explosion der Gesamtverschuldung hat sich jedoch nichts geändert – im Gegenteil: Die USA mußten sogar im Ausland zusätzliche Kredite aufnehmen, um den künstlichen Boom im Inland am Leben zu erhalten.

Die Gesamtverschuldung der USA hat sich bis Ende 2000 auf 26 Billionen Dollar gesteigert. **Wie die amerikanische Notenbank bekanntgab, stiegen die Schulden der privaten Haushalte Ende der 1990er Jahre dreimal und bei den Unternehmen sogar zehnmal schneller als das Bruttosozialprodukt.**[203]

Während 1992 die privaten Haushalte noch 285 Milliarden Dollar sparten, waren es 1997 nur noch 121 Milliarden Dollar. Gleichzeitig explodierte die Verschuldung von 800 Milliarden Dollar im Jahr 1990 auf 1.300 Milliarden Dollar im Jahr 1997. Es werden also im gleichen Atemzug, wie der Staat seine Schulden reduziert, durch die Privatbürger in den USA mit den Unternehmen zusammen genauso wieder neue Schulden angehäuft. Doch nicht nur das: Im Endeffekt werden viel höhere Kredite aufgenommen, als der Staat überhaupt abbauen kann. Dies führt zu dem kuriosen Umstand, daß die Schulden viel schneller wachsen als die Wertschöpfung. **Während nach einer Studie der Thomson Financial Securities Data Agency beispielsweise das Bruttosozialprodukt im Jahr 1999 um 509 Milliarden Dollar anstieg, erhöhte sich die Gesamtverschuldung um nahezu 2.243 Milliarden Dollar.**[204]

Vergleichbar ist diese Situation damit, daß jemand einen Arbeitsvertrag mit einem Monatsverdienst von einer Million Mark unterschreibt, um vor seinen Freunden prahlen zu können. Was er seinem Freundeskreis jedoch nicht sagen wird, ist das Kleingedruckte im Vertrag: Er bekommt den Millionenverdienst nur, wenn er monatlich vorher vier Millionen Mark einzahlt. Genau nach diesem Muster läuft der Scheinaufschwung in den USA ab, der letztendlich rein schuldenfinanziert ist – so läßt sich allerdings leicht ein Aufschwung herbeiführen, der sich jedoch schon bald als Strohfeuer erweisen wird. Damit die Bevölkerung den Betrug nicht so bald merkt, wurde noch schnell eine psychologisch geschickte Entschuldungskampagne für die Staatsschulden initiiert. Spricht man heute mit einem Zeitgenossen über die Schuldenproblematik, dann ist gleich das Argument zu vernehmen, daß die USA es ja auch schaffen würden, die Verschuldung abzubauen. Niemand sieht jedoch, daß überhaupt kein einziger Dollar Schulden getilgt wurde, sondern nur die Staatsverschuldung auf die Unternehmen und die Privatbürger umverteilt wurde. Doch ist es fraglich, ob der Staatshaushalt überhaupt entlastet wurde. Der zweite Teil des Tricks bestand nämlich darin, den Haushalt durch ein paar Rechenkunststücke massiv zu schönen. Es wurden Einnahmen hineingerechnet, die in der Bilanz gar nichts verloren haben, andererseits aber Ausgaben einfach ignoriert, die statt dessen auf jeden Fall mit einbezogen werden müßten. Die »Zauberkünstler« rechneten die Überschüsse der Rentenversicherung einfach in den Haushalt hinein, ohne aber zu berücksichtigen, daß dieser Posten mit dem Haushalt gar nichts zu tun hat, da er nämlich durch Rentenbeiträge, nicht aber durch Steuern zustande kam. Würden die Rentenbeiträge nicht mit einkalkuliert, dann schrumpft der scheinbare Staatsüberschuß im Jahr 1998 schon von 75 Milliarden auf 15 Milliarden Dollar. Auch die gewaltige Verschuldung der Einzelstaaten in den USA findet in dem ausgewiesenen Überschuß kaum Beachtung. Genauso wird auch die Arbeitslosigkeit schöngerechnet: Würde man die 2,3 Millionen Gefängnisinsassen dazuzählen, käme man auf ähnliche Quoten, wie in anderen Industrieländern.

Der dritte Teil des Tricks bestand im einfachen Abbau von Leistungen oder auch dem Heranziehen von anderen Staaten, wenn es um die Kosten sowie Steuererhöhungen ging. So wurde der Haushalt durch Einsparungen beim Militär und stärkeres Einbeziehen anderer NATO-Staaten an weltweiten Einsätzen entlastet – allerdings mit der Folge, daß er in anderen Staaten umso mehr belastet wurde. Gleichzeitig wurden die Sozialleistungen kräftig gekürzt und Sozialhilfe nur noch fünf Jahre gezahlt, wobei die fünf Jahre auf das ganze Leben des Anspruchsbedürftigen gerechnet werden. Wer also schon fünf Jahre Leistungen bezogen hat, hat danach keinen Anspruch mehr auf Hilfe, egal wie arm er ist. Daneben wurden vor allem Löhne und Gehälter kräftig durch Steuern belastet. Von 1970 bis 1997 stiegen die Einnahmen aus der Lohnsteuer um das Fünfzehnfache. Gleichzeitig wuchs die Belastung der Bevölkerung durch die Mehrwertsteuer allein zwischen 1987 und 1999 um mehr als das Doppelte an.

Trotz aller Schönrechnerei ist die Verschuldung der USA immer noch gewaltig: Allein für die Bundesverschuldung mußten im Jahr 1998 ein Fünftel der Steuereinnahmen und damit mehr als für das gesamte Militär bereitgestellt werden, und niemand kann sagen, wie man diese Lasten in den Griff bekommen will, wenn noch dazu die Konjunktur einbricht.

Wie sehr die USA in Wirklichkeit in der Schulden-Klemme stecken, das zeigte der Ausstieg von Präsident Bush aus den weltweiten Klimavereinbarungen. Weltweit löste dieser Beschluß deutliches Mißfallen und Unverständnis aus, und Amerika mußte einen schweren Imageschaden als gegeben hinnehmen. Man kann als sicher annehmen, daß sich die USA nie als Umweltverschmutzer ersten Ranges hinstellen würden, wären sie nicht einem enormem Schuldendruck ausgesetzt, der ihnen gar keine andere Möglichkeit mehr läßt, als Umweltschäden als Preis für den Schuldendienst zu akzeptieren.

»Bei näherem Hinsehen zeigt sich, daß der US-Boom und die Stärke des Dollar auf Verschuldung beruhen und daher ex definitione auf Sand gebaut sind. Irgendwann muß jeder seine Schulden zurückzahlen, mit Zins und Zinseszins – es sei denn, er bekennt sich als zahlungsunfähig. Die Zunahme der seit 1960 aufgenommenen und bisher nicht zurückgezahlten Kredite spricht eine deutliche Sprache. Nach Angaben der US-Zentralbank stieg das Volumen dieser Kredite zwischen 1964 und 1999 von gut 1.027 Milliarden auf 25.678 Milliarden Dollar, das entspricht einer jährlichen Steigerungsrate, die mit durchschnittlich 9,6 Prozent weit über der Zunahme des Bruttoinlandsprodukts liegt. ... Um diese Außenstände zu begleichen, wäre mehr als das Dreifache des derzeitigen jährlichen BIP der USA nötig. Um die Finanzsituation der Unternehmen ist es kaum besser bestellt. Ihre Verschuldung überschritt 1999 die Grenze von 7 Billionen Dollar, das 144fache der Schuldensumme von 1964.«
Frédéric F. Clairmont, Wirtschaftswissenschaftler[205]

Die Lüge von den »Musterstaaten«

Doch nicht nur in den USA, auch bei einem anderen scheinbaren Musterland, **Irland**, ist nicht alles Gold, was glänzt. Irland gehört in absoluten Zahlen zu den großen Gewinnern der EU-Umverteilungspolitik, weshalb dieses Land zeitweise bis zu vier Prozent seines Bruttoinlandsproduktes nur in Form von EU-Geldern bezog. Solche üppigen Finanzierungen anderer Staaten erlaubten es der grünen Insel, den Handel und Firmenansiedlungen beispielsweise durch Steuersenkungen kräftig auszudehnen und damit das Wirtschaftswachstum zu steigern. Demgegenüber mußten die anderen Nettozahlerstaaten in der EU, vor allem Deutschland, auf wichtige Finanzmittel zugunsten Irlands verzichten. So mußte sich

Deutschland letztlich den Export seiner Arbeitsplätze nach Irland noch selbst finanzieren.[206] Es handelte sich also bei dem scheinbaren Aufschwung Irlands um ein künstlich, nämlich von anderen Staaten finanziertes Projekt. Von einem Musterstaat jedenfalls kann gar keine Rede sein.

Lange Zeit wurde uns auch der Nachbarstaat **Holland** als leuchtendes Beispiel vorgeführt. Die Situation in den Niederlanden ist jedoch ebenfalls weit entfernt von einer wirklichen Lösung: Nach Angaben der OECD stünden die Niederlande bei der Lösung tieferliegender Probleme vor einer »unvollendeten Tagesordnung«. Die scheinbaren Erfolge auf dem Arbeitsmarkt seien vor allem durch vermehrte Teilzeitarbeit erreicht worden. Die Arbeitslosenquote lag damit im Jahr 1998 bei nur noch 4,6%.

Doch sei dies, nach Aussage von Experten nur die halbe Wahrheit, da gleichzeitig auch die Zahl der vom Staat unterstützten Initiativen stärker gestiegen sei als anderswo. Wenn man den erweiterten Begriff der Arbeitslosigkeit zugrunde lege, seien heute über 25 Prozent der Arbeitskräfte ohne echte Stelle. So erkläre sich auch die niedrige Beschäftigungsrate der Niederlande von nur 52 Prozent, die damit weit unter dem Niveau anderer EU-Länder mit über 60 Prozent oder gar Amerikas und Japans mit 70 bis 80 Prozent liege.[207] Der scheinbare Aufschwung beruht also wieder, wie schon im Fall der USA, zum guten Teil auf statistischen Taschenspielertricks oder der Verwandlung von Vollzeit- in Teilzeitstellen mit entsprechenden finanziellen Einbußen für die Betroffenen.

Um ein anderes »Musterland«, **Neuseeland**, ist es in letzter Zeit etwas ruhiger geworden, seitdem die Wirtschaft dort im Zuge der asiatischen Finanzkrise ins Trudeln kam. Doch schon die Betrachtung sozialer Faktoren dort zeigt mehr als deutlich, wie die wirkliche Lage im Land ist: So liegt das »Musterland« Neuseeland bei der Selbstmordrate unter Jugendlichen weltweit an erster Stelle, da die gesellschaftlichen Lebensbedingungen so drückend geworden sind, daß viele einfach keinen anderen Ausweg mehr sehen als dem Trauerspiel durch Selbsttötung ein Ende zu setzen.[208] In Fernsehinterviews erklärten Einheimische sogar, daß die wirtschaftliche und soziale Lage noch nie so schlimm gewesen seien wie gerade in der Zeit, als das Land weltweit als Beispiel besserer Wirtschaftsführung vorgeführt wurde. Schon seit längerer Zeit leidet das Land zudem unter einer Entvölkerung – jährlich verlassen nahezu 20.000 Einwohner Neuseeland wegen der sich deutlich verschlechternden Bedingungen. Im Zuge der »Reformen« Anfang der neunziger Jahre des 20. Jahrhunderts stieg die Armut und Arbeitslosigkeit in Neuseeland deutlich an.[209]

Schnell wird damit deutlich, daß es kein einziges Land auf der Welt gibt, das die Schuldenproblematik wirklich im Griff hätte. Trotzdem dienen diese »Musterländer« unseren Politikern wieder als sehr willkommene Entschuldigung für eigene Fehler. Man argumentiert einfach in einer Weise, daß die Bevölkerung nur den »Gürtel enger schnallen« müsse und mehr leisten solle, bei weniger Lohn, dann würden die Probleme sich schon wieder in Luft auflösen, schließlich hätten dies die »Musterländer« doch bewiesen.

Zusammenfassung

Alle Institutionen sind sich heute darin einig, daß die Schuldenmisere nur durch »Sparen« gelöst werden könne. Nur gerät dabei der volkswirtschaftliche Zusammenhang zwischen Geldvermögen und Schulden ganz aus dem Blickfeld. Da die Geldvermögen durch die jährlichen Zinserträge immer schneller wachsen, müssen auf der anderen Seite auch die Schulden um den gleichen Betrag wachsen – jeder Mark Vermögen muß immer eine Mark Schuld gegenüberstehen. Jede Stockung bei der Kreditaufnahme würde dabei sofort zu einem Zusammenbruch des Gesamtsystems führen, das nur solange existieren kann wie die Verschuldung immer schneller zunimmt. Es handelt sich dabei um einen Verschuldungszwang, zwar nicht für den einzelnen, wohl aber für die Volkswirtschaft als Ganzes. Die heutigen Sparmaßnahmen laufen nur darauf hinaus, daß Schulden hin und her geschoben und umgebucht werden. Man stopft ein Loch, in dem man ein anderes, noch größeres aufreißt. Eine Lösung des Problems ist innerhalb dieses Systems unmöglich. Die oft zitierten »Musterstaaten« zeigen bei näherer Betrachtung deutlich, wie Illusionen einer Schuldenreduzierung durch statistische Zahlenspielereien und Schuldenverschiebungen geschaffen werden. Trotzdem explodiert die Verschuldung in jedem Land der Welt – mathematisch durch die Zinseszinsrechnung.

Ein weiterer fataler Effekt des Schuldensystems soll hier nicht ganz unerwähnt bleiben: Die Ausbildung einer gewaltigen spekulativen Blase (näheres im Buch »Börsenkrach und Weltwirtschaftskrise«).

Schulden führen zu Spekulation und Crash

Den wenigsten ist heute bewußt, daß mit zunehmender Zeit durch die explodierenden Schulden eine spekulative Blase an den Börsen erzeugt wird.

Bereits der optische Vergleich der beiden Kurven etwa des Dow Jones Aktienindex (oder des DAX) und der Entwicklung der Schulden bei uns (wie auch der Schulden in den USA) läßt schon vermuten, daß hier dieselben Ursachen wirken müssen (Abb. 22).

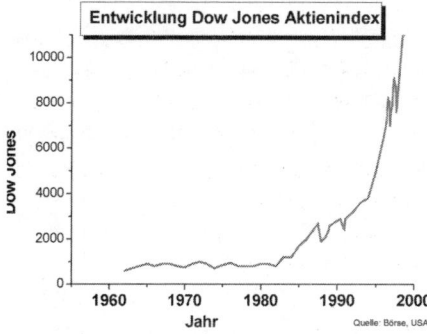

Abb. 22: Dow Jones Aktienindex und deutsche Gesamtverschuldung.

Auffällig am Aktienindex ist dabei, daß er in der Nachkriegszeit eigentlich erst Anfang der 1980er Jahre richtig zu steigen begonnen hat. Zum gleichen Zeitpunkt hin kam es auch beim Schuldenniveau weltweit zu einer Beschleunigung der Problematik, was an der ersten Schuldenkrise damals in Lateinamerika deutlich wurde. Wie kann man sich dieses Phänomen erklären? Hilfreich dabei ist bestimmt, sich nochmals die Modellrechnung aus einem vorangegangenen Kapitel in Erinnerung zu rufen (Abb. 23).

Wie wir gesehen haben, entwickelt sich das Bruttosozialprodukt linear, während sich die Kapitalkosten ganz nach der Zinseszinsmathematik sogar exponentiell, also mit steigender Geschwindigkeit vergrößern. Das bedingt, daß am Systemanfang die Zinslasten nur eine untergeordnete Rolle spielen, da der Zuwachs des Bruttosozialproduktes dann noch größer ist als der Anstieg der Zinskosten. Da jedoch die exponentielle Entwicklung nach einigen Jahrzehnten die lineare Entwicklung einholt, kommt es ab dem Moment, an dem die Kapitalkosten erstmals schneller zunehmen als die Produktivität, zu wachsenden Problemen.

120

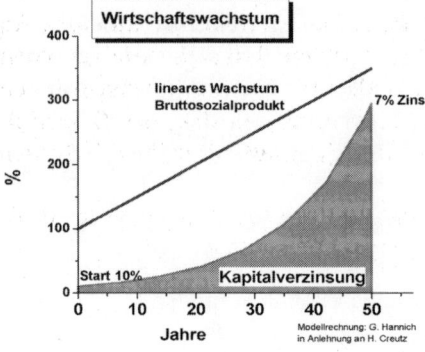

Abb. 23: Modellrechnung:
Die Kapitalkosten fressen
die Wertschöpfung auf.

Übertragen auf die reale Wirtschaft bedeutet das, daß dieser Umkehrpunkt im System Anfang der 1980er Jahre erreicht wurde. Seither sind die Unternehmen mit steigenden Kapitalkosten und entsprechend sinkenden realen Gewinnen bzw. einer sinkenden Unternehmensrendite konfrontiert. Auch die Deutsche Bundesbank erklärte schon, daß allein in den 1990er Jahren die Unternehmensrendite um durchschnittlich 1,3 Prozent im Jahr gefallen ist. Dies bedeutete allerdings für den Kapitalinvestor, daß es sich immer weniger lohne, in reale Unternehmen zu investieren. Als Anlagealternative dazu entdeckte man schnell den Aktienmarkt. Es wurden immer mehr Aktien gekauft und auch ausgegeben sowie die Kurse schnell in schwindelerregende Höhen getrieben. Das Mißverhältnis zwischen realer Produktion und Aktienkursen mußte zunehmend krasser ausfallen (Abb. 24).

Abb. 24: Die Entwicklung
des weltweiten Brutto-
sozialprodukts und
Aktienkapitals.

Zwangsläufig ist mit dieser Entwicklung in Zukunft ein Aktiencrash verbunden (mehr dazu im Buch »Börsenkrach und Weltwirtschaftskrise«). Dieser Crash bringt dann auch schnell den weltweiten Schul-

denturm, mitsamt dem fehlerhaften Finanzsystem zum Einsturz. An dieser Stelle sollte jedoch nur klar werden, daß steigende Schulden durch Zinseszins zwangsläufig zu fallenden Unternehmensgewinnen und damit spekulativen Blasen führen. Der Anstieg des Börsenniveaus kann deshalb sehr gut als Krankheitsindikator für das System herangezogen werden.

Was bei der ganzen Schuldendiskussion schnell vergessen wird, ist der Umstand, daß es dabei eben auch große Gewinner gibt.

»Je größer die Verschuldung des Volkes, um so größer ist der Profit der Geldverleiher und auf dieselbe Weise der Geldmarkt der Welt ... Die Geldverleiher sind zu ihrem Gedeihen fast ausschließlich auf die Verschuldung anderer angewiesen. ... Das Schlagwort der Geldverleiher ist stets: ›Der da hat, dem wird auch gegeben werden.‹«
Vincent Vickers, Leiter der Bank von England, 1910–1919

Eine Welt wird geplündert – die Profiteure im Hintergrund

Schulden stellen für die meisten von uns etwas Unangenehmes dar. Doch für jemanden, der sein Geld anderen verleiht, sind Schulden etwas wunderbares: Man verleiht sein Geld einmal und bekommt dafür jedes Jahr Zinsen. Wenn der Geldverleiher dann schon so reich ist, daß er die Zinsen nicht mehr verkonsumieren kann (vor diesem Problem stehen die Milliardäre) dann verleiht er eben seine Zinserträge wieder, mit der Folge, daß das angelegte Vermögen und damit die Zinserträge aus diesem im Folgejahr noch weiter steigen. So wächst das Vermögen jedes Jahr auf wundersame Weise immer schneller an, auch wenn dafür gar nicht mehr gearbeitet werden mußte. Tatsächlich können die heutigen Superreichen ihre Kapitalerträge nicht mehr ausgeben: So baute sich der Inhaber von Microsoft, Bill Gates, für 50 Millionen Dollar die größte nach dem Krieg errichtete Villa. Dies bedeutet für ihn jedoch genauso viel, wie der Kapitalertrag eines Tages.[210] Also wird der Großteil seiner Kapitalgewinne gegen Zinseszins wieder angelegt.

Wie wir gesehen haben, steigen Schulden und Geldvermögen immer um die gleichen Beträge. Es gibt also im Endeffekt einige wenige Geldverleiher, die aber Vermögen haben und Zinserträge bekommen, und auf der anderen Seite die große Masse derer, die Zinsen für die Verschuldung von Staat, Wirtschaft und eigene Kredite bezahlen müssen. Die Bevölkerung spaltet sich also immer weiter auf in Superreiche, die ohne Arbeit reicher werden, und Arbeitende, die trotz immer höherer geforderter Leistung auf für die meisten völlig rätselhafte Weise immer ärmer werden.

Während die Schulden und damit die Zinslasten für die Bevölkerung explodieren, nimmt die Anzahl der Millionäre und Milliardäre entsprechend zu. Im Jahr 2000 gab es weltweit nahezu 7,2 Millionen Reiche, die ein Vermögen ohne Immobilien von einer Million Dollar besaßen. Dies bedeutete 2,9 Prozent mehr als noch 1999. Das Vermögen der Reichen und Superreichen steigerte sich um sechs Prozent auf unglaubliche 27.000 Milliarden Dollar. Im Jahr 1999 betrug der Zuwachs, durch spekulative Gewinne an der Börse, sogar 18 Prozent.[211] In einer UNO-Studie wurde 1996 bekannt gegeben, daß weltweit die 358 reichsten Milliardäre fast die Hälfte des Welteinkommens besitzen. Würde man statt des Einkommens das Vermögen berücksichtigen, wäre der Gegensatz noch viel größer.[212] Nicht nur weltweit, sondern auch innerhalb der reichen Nationen vollzieht sich eine große Verschiebung von Kapital in immer weniger Hände. Das Ergebnis dieser Umverteilung zeigt sich in der Vermögensverteilung der Bevölkerung: Im Jahr 1996 veröffentlichte die CDA (Christlich Demokratische Arbeitnehmerschaft – eine CDU-Organisation), daß sich 80 Prozent des Produktivvermögens in Deutschland in den Händen von nur drei Prozent der Bevölkerung befinde.[213] Das Deutsche Institut für Wirtschaftsforschung (DIW) berichtete 1997, daß sich ein Drittel des Nettogeldvermögens auf nur sechs Prozent der Haushalte konzentriere. Allerdings wurden bei der statistischen Erhebung gerade die reichen Haushalte mit einem monatlichen Nettoeinkommen von 35.000 DM und mehr nicht erfaßt. Jedoch sollen sich nach einer überschlägigen Rechnung 40 Prozent des Geldvermögens gerade in dieser Bevölkerungsschicht befinden, weshalb diese Analyse der Vermögensverteilung noch als sehr optimistisch gelten kann.[214] In den USA verfügt inzwischen sogar ein Prozent der Haushalte über die Hälfte des gesamten Vermögens.[215]

Geradezu als Hohn kann hier eine Studie des arbeitgebernahen IW-Institutes gelten, das behauptete, daß die ärmsten 40 Prozent der Bevölkerung von 1985 bis 1996 angeblich die stärksten Einkommenszuwächse verbuchten. Das Institut widersprach damit einem Bericht der Caritas, der wiederum zeigte, daß ein Drittel der Bevölkerung weniger als 75 Prozent des Durchschnittseinkommens beziehe.[216] Auch in den USA geht es den meisten Amerikanern heute schlechter als vor 25 Jahren, weil der gesamte Vermögenszuwachs nur denjenigen zugute kam, die schon vorher im Überfluß lebten.[217] **Was der eine mehr hat, muß ein anderer weniger haben oder was jemand als Vermögenszuwachs durch Zins registriert, muß ein anderer als Verschuldung verbuchen.** Entsprechend muß damit auch die Armut zunehmen, was auch ganz deutlich anhand der Statistik deutlich wird. Wie eine Studie der Arbeiterwohlfahrt ergab, lebt heute jedes siebte Kind in Deutschland in Armut und nahezu zwei Millionen Kinder hätten deutlich eingeschränkte Zukunftschancen. So wiesen etwa 38 Prozent der armen Kinder Störungen des Spiel- und Sprachverhaltens auf.[218] Ein noch schlimmeres Ergebnis ergab sich nach einem Bericht der Nationalen Armutskonferenz, die bekanntgab, daß die Zahl armer Kinder in Deutschland seit 1994 um 50 Prozent auf 1,1 Millionen gewachsen sei. Während international in 23 OECD Staaten jedes sechste Kind in Armut lebe, sei es in Deutschland schon jedes fünfte Kind.[219]

Die ärmere Schicht in der Bevölkerung wächst also immer weiter, und mit der mangelnden Erziehung wird die Armut buchstäblich weitervererbt. Ein bezeichnendes Bild über die sich mehr und mehr öffnende Schere zwischen Reich und Arm zeigte sich im April des Jahres 2001: So ergab die Armutsstudie der Bundesregierung, daß die reichsten zehn Prozent der Haushalte in Deutschland ganze 42 Prozent des Privatvermögens besitzen. Die Hälfte der Bevölkerung muß sich sogar mit gerade 4,5 Prozent des gesamten Privatbesitzes zufriedengeben. Die Gutachter schlossen daraus, daß sich die Ungleichheit im Einkommen langfristig verstärkt habe. Entsprechend zugenommen habe die Zahl der überschuldeten Haushalte: Etwa 2,8 Millionen oder sieben Prozent der Haushalte gelten als so verschuldet, daß die Betroffenen nicht ausreichend handlungsfähig seien und verarmten. Seit 1994 gebe es 30 Prozent mehr Überschuldete.[220] Genauso ist die Zahl der Millionäre auf 1,5 Millionen gewachsen – 1978 schätzte man die Zahl noch auf 217.000 –, während fast drei Millionen Menschen von der Sozialhilfe lebten.[221] Hier mußte sogar der Präsident der EU-Kommission Prodi eingestehen, daß sich die Kluft zwischen Arm und Reich dramatisch vergrößert habe.[222] Dabei bleibt das Abrutschen in die Armut keineswegs auf eine kleine Gesellschaftsschicht beschränkt. **Experten gehen davon aus, daß zwei Drittel der Bevölkerung einmal im Leben in eine vorübergehende Armutsperiode geraten werden.**[223]

Im vorangegangenen Abschnitt wurde deutlich, daß sich ein Mittelstand in Deutschland, wenn es ihn je gab, schon längst aufgelöst hat. Letztlich besteht heute nur noch die Einteilung in reiche Schichten, also Menschen, die mehr Vermögen besitzen als sie benötigen und arme Schichten, also Leute, die auf abhängige Beschäftigung angewiesen sind, um den Lebensstandard zu halten.

Daß es bei der Zinsumverteilung nicht um Kleinbeträge geht, zeigt folgende Betrachtung:

Erst einmal stellt sich die Frage, wie hoch die gesamte Verschuldung ist, woraus sich dann die durchschnittliche Zinsbelastung errechnen läßt. Folgende Angaben wurden durch die Deutsche Bundesbank ausgewiesen (Stand 1998[224]):

Staatsverschuldung	2.393,9 Milliarden DM
Unternehmerverschuldung	5.579,1 Milliarden DM
Private Haushalte (einschl. Wohnungsbau)	1.929,1 Milliarden DM
Gesamtverschuldung	**9.902,1 Milliarden DM**
Zinslast bei einer durchschnittlichen Verzinsung von sieben Prozent	693 Milliarden DM/Jahr

Hinzu kommt noch die indirekte Zinslast aus der Verzinsung von unverschuldetem Sachkapital, also der rechnerischen Zinslast, die eine alternative Geldanlage bei der Bank erbringen würde. Nach Helmut Creutz kann hier nochmals von 50 Prozent ausgegangen werden.[225] Das bedeutet eine Zinslast von 1.040 Milliarden DM. Die Gesamtverschuldung erhöht sich um durchschnittlich zehn Prozent pro Jahr, so daß für den Jahrtausendwechsel von fast 1.150 Milliarden DM pro Jahr Gesamtzinslast ausgegangen werden kann. Pro Haushalt (Gesamtdeutschland etwa 34 Millionen Haushalte) sind das für 1999 fast 34.000 DM. Jeder Haushalt muß also im Jahr auf 34.000 DM Einkommen verzichten, um die Zinsansprüche des Kapitals sicherzustellen. Dabei wird schnell klar, daß derjenige, der mehr als 34.000 DM im Jahr Zinsgewinn hat, mit dem jetzigen System Erträge erwirtschaftet. Alle anderen müssen für diese Gewinne arbeiten und selbst auf Einkommen verzichten. Je mehr Zeit verstreicht, um so schneller wächst dieser Kapitalstrom von Arm zu Reich. Im Jahr 2010 wird die Zinslast pro Haushalt, bei fortgesetzter Entwicklung, bereits über 77.000 DM betragen. Bei einer solch drastischen Belastung der deutschen Volkswirtschaft ist es gar kein Wunder, daß an allen Ecken und Enden das Geld knapp wird und sich entsprechend bei Superreichen ansammelt.

Während also die große Bevölkerung sowohl national, als auch international immer weiter verarmt, kann eine Minderheit von Milliardären ihr Vermögen entsprechend steigern. Diese Schicht ist jedoch immer bestrebt, in der Öffentlichkeit als Wohltäter zu erscheinen, die an einer Verbesserung der Lage interessiert seien. Um genau dies zu demonstrieren, unterschrieben 116 von 120 angeschriebenen Superreichen in den USA einen Brief, der forderte, die Erbschaftssteuer nicht wie geplant abzuschaffen. »Die Abschaffung dieser Steuer wäre schlecht für unsere Wirtschaft, unsere Gesellschaft und unsere Demokratie« hieß es in dem Schreiben. Als Begründung für die Aktion wurde angegeben, daß sich die Multimillionäre darum sorgten, daß die amerikanische Gesellschaft in eine Erbengesellschaft und eine Geldaristokratie verkommen könne. Der Multimilliardär Warren Buffet meinte, daß Aufstieg und Erfolg in der amerikanischen Gesellschaft immer weniger von eigenen Talenten und Verdiensten und immer mehr von der Erbmasse abhängen würden.[226] In der Tat ist es heute nicht mehr von Bedeutung, was jemand leistet oder wie intelligent er ist, es zählt vielmehr nur das Geld, das im Hintergrund steht. Durch die Konzentration von Vermögen in wenigen Händen hat sich auch ein Filz gebildet, in dem nur derjenige beruflich weiterkommt, der entweder zur privilegierten Kaste der Reichen gehört oder »Beziehungen« zu diesen unterhält. Lukrative Posten werden dabei nur noch gegen »Vitamin B« (B = Beziehungen) vergeben, unabhängig davon, ob der Kandidat für den Posten geeignet ist oder was er leistet. Man wundert sich schon sehr, wenn der Sohn einer Neureichen-Familie nach unterdurchschnittlichen Leistungen im Studium sofort in das Management eines Unternehmens einsteigt, während der begabte Sohn einer Arbeiterfamilie arbeitslos bleibt. Da sich durch solch eine Entwicklung langfristig alle Arten von Drückebergern, Feiglingen und Unfähigen »oben« anreichern, kommt es zunehmend zu fatalen Entscheidungen und zwangsläufig zu einem Zerfall der Gesellschaft.

Dabei ist nicht der Reichtum an sich das Problem, sofern er aus der Arbeit oder aus dem Können entsprungen ist, sondern, daß dieser Reichtum aus einem leistungslosen Zinseinkommen erworben wird. Es genügt, wenn sich jemand einmal ein kleineres Vermögen erarbeitet oder ergaunert hat und schon wächst dieses Startkapital ganz von selbst auf wunderbare Weise durch Zins und Zinseszins. Fortan muß nie mehr Leistung gezeigt werden, und die Nachkommen machen auf diesem Niveau munter weiter, ohne je gearbeitet zu haben. Alles funktioniert nach dem Sprichwort: »Die erste Million ist schwer – die zweite kommt von selbst.« Oder auch: »Durch Arbeit ist noch keiner reich geworden.«

Es bleibt festzuhalten: Zinsgewinne sind leistungsloses Einkommen zum Profit weniger. Ohne eine Leistung zu erbringen, werden Erträge anderer, arbeitender Mensch abgeschöpft.

»Die Reichen werden reicher. Wer hat dem wird gegeben. Allein von 1980 bis 1995 ging die Steuerbelastung der Einkommen aus Unternehmertätigkeit und Vermögen von 37 auf 22,5 Prozent zurück. ... Um 117 Prozent stiegen die Einnahmen aus Zinsen allein zwischen 1988 und 1993 ... Die Hälfte der insgesamt ausgeschütteten 233 Milliarden Mark ging allerdings an lediglich fünf Prozent der Haushalte. Das Einkommen aus Vermögen ... wuchs in den vergangenen Jahren stärker als andere Einkommensarten.«
Die Woche, 24.4.1998

Leistungslose Kapitalgewinne und Schwarzarbeit

Während jedoch solche leistungslosen Gewinne allgemein in der Gesellschaft akzeptiert und mit der Bemerkung »er hat es geschafft« bewundert werden, wird Arbeit, die jemand leistet, ohne dafür Steuern zu zahlen, als »Schwarzarbeit« diffamiert. Dabei stellt sich die Frage, wer eigentlich der Gesellschaft mehr schadet: Derjenige, der den Staat, die Unternehmen und die Bevölkerung mit Zinslasten belastet, oder derjenige, der gute Arbeit erbringt und nur die hohe Steuerlast nicht tragen kann oder will?

Richtigerweise stellte hier Friedrich Schneider, Professor für Volkswirtschaft an der Universität Linz klar, daß die Schwarzarbeit der Wirtschaft überhaupt nicht schade, da mehr als zwei Drittel des dort erwirtschafteten Geldes von 643 Milliarden Mark im Jahr sofort wieder ausgegeben werden und zwar besonders für langlebige Güter. Das stimuliere die Wirtschaft in beträchtlichem Maße, was die stärkste Stütze für die Konjunktur sei.[227] Bevor man also jemandem, der nach Feierabend einem Nachbarn noch eine Dienstleistung erbringt, als »Schwarzarbeiter« diffamiert, sollte vorher derjenige gebrandmarkt werden, der sein »Geld arbeiten läßt«. Zusätzliche Arbeitstätigkeit schadet der Gesellschaft nicht, wohl aber leistungsloses Einkommen zulasten derer, die arbeiten. Der Staat befindet sich auch nicht deswegen in der Finanzmisere, weil einige für ihre Leistungen keine Steuern zahlen, sondern deshalb, weil die Zinslasten für die ausufernde Verschuldung unbezahlbar werden.

Häufig wird als Ausgleichsfaktor für die Kapitalkonzentration der Generationenwechsel mit einem Billionen-Erbvolumen in den nächsten Jahren genannt.

»Vermögen werden schichtspezifisch vererbt, es profitieren nicht nur, aber im besonderen Maße diejenigen, die auch bessere Chancen haben, aus eigener Kraft Vermögen zu bilden. **So gehören nur zwölf Prozent der Hauptschulabsolventen zu den tatsächlichen oder zukünftigen Erben von mindestens 100.000 DM, aber 32 Prozent der Akademiker.** *Die Weitergabe der Vermögen von Generation zu Generation wird also die Vermögenskonzentration verstärken.«*

Bundeszentrale für politische Bildung[228]

Die Erbengeneration – der neue Geldadel

Viele meinen, daß durch Vererbung das Vermögen der Reichen wieder auf die Bevölkerung zurückverteilt werde. Doch wer erbt denn das Vermögen? Es sind nur die Nachkommen der Superreichen – das Vermögen bleibt also konzentriert. Auch die Erbschaftssteuer fällt bei den in den nächsten Jahren zu vererbenden zwei Billionen Mark eher bescheiden aus: Für ein Erbe von einer Million Mark wird gerade eine Steuer von neun Prozent erhoben. Damit liegt Deutschland ziemlich am Ende der Besteuerungsskala.[229] Die jährlichen Einnahmen durch Erbschaftssteuer machen nur etwa 1/1.200 des privaten Geldvermögens aus. Im Jahr 2000 wurden hierdurch knapp sechs Milliarden DM eingenommen.[230] Von einem effektiven Rückverteilungseffekt vom Kapital zur Arbeit kann keinesfalls die Rede sein. Auch im Nachbarland Schweiz ist die Situation nicht anders: Obwohl sich hier zwei Prozent der Bevölkerung die Hälfte des Volksvermögens teilen, ist unter den Kantonen ein Wettlauf um die niedrigsten Steuern für Reiche entbrannt. Ein Kanton nach dem anderen schafft bereits die Erbschaftssteuer ab.[231]

Ähnlich sieht es bei der Zinsabschlagssteuer in Deutschland aus: Trotz exponentiell steigender privater Geldvermögen sind die Einnahmen durch die Zinsabschlagsteuer seit 1994 rückläufig. 1999 wurden gerade einmal 11,8 Milliarden DM eingenommen.[232] Bei einem Betrag von damals 6.749 Milliarden DM privatem Geldvermögen waren dies gerade einmal 0,17%. Da sich der Großteil des Geldvermögens in der Hand einer Minderheit befindet, ist anzunehmen, daß diese in der Lage ist, die Steuer zu umgehen und nur Kleinsparer, denen solche Möglichkeiten nicht offenstehen, bei Überschreiten des Freibetrages die Zinsabschlagsteuer entrichten müssen. Daß die Zinsertragssteuer überwiegend von den Kleinanlegern getragen wird, zeigt auch das Beispiel der Schweiz: Fünfstellige Beträge werden mit der dortigen Quellensteuer auf Zinserträge belastet. Ab sechsstelligen Anlagesummen wird auf die Erhebung der Steuer verzichtet.[233]

Eine weitere Steuer mit rückverteilendem Effekt, die Vermögenssteuer, wurde in Deutschland bereits abgeschafft. Es wird also ganz deutlich, daß weder die Erbschafts-, noch die Zinsabschlagssteuer irgendeinen Einfluß auf die Konzentration der Vermögen haben. Das Vermögen mehrt sich also rein durch den Zinseszinsmechanismus in den Händen immer weniger Haushalte. Dadurch entsteht zunehmend eine Art »Geldadel«, also eine Schicht ähnlich dem ehemaligen Feudaladel, der durch die Herkunft und den ererbten Besitz das Recht hat, Minderbemittelte auszubeuten. Genauso wie oft beim alten Adel, so kommt es auch beim neuen Geldadel zu einer zunehmenden Dekadenz und einem moralischen Verfall. Berauschende, sündhaft teure Parties finden statt, während nebenan bittere Armut der Bevölkerung nicht einmal das Nötigste zum Leben läßt. Dabei empfinden die Superreichen nicht einmal eine Art Mitleid oder Schuldbewußtsein, sie glauben viel eher tatsächlich, daß ihnen die leistungslos sprudelnden Einkommen zustünden, da sie allein überhaupt die Menschheit weiterbringen würden. Doch hat die Geschichte gezeigt, daß solch eine Ausbeutung nicht über eine unbegrenzte Zeit lang existieren kann. Der gewaltsame Zusammenbruch war immer wieder die unmittelbare Folge solch eines ungerechten Systems.

Zusammenfassung

Das Schuldensystem führt mit zunehmender Geschwindigkeit zu einer auseinanderklaffenden Schere zwischen Arm und Reich. Ursache hierfür ist der Zinseffekt, der dazu beiträgt, daß nur wenige Menschen Zinserträge bekommen und die meisten über hohe Steuern, höhere Preise, eigene Schulden und indirekte Zinslasten diese bezahlen müssen. Es kommt dabei automatisch zu dem Effekt, daß sich das Kapital in immer weniger Händen konzentriert. Die Armut nimmt dabei sowohl weltweit als auch national immer weniger tragbare Ausmaße an. Die bestehenden Steuern, wie Zinsabschlag- und Erbschaftssteuern, haben praktisch keinen Einfluß auf diesen Effekt. Weil die Vermögen vererbt werden, kommt es zur Ausbildung eines regelrechten »Geldadels«, der die Kontrolle über die künftige Entwicklung durch seine Kapitalkraft übernimmt.

"BIG BANG"

KULTUR
GESELLSCHAFT
WIRTSCHAFT
GELDORDNUNG

VERSCHULDUNG

ZÜND-
ZINS-
SYSTEM

M. WENZEL

»Nicht in der Erkenntnis liegt das Glück, sondern im
Erwerben der Erkenntnis.«
Edgar Allan Poe

Der Zusammenbruch – die wirkliche Schuldentilgung

Wie wir in den vorangegangenen Kapiteln gesehen haben, explodieren die Schulden in allen Bereichen. Egal, ob es der Staat, die Unternehmen oder die Privathaushalte sind, alle Wirtschaftssektoren sind heute dazu gezwungen, die Kreditaufnahme auszuweiten – allein, um überhaupt die Kapitalkosten momentan bezahlen zu können. Eine Lösung, ohne daß das Geldwesen geändert würde, gibt es dabei im heutigen System nicht. Sparen würde im Gegenteil, wie wir erkannt haben, dazu führen, daß das System sofort in Schwierigkeiten gerät und zusammenbricht. Die Verantwortlichen versuchen deshalb, die Schuldenaufnahme aufrechtzuerhalten und zu kaschieren. Doch dies funktioniert nur begrenzte Zeit, da letztlich die Zinslasten so hoch werden, daß sie nicht mehr zu tragen sind. Eine Schuldenkrise muß die unmittelbare Folge davon sein.

Die Schuldenkrise oder der Zusammenbruch des Schuldensystems stellt dabei die einzige Form einer richtigen Schuldentilgung dar. Wenn die Schuldner tatsächlich unter der Zinslast zusammenbrechen und deshalb die Schulden nicht mehr rückzahlbar sind, dann muß der Gläubiger wirklich Teile seines Vermögens streichen. Schulden werden dann nicht mehr hin- und hergeschoben, sondern durch den Vermögensverlust des Gläubigers tatsächlich aus der Welt »getilgt«. Allerdings verläuft dieser Prozeß alles andere als schmerzlos, sondern fordert eine große Anzahl von Opfern.

In der Tat rutschen schon heute immer mehr Länder in solch eine Verschuldungskatastrophe hinein und müssen den Bankrott eingestehen. In bedrohlichem Maße werden immer mehr Länder von der Überschuldung eingeholt. Es wäre eine Illusion, wenn man glauben würde, daß solch eine Krise nur andere Länder, jedoch nicht auch uns treffen würde. Im Gegenteil: Es ist nur eine Frage der Zeit, bis auch wir von einer schweren, letztlich heute unlösbaren, Schuldenkrise getroffen werden. Um die Entwicklung zu verstehen, ist es interessant, sich den Ablauf der Krisen in verschiedenen Ländern allein in den letzten Jahren näher anzusehen.

Schuldenkrisen treffen die Welt

Die erste große Schuldenkrise nach dem Zweiten Weltkrieg ereignete sich Anfang der 1980er Jahre, als einige lateinamerikanische Staaten ihren Schuldendienst einstellten. Das Finanzsystem kam damals in deutliche Schwierigkeiten, da ein tatsächlicher Ausfall eines Schuldners schnell das Endes des Systems bedeuten kann, das nur davon lebt, daß immer mehr Schulden aufgenommen werden. Findige »Experten« kamen damals auf die scheinbar geniale Idee, den Staatsbankrott der betroffenen Länder einfach durch neue Kreditvergabe hinauszuzögern. Es wurden sogenannte »Umschuldungsprogramme« entwickelt, was nicht mehr und nicht weniger bedeutete, als daß einmal die Zinsforderungen durch neue Kredite bezahlt und zum anderen die damaligen Schulden bei Großbanken schrittweise in Anleihen verwandelt wurden. Tatsächlich schien das Konzept aufzugehen: Die damalige Schuldenkrise beruhigte sich wieder und über ein Jahrzehnt herrschte scheinbare Ruhe. Doch auch hier war die Verschiebung der Problemlösung nicht ohne Opfer geblieben: So hatte die Bankenkrise des Jahres 1980 allein in Argentinien die Hälfte des Bruttoinlandsproduktes eines Jahres gekostet.[234]

Doch das Trauerspiel war noch nicht zu Ende: Die meisten der Verantwortlichen übersahen, daß sich gerade durch die scheinbaren ständigen Umschuldungsprogramme die Schulden der aufstrebenden Staaten in kurzer Zeit durch den Zinseszinseffekt vervielfachten.

Und so kam es, wie es kommen mußte: Im Jahr 1994 erfolgte die nächste, im Ausmaß noch bedrohlichere, Schuldenkrise in Mexiko. Wieder wurden die Probleme durch schnelle Vergabe von Krediten, ganz nach altem Muster, unter den Tisch gekehrt. Später mußte der beteiligte Internationale Währungsfond (IWF) eingestehen, daß damals ein Systemrisiko bestanden habe und dies schnell in eine »echte Weltkatastrophe« hätte führen können.[235] Schon diese beiden Schuldenkrisen beeinflußten viele Länder weltweit in erheblichem Ausmaß. **In der jüngsten Vergangenheit mußten von 181 IWF-Mitgliedsländern nicht weniger als zwei Drittel eine oder mehrere Bankenkrisen durchstehen.** Von 1980 bis 1996 haben die Schwierigkeiten in den Entwicklungsländern 250 Milliarden Dollar gekostet.[236]

Nun beschleunigte sich die Entwicklung der unter dem Schuldenberg zusammenbrechenden Staaten in atemberaubendem Ausmaß, was sich daran zeigte, daß bereits im Jahr 1997 wieder ein Staat vor dem Ende stand: Thailand. Jetzt rächten sich die vermeintlichen Lösungsmodelle: So führten die weitreichenden Zinssenkungen in den USA – worauf der Investmentmanager Marc Faber hinwies – im Zuge der Mexikokrise in Asien zu einem Scheinaufschwung, verbunden mit einer hohen Auslandsverschuldung.[237] Schnell wurde eine ganze Region von der Schuldenkrise erfaßt: Südkorea, Indonesien, später sogar die halbe Welt bekamen die Folgen zu spüren. Nur schnelle und hohe Kreditvergaben des IWF konnten einen akuten Zusammenbruch verhindern. Schon ein Jahr später war es wieder soweit: Rußland mußte die Bedienung seiner Schulden hinauszögern bzw. einstellen. Damit war nun, neben Südostasien, der gesamte Ostblock plötzlich in der Schuldenfalle gefangen, was, wie wir noch sehen werden, für uns noch fatale Folgen haben könnte. Schon wenige Monate später folgte wieder Lateinamerika, in erster Linie Brasilien, als einige Bundesstaaten dort den Schuldendienst einstellen mußten. Wieder wurden keine Probleme gelöst, sondern nur verschoben, was daran deutlich wird, daß Brasilien weltweit inzwischen die größten Auslandsschulden überhaupt hat. Diese betragen, zusammen mit auf Dollar lautenden Inlandsschulden, fast eine halbe Billionen Dollar.[238] Als nächstes Land kam dann Ecuador Ende 1999 unter die Räder und war gezwungen, seinen Schuldendienst einzustellen. Unter dem Druck von IWF und Weltbank mußte die Regierung der Einführung des US-Dollars als Zahlungsmittel zustimmen, obwohl dies die Bevölkerung verarmen lassen wird.

Daß die alten Lösungsrezepte nicht mehr funktionierten, zeigte sich spätestens, als im Herbst 2000 Argentinien vor dem Abgrund stand, ein Verfall, der nur wieder durch neue Kredite aufgeschoben werden konnte.

Schon im Frühjahr 2001 folgte die Türkei, die wie andere Länder in der Vergangenheit auch, sofort ein drakonisches Sparprogramm und neue Kredite vom »Finanzdoktor« IWF verordnet bekam. Doch schon im Juli 2001 wurde wieder deutlich, daß die alten Maßnahmen nicht mehr wirken, und die Zinsen stiegen in jenem Land auf über 90 Prozent, was der IWF schlichtweg mit einem Stopp seiner Zahlungen beantwortete.[239] Wie dramatisch sich die Lage zuspitzte, wurde daran deutlich, daß damals schon über 80 Prozent der Staatseinnahmen nur für die Zinszahlungen des gewaltigen Schuldenberges von 250 Milliarden Mark aufgebracht werden mußten.[240]

Was an der Entwicklung der Schuldenkrisen deutlich wird, ist das zunehmende Tempo, mit dem immer mehr Länder und ganze Regionen unter die Räder kommen. In immer kürzeren Zeitabständen, nahezu exponentiell, brechen nun Staaten unter der Schuldenlast zusammen, wobei die Ausmaße der Problematik zunehmend größer werden. Damit funktionieren auch die alten Lösungsrezepte, von Umschuldung, Sparmaßnahmen und neuen Krediten, immer weniger. Eine weltweite Schuldenkrise ist damit in greifbare Nähe gerückt, die ein solches Ausmaß erreichen könnte, daß alle Rettungsversuche von vornherein zum Scheitern verurteilt wären. Hier stellt sich die Frage, was passieren könnte, wenn ein großer Schuldner tatsächlich einmal ausfällt, also den Schuldendienst einstellt und auch keine Umschuldungsprogramme mehr helfen, da einfach die Größenordnung um die es dann geht, nicht mehr finanzierbar wäre?

> *»Im fanatischen Bemühen, sie (die Inflation, d. A.) niedrig zu halten, liegt das beträchtliche Risiko, einige der größten Volkswirtschaften der Welt in eine regelrechte Deflation zu treiben.«*
> Peter Warburton, Finanzanalyst[241]

Die Deflation – der Schuldenballon platzt

Ein nicht mehr kaschierbarer Ausfall eines großen Schuldners würde weltweit sofort eine ganze Kette von weiteren Bankrotten nach sich ziehen, weil den großen Gläubigern und Banken dann schnell klar wäre, daß sobald nur einmal ein Kredit-Rettungsprogramm versagt, es auch in Zukunft scheitern muß. Dann werden sofort gar keine Kredite mehr vergeben, oder aber nur noch gegen sehr hohe Zinsen. Da in solch einer Situation eine sehr unsichere Lage für den Gläubiger entstanden ist, wird jeder versuchen, zu retten, was noch zu retten ist. Banken werden im weiteren Verlauf Kredite kündigen, um die Risiken zu minimieren. Schuldner werden zunehmend mit immer höheren Zinsen konfrontiert, da der Gläubiger das gestiegene Verlustrisiko mit einem Risikozuschlag zum Zins ausgleichen möchte. Durch dieses Vorgehen jedoch geraten immer mehr Schuldner in die Klemme: Einmal fehlen weitere Kredite, um alte Schulden zu bedienen, und zusätzlich steigen die Zinslasten, die schnell nicht mehr aufgebracht werden können. Es kommt also zu einem Teufelskreislauf aus Kreditrückzug, steigenden Zinsen und Schuldenbankrotten. Die Schuldenkrise nimmt dabei immer größere Ausmaße an, was die Gläubiger mit weiteren Krediteinschränkungen und noch höheren Zinsen beantworten und was der Abwärtsentwicklung neuen Schub verleiht. Die Löcher im Schuldensystem werden dabei immer größer – und der Schuldenballon platzt.

Da weltweit Kredite gestrichen sowie Investitionen eingeschränkt werden und überhaupt jedes Geld sich vom Markt zurückzieht, entwikkelt sich plötzlich überall ein Kapitalproblem. Insgesamt besteht dann die Neigung, Geld weder zu verleihen noch auszugeben, sondern möglichst die »Schäfchen im trockenen« zu halten. Die Unternehmen kommen in dieser Situation zunehmend in Schwierigkeiten: Einmal werden sie von Kreditkürzungen und steigenden Zinsen getroffen, zum zweiten von einem sinkenden Umsatz, da die Kunden immer weniger kaufen. Zwangsläufig brechen in dieser Phase zuerst die kapitalintensiven, hochverschuldeten, später auch die anderen Betriebe zusammen und müssen Konkurs anmelden. Damit verbunden ist eine steigende Arbeitslosigkeit, was wiederum zu einem Kaufkraftverlust in der Bevölkerung führt. Weil die Leute jedoch immer weniger Geld verdienen, müssen sie den Konsum weiter einschränken, was wiederum sinkende Unternehmensumsätze zur Folge hat. Es entsteht eine sich selbst beschleunigende Abwärtsspirale aus Unternehmenszusammenbrüchen, Arbeitslosigkeit, sinkender Kaufkraft, weiter einbrechenden Umsätzen der Firmen und entsprechenden Konkursen.

Im weiteren Verlauf nimmt die Krise noch drastischere Formen an: Weil zunehmend Schuldner, wie Unternehmen und Privathaushalte, zahlungsunfähig werden, kommen die kreditvergebenden Banken in Schwierigkeiten. Einmal steigt die Auflösung von Guthaben, da jeder Sparer in dieser Situation möglichst sein Geld von der Bank abholt, zum anderen können immer mehr Schuldner die Kredite nicht mehr zurückzahlen. Fatal wird in dieser Lage für die Banken, daß sie kurzfristige angelegte Guthaben dafür verwendet haben, langfristige Kredite zu vergeben. Die Bankeinlagen schmelzen dabei schneller dahin, als Kredite wieder eingetrieben werden können. Eine Welle von Bankzusammenbrüchen ist die unmittelbare Folge. Damit verlieren viele Sparer wiederum ihr Vermögen und sind zu weiteren Konsumeinschränkungen gezwungen, was wiederum die Unternehmen über einen Umsatzrückgang weiter unter Druck setzt.

Dazu kommt noch, daß der Staat durch die entstandene Massenarbeitslosigkeit überfordert ist und deshalb Arbeitslosenhilfen einschränkt, was wiederum auf die Kaufkraft der Bevölkerung und letztlich auf die Unternehmen durchschlägt. Zusätzlich gehen die Steuereinnahmen für den Staat zurück, weil kaum noch gearbeitet und produziert wird. Letztlich können dann auch die Staatsschulden nicht mehr bezahlt werden und der Bankrott ist die unmittelbare Folge. Dies ist jedoch wiederum mit einem Vermögensverlust der Bevölkerung verbunden, die ihr Geld in vermeintlich sicheren Staatsanleihen und Bundesschatzbriefen angelegt hat.

Daß es sich hier nicht um eine theoretische Betrachtung handelt, sondern dies schon mehrfach in der Geschichte vorgekommen ist, das beweist beispielsweise die große Weltwirtschaftskrise in den 1930er Jahren.

>*Wer die Vergangenheit nicht kennt, wird die Zukunft*
nicht in den Griff bekommen.«
Golo Mann, Historiker

Die große Weltwirtschaftskrise

Auslöser der bis dahin größten Wirtschaftskrise in der Geschichte war ein Börsenkrach in Amerika im Oktober 1929. Durch diesen Crash wurde eine große Unsicherheit auf dem Finanzmarkt erzeugt, was den Schuldenturm weltweit zum Einsturz brachte.

In Deutschland war nach dem Ersten Weltkrieg eine massive Verschuldung in den USA aufgebaut worden. Dabei nahmen die Banken kurzfristige Kredite in Amerika, um das Geld langfristig zu verleihen. Wenn der Rückzahlungstag kam, wurden neue, wieder kurzfristige, Kredite genommen. Ab 1927 kam es schon zu ersten Krisenerscheinungen. Der Zahlungsmittelumlauf ging stetig zurück, es kam zu Konkursen und wachsender Arbeitslosigkeit. Im Jahr 1930, nach dem Börsencrash in Amerika, erreichte die ausländische Verschuldung mit 22 Milliarden Mark einen Höhepunkt. Davon bestand die Hälfte in kurzfristigen Schulden. In der Krise wurden die Kredite zunehmend zurückgezogen und deutsches Währungsgold floß nach Amerika. Der Zusammenbruch der Österreichischen Kreditanstalt am 11. Mai 1931 verursachte eine weltweite Angst um Kapitalanlagen in Deutschland. Die Folge war eine Kapitalflucht, und innerhalb weniger Wochen büßte die Reichsbank Gold und Devisen im Wert von zwei Milliarden Reichsmark ein. Ab Juli 1931 zog sich das Geldkapital vom Markt massiv zurück, da ausländische und deutsche Kunden ihr Geld von den Bankkonten abhoben. Besonders betroffen davon war die Darmstädter- und Nationalbank. Das Kapital der Bank setzte sich aus 2,18 Milliarden Auslands- und nur 0,12 Milliarden Reichsmark Inlandsverschuldung zusammen. Am 13. Juli 1931 stellte die Bank deshalb alle Zahlungen ein. Gleichzeitig übernahm die Regierung die Garantie für die Bank und ordnete für alle Kreditinstitute Bankfeiertage an. Immer mehr Banken mußten später gestützt werden.

Nach den USA war das Deutsche Reich am stärksten von der Krise betroffen. Der Grund dafür lag darin, daß etwa drei Viertel der kurz- bis mittelfristigen Auslandskredite für langfristige Investitionen eingesetzt worden waren. Die Auswirkungen waren schrecklich: Durch den deflationären Prozeß sank das Bruttosozialprodukt in der Weltwirtschaftskrise 1929 um 5%, 1930 um 4,2%, 1931 um 12,1% und 1932 um nochmals 5%. Deshalb mußten immer mehr Betriebe bankrott anmelden, die Zahl der jährlichen Konkurse verdoppelte sich zwischen 1928 und 1931. Es entstand ein Teufelskreislauf aus sich verringernder Kaufkraft, zurückgehender Nachfrage, sinkender Produktion und weiteren Entlassungen, der auch die Dauerkrise in der Landwirtschaft verstärkte. Viele kleine und mittlere Bauern konnten ihre Schulden nicht mehr abbezahlen und gingen finanziell zugrunde. Besonders die Maßnahmen der damaligen Regierung Brüning waren fatal, da sie, um einen ausgeglichenen Haushalt vorzuweisen, die direkten Steuern und indirekten Abgaben erhöhte. Die Massenarbeitslosigkeit überstieg bei weitem die Möglichkeiten der Arbeitslosenversicherung. Deshalb wurden die staatlichen Sozialzuwendungen zurückgefahren und die Löhne und Gehälter im öffentlichen Dienst gesenkt. Es zeigte sich schnell, daß die Maßnahmen der Regierung die Krise weiter verschärften. So kam es zu einer deflationären Abwärtsspirale, weil durch die Absenkung der Einkommen sich die Kaufkraft verringerte. Dadurch ging die Produktion weiter zurück, während die Arbeitslosigkeit rapide anstieg. Auf die Arbeitslosenunterstützung war zu dieser Zeit kaum ein Verlaß, und je länger die Krise anhielt, desto mehr Arbeitslose fielen spätestens nach 26 Wochen (über 40jährige nach 39

Wochen) aus der bescheidenen Arbeitslosenversicherung heraus. Danach erhielten sie bis zu 39 bzw. 52 Wochen eine deutlich reduzierte, bedürftigkeitsgebundene Krisenunterstützung; schließlich die winzige, rückzahlungspflichtige kommunale Wohlfahrtsunterstützung. Von den 4,7 Millionen Arbeitslosen im Frühjahr 1931 bezogen 43 Prozent Arbeitslosengeld, 21 Prozent Leistungen der Krisenfürsorge und 23 Prozent Zuwendungen der Wohlfahrtsunterstützung. Der Rest erhielt überhaupt keine Unterstützung. Auch die Ersparnisse gingen zu dieser Zeit verloren oder waren gesperrt.

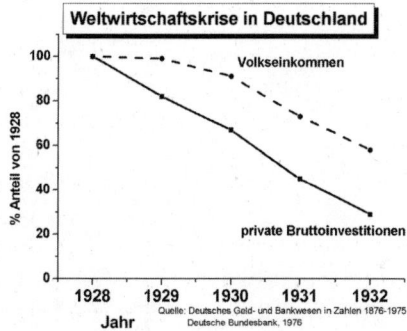

Abb. 25: Rückgang der Investitionen und des Volkseinkommens in der Deflation.

Nach Beginn der Krise konnten die Bankkunden nur noch in beschränktem Umfang über ihr Guthaben verfügen. Durch den Goldstandard war die Regierung nicht in der Lage, dem Markt zusätzliches Geld zur Verfügung zu stellen. Als erstes Land koppelte England deshalb das Pfund Sterling am 21. September 1931 vom Goldstandard ab, um es zwanzig Prozent abzuwerten. Damit wurde die Lage für Deutschland noch ungünstiger, weil der Wert der Reichsmark im Ausland stieg und deutsche Produkte ihre Konkurrenzfähigkeit auf dem Weltmarkt verloren. Brüning entschloß sich deshalb zu einer weiteren Verschärfung des Deflationsdrucks: Nach der Notverordnung vom 6. Oktober 1931 konnten Arbeitslose nur noch 20 statt 26 Wochen Leistungen erhalten. Die Folge der Maßnahme zeigte sich in einem erneuten Anstieg der Arbeitslosigkeit und Ende Februar 1932 gab es 6,1 Millionen registrierte Erwerbslose, mit den nicht gemeldeten Arbeitslosen über 7,6 Millionen.[242]

Zusammenfassung

Wie sehr unser System auf einen kompletten Zusammenbruch zusteuert, wird an der Anzahl zunehmender Schuldenkrisen deutlich. Zunehmend brechen Staaten unter den hohen Kapitalforderungen zusammen. Eine Deflation, verbunden mit einer Aufwertung der Schulden, Verlust des persönlichen Vermögens, Arbeitslosigkeit, Not und Elend ist dabei die logische Folge. Die große Weltwirtschaftskrise der 1930er Jahre zeigte deutlich, daß die Schuldentürme früher oder später mit lautem Krachen einstürzen müssen.

Die Folgen dieser Krise kennen wir heute: Sie führte schnurstracks in den Zweiten Weltkrieg.

»Das Geld regiert,
die Welt pariert
fast voll und ganz
der Hochfinanz.

Wenn Satan siegt
und Gott erliegt,
der Weg wird frei
zum Geldkrieg drei.

O Mensch halt auf
des Schicksals Lauf,
das dir gebracht
Magie der Macht!
...
Vorm Völkermord
ein letztes Wort:
Des Lebens Recht
macht Geld zum Knecht.«

Richard Batz

Der Krieg – die Schuldenabrechnung

Tatsächlich lassen sich deutliche Parallelen zwischen dem damaligen Zusammenbruch des Schuldensystems und dem später folgenden Weltkrieg zeigen: Einmal wurde durch die Weltwirtschaftskrise vor allem in Deutschland eine gewaltige Massenarbeitslosigkeit erzeugt, zum anderen war das politische System, nach dem verlorenen Ersten Weltkrieg und den hohen Reparationsforderungen der Siegermächte, äußerst instabil.

Die Bevölkerung verlor bald jede Hoffnung auf eine Besserung der immer schlimmer werdenden Lage, was den radikalen Parteien, wie der NSDAP, aber auch den Kommunisten, deutlichen Zuwachs bescherte. Sieht man sich den Stimmenerfolg der Nationalsozialisten an, so ist eine spürbare Parallele zur Entwicklung der Arbeitslosigkeit zu erkennen (Abb. 26).

Daneben war die wirtschaftliche Entwicklung in den USA ähnlich: Die Wirtschaftsleistung sank drastisch, und die politischen Entscheidungs-

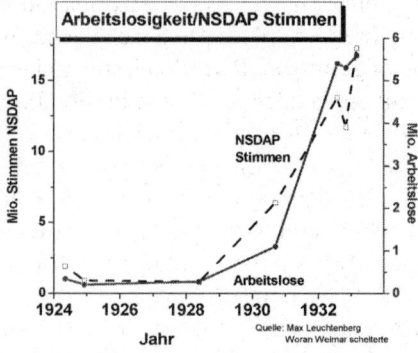

Abb. 26: Entwicklung der Arbeitslosenzahl und der Stimmen für die NSDAP.

träger konnten die Deflation nicht bekämpfen. (Abb. 27) Nach einer kurz-fristigen Verbesserung der Lage verschlimmerte sich die Entwicklung bis Ende der 1930er Jahre wieder.

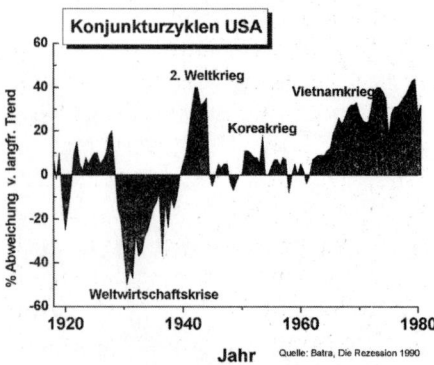

Abb. 27: Wirtschaftliche Entwicklung in den USA.

Auffällig ist, daß die Wirtschaftskrise in den USA innerhalb weniger Monate endete: Im Jahr 1939 ging die Krise plötzlich in eine Hochkon-junktur über. Dies ist wahrscheinlich darauf zurückzuführen, daß schon vor dem eigentlichen Ausbruch des Zweiten Weltkrieges, im September 1939, in den USA großangelegte Rüstungsprogramme wieder hochren-table Investitionsmöglichkeiten für das Kapital schufen, weshalb die de-flationäre Abwärtsspirale durchbrochen wurde. Das würde allerdings im Umkehrschluß bedeuten, daß die USA nur durch den Zweiten Weltkrieg und den dadurch geschaffenen Rüstungs-Konjunkturboom es überhaupt geschafft haben, wieder aus der Krise herauszukommen. In der Tat wür-den die Kriege der jüngsten Vergangenheit diese Annahme bestätigen: Oftmals genau dann, wenn eine durch Schulden induzierte Wirtschafts-

krise aufflammte, konnte sie durch einen Krieg, wie zuletzt den Golf-
krieg 1991, abgewendet werden – Kriege werden also anscheinend im
heutigen System als Konjunkturmotor gebraucht. Bedenklich stimmt hier,
daß Anfang 2001, im Zuge einer aufkommenden Rezession in den USA,
wieder kräftig in Rüstung investiert wurde. So wurde beispielsweise einmal vom US-Handelsministerium bekanntgegeben, daß es im März 2001
einen leichten Anstieg der Auftragseingänge gegeben habe und deshalb
das Schlimmste überstanden sei. Doch während überall die Auftragseingänge sanken, stiegen sie nur in einem Bereich: Die Aufträge für Kriegs-
schiffe und Panzer kletterten um 936 Prozent und für langlebige Militär-
güter um fast 64 Prozent.[243] Tatsächlich kam es am 11. September 2001
zu Terroranschlägen in den USA, in deren Folge Amerika einen Feldzug
gegen Afghanistan unternahm. Kurze Zeit später wurde zudem noch angekündigt, fünf weitere Länder angreifen zu wollen.[243a] Durch Ausru-
fung des »Bündnisfalles« wurden alle NATO-Länder in die Pflicht genommen, den USA Unterstützung im Krieg zu leisten. Das führte dazu,
daß zahlreiche Länder in den Konflikt involviert wurden.

Doch schon bald nach den Anschlägen tauchten in den Medien einige
Ungereimtheiten auf: Der Militärschlag wurde unternommen, obwohl in
bezug auf die Urheberschaft des verdächtigen Osama bin Laden keine
Beweise vorgelegt wurden.[243b] Auch erklärte Prof. Pradetto, Politikwis-
senschaftler an der Bundeswehr-Hochschule in Hamburg, daß bin Laden
vielleicht ein Bestandteil des Terrors wäre, keinesfalls jedoch ein
bedeutender.[243c] Bemerkenswerterweise planten die US-Militärs anscheinend sogar schon im Jahre 1962 Anschläge auf das eigene Land, um die
Kriegsstimmung in den Vereinigten Staaten anzuheizen.[243d] Da dieser
Krieg gegen Afghanistan gut in das Szenario von Wirtschaftskrise und
Krieg als Wirtschaftsmotor paßt, äußerte der amerikanische Präsident-
schaftskandidat Lyndon LaRouche schon die Vermutung, daß die Anschläge aus den USA heraus geführt wurden, um die entsprechende
Kriegsstimmung im Volk zu erzeugen.[243e]

Wer auch immer die wirklichen Hintermänner des Anschlages und des
Krieges sind, es steht fest, daß aufgrund dieser Ereignisse die Wahrscheinlichkeit eines weltweiten Schuldenkrieges steigt.

»Das Wohlbefinden und der Wohlstand des einzelnen Menschen,
das Glück der Volksgemeinschaft, die Zufriedenheit des ganzen
Volkes und der Friede der Welt sind hauptsächlich, wenn nicht
gänzlich und allein, ein Geldproblem.«
Vincent Vickers, Leiter der Bank von England, 1910–1919

Ein neuer Schuldenkrieg?

**Wenn ein zusammenstürzendes Schuldensystem nur durch einen
Krieg wieder stabilisiert werden kann, dann bedeutet dies im Umkehrschluß, daß wir parallel zu den wachsenden Schulden- und Zinslasten auch kriegerischeren Zeiten entgegengehen. Überhaupt führen die durch den Schuldendienst immer drückender werdenden
Kapitalkosten oftmals dazu, daß die Bevölkerung zur Gewalt greift.
Dies war beispielsweise in der französischen Revolution so, als Frankreich 70 Prozent seiner Steuereinnahmen nur für den Schuldendienst
verwenden mußte.**

Dabei sollte nicht vergessen werden, daß für einen überschuldeten
Angreifer der militärische Konflikt oftmals den einzigen Weg darstellt,
seine Schulden zu »tilgen«, einfach durch Ausschaltung des Gläubigers.
Ein Land, das immer größere Anteile seines Etats nur für den Schuldendienst aufwenden muß, die Schulden schon mehrmals abbezahlt hat und
dessen Schuldenberg trotzdem immer weiter wächst, erkennt schnell, daß
es keine Chance hat. Wie wir schon bei der Schuldenentwicklung der
Dritten Welt gesehen haben, sind heute eine ganze Reihe von Ländern
bereits in dieser hoffnungslosen Lage gefangen. Doch kommt jeder Staat,
dessen Geldsystem auf Zins basiert, zwangsläufig früher oder später in
die gleiche Lage, allein weil sich das Wirtschaftswachstum nicht in dem
Maße steigern läßt, in dem die Schulden durch Zinseszins explodieren.
Ein Abbau der Schulden, also eine Tilgung, ist ohnehin nicht möglich, da
Schulden zwar hin- und hergeschoben, jedoch niemals aufgelöst werden
können, ohne daß die dahinterstehenden Geldvermögen ebenfalls entwertet werden. Die Gefahr, daß die alten Rezepte zur gewaltsamen »Schuldentilgung« wieder angewandt werden, ist heute sehr groß. Vergessen
wird dabei häufig, daß nicht nur die relativ machtlosen Entwicklungsländer, sondern auch hochgerüstete Atommächte sich in einer Schuldenkrise befinden.

»Nicht, wer zuerst die Waffen ergreift, ist Anstifter des Unheils,
sondern wer dazu nötigt.«

Niccolo Machiavelli

Eine Atommacht unter Druck

So ist der ganze Ostblock mit Rußland an der Spitze, im Sommer 1998 von einer schweren Währungs- und Schuldenkrise überrollt worden. Mit einem Schlag war damals eine ganze Region zahlungsunfähig, und durch neue vermeintliche Hilfskredite und aufgelaufene Zinslasten hat sich der Schuldenberg schnell vergrößert. Vor allem im Jahr 2003 wird ein neuer Höhepunkt im Schuldenproblem Rußlands erwartet. So vermuten Experten, daß allein Rußland schon im Jahr 2003 praktisch 80 Prozent seines Haushaltes nur noch für den Schuldendienst ausgeben muß. Das ganze vollzieht sich in einer Zeit, in der die arbeitsfähige Bevölkerung zurückgeht und die Industrieabnutzung einen kritischen Stand erreicht.[244] Wie gewaltig diese Schuldenlast ist, wird deutlich, wenn sie im Vergleich zum Wert der Volkswirtschaft betrachtet wird.

Während Rußland dem Ausland nahezu 150 Milliarden Dollar schuldet, wird der Wert seiner Unternehmen auf gerade 52 Milliarden Dollar geschätzt.[245] Es ist also ganz klar ersichtlich, daß der Ostblock, mitsamt Rußland gar keine Chance hat, aus dem Schlamassel je wieder herauszukommen.

Als fatal könnte sich hier erweisen, daß der Westen, mit Deutschland als Hauptgläubiger, jede Erleichterung beim Schuldendienst ablehnt. Dabei drohte das Land schon des öfteren mit einer Aussetzung des Schuldendienstes. Trotzdem erklärte beispielsweise die deutsche Regierung, daß sie die Rückzahlung der Schulden in vollem Umfang erwarte.[246] Scheinbar hat auch die Führung in Rußland die hoffnungslose Lage erkannt, und Präsident Putin erklärte im April 2001, in Rußland sei die Gefahr akut, daß das Land weiter wirtschaftlich zurückfalle.[247] Zum schon bestehenden Schuldendruck wurde dieser noch durch die Forderung der deutschen Regierung erhöht, fiktive Transferrubelschulden aus der DDR-Zeit ebenfalls eintreiben zu wollen. Diese Forderung wurde allerdings erst wieder Ende des Jahres 2000 erhoben. Strittig dabei ist, welchen Wechselkurs man dafür ansetzen soll. Während Berlin für jeden der 6,4 Milliarden Transferrubel einen Kurs von 2,34 Mark einfordert und damit auf eine Gesamtschuld von 15 Milliarden Mark kommt, will Rußlands Finanzminister Alexej Kudrin bestenfalls 65 Pfennige je Transferrubel bezahlen.[248] Wie dem auch sei, es sollte klar sein, daß von westlicher

Seite keinesfalls darauf verzichtet werden wird, die Schulden einzufordern, samt Zins und Zinseszins. Mehr noch: Die Forderungen werden noch weiter erhöht und mit jedem IWF-Hilfskredit wird es für das Land unmöglicher, die Verpflichtungen in Zukunft zu erfüllen.

Verbunden mit den hohen Zinslasten ist eine entsprechende Verarmung der Bevölkerung: Nach Schätzung des Londoner European Childrens Trust (ECT) leben rund 50 Millionen Kinder in der ehemaligen Sowjetunion und in den früheren Ostblockstaaten in bitterer Armut. Nach Angaben des ECT habe sich die Zahl der Menschen, die unter solchen Verhältnissen existieren müssen, seit dem Zerfall des Kommunismus vor zehn Jahren verzwölffacht. In Kirgistan etwa leben jetzt 88 Prozent der Menschen in Armut. In Turkmenistan, der Ukraine, Kasachstan und Moldawien seien es 60 bis 66 Prozent.[249] Wie sich in der Geschichte gezeigt hat, läßt sich eine im Elend lebende Bevölkerung sehr schnell für eine militärische Aktion begeistern, da sie ohnehin nichts mehr zu verlieren hat. Dazu kommt, daß die Versorgungssicherheit in Rußland erheblich höher ist als im Westen: Durch die jahrelange Armut kann sich die Bevölkerung heute zu einem erheblichen Teil selbst versorgen. Untersuchungen ergaben, daß bis zu 40 Prozent der Nahrungsmittel in Kleingärten erzeugt werden.[250] Im Kriegs- und Krisenfall würde dies allerdings für das Land einen erheblichen strategischen Vorteil bedeuten, da es nicht auf äußere Lebensmittelversorgung oder entsprechende Transporte angewiesen wäre.

»Wenn diese Parallele (Deutschland nach dem Ersten Weltkrieg, d. A.) stimmt, dann müssen wir uns darauf gefaßt machen, daß in Rußland eine unverstandene Niederlage zur außenpolitischen Gefahr wird. Noch mal: Es gibt keine Möglichkeit, ein Gebilde dieser Größenordnung von außen zu beeinflussen. Was wir brauchen, ist der kalte, aber nüchterne Blick auf Rußland, um die weitere Entwicklung realistisch einzuschätzen.«
Arnulf Baring, Zeithistoriker[251]

Steigende Spannungen

In dieser angeheizten Lage werden fatalerweise die militärischen Spannungen, beispielsweise durch die NATO-Osterweiterung, weiter gesteigert. Eindringlich warnte der russische Außenminister Iwanow: »Wenn diese Pläne umgesetzt werden, entsteht eine völlig neue Situation in Europa, welche die politischen und militärischen Interessen Rußlands berührt. Das kann zu einer ernsthaften Krise führen.«[252] Auch zu dem von den Russen scharf abgelehnten Vorhaben der Amerikaner zu einem Raketenabwehrprogramm, erklärte beispielsweise der russische Präsident Putin Mitte 2001, daß er dann aus allen Abrüstungsvereinbarungen aussteigen und die Atomwaffen aufrüsten werde.[253] Daß es dabei nicht nur um leere Drohungen geht, sondern auch konkrete Schritte unternommen werden, zeigte sich Anfang 2001: Für Schrecken sorgte damals eine Meldung im Westen, als der amerikanische Geheimdienst bekanntgab, daß Rußland taktische Atomwaffen in die westlichste Enklave Königsberg verlegt habe.[254] Vergessen wird auch, daß Rußland durchaus in der Lage wäre, seine zahlreichen nicht verschrotteten Mittelstreckenraketen wieder in Dienst zu stellen und damit Westeuropa unter Druck zu setzen. Rußland wäre also sehr wohl in der Lage, zum Schuldendruck des Westens einen militärischen Gegendruck aufzubauen und, sofern dies nichts an der hoffnungslosen Lage änderte, auch durch einen militärischen Angriff auf die Gläubiger seine Schulden dadurch buchstäblich zu »vertilgen«.

Man sollte auch nicht unberücksichtigt lassen, daß Regierungen, die durch die sich verschlechternden sozialen Umstände unter innenpolitischen Spannungen leiden, sehr schnell darum bemüht sind, ein Feindbild aufzubauen und den Druck nach außen abzuladen. In diesem Zusammenhang steht die russische Regierung unter einem zunehmenden Druck und Handlungszwang, verstärkt noch durch die ständigen westlichen Demütigungen in allen Bereichen. In dieser instabilen Lage kann es sehr schnell zu einem plötzlichen militärischen Konflikt kommen. Bekanntlich muß man an jemanden, gegen den Krieg geführt wird, keine Schulden zahlen.

Zusammenfassung

Der Zweite Weltkrieg zeigte exemplarisch, wie schnell ein zerbrechendes Schuldensystem in Krieg münden kann. Dabei ließ sich in der Vergangenheit eine Schuldenkrise mit der entstandenen Deflation nur immer dann beenden, wenn ein Krieg durch die Vernichtung von Realkapital wieder genügend lukrative Anlagemöglichkeiten für das Kapital geschaffen hatte. Die heutige sowohl finanzielle als auch militärische Situation vieler Länder läßt massive Befürchtungen aufkommen. Schnell kann ein militärisch hochgerüstetes Land wie eben Rußland sich in einer Lage befinden, in der es angesichts einer hoffnungslosen Verschuldung

keinen anderen Ausweg sieht, als das Problem gewaltsam zu lösen. Anzunehmen ist jedoch, daß sich die Kriegsgefahr erst dann richtig steigert,
wenn eine weltweite Schuldenkrise die heute schon überschuldeten Länder noch vollends ruinieren würde und auch die westlichen Staaten in
einer tiefen Schuldenmisere stecken. Es ist also hier ratsam, einmal etwas genauer zu betrachten, wie solch eine Entwicklung vor sich gehen
könnte.

»Ich sehe in naher Zukunft eine Krise heraufziehen. Sie enerviert mich und läßt mich um die Sicherheit meines Landes zittern. In Friedenszeiten schlägt die Geldmacht Beute aus der Nation und in Zeiten der Feindseligkeiten konspiriert sie gegen sie. Sie ist despotischer als eine Monarchie, unverschämter als eine Autokratie, selbstsüchtiger als eine Bürokratie. Sie verleumdet all jene als Volksfeinde, die ihre Methoden in Frage stellen und Licht auf ihre Verbrechen werfen. Aktiengesellschaften sind inthronisiert worden, und eine Zeit der Korruption an höchsten Stellen wird folgen, und die Geldmacht des Landes wird danach streben, ihre Herrschaft zu verlängern, indem sie die Vorurteile des Volkes ausspielt, bis der Reichtum in den Händen von wenigen angehäuft und die Republik vernichtet ist.«
Abraham Lincoln, amerikanischer Präsident,
fünf Monate vor seiner Ermordung

Die kommende Welt-Schuldenkrise

Wie wir gesehen haben, befindet sich jedes Land weltweit schon jetzt in einem Zustand, den man »latente Zahlungsunfähigkeit« nennen könnte. Noch haben die meisten Anleger und Geldgeber nicht realisiert, daß der Schuldenberg schon lange nicht mehr abtragbar ist. Im Gegenteil: Die aus den Schulden wachsenden Kapitalkosten erwürgen jede weitere Entwicklung. Zwangsläufig kommt der Moment, wo nicht einmal mehr die Zinslasten getragen werden können – dann ist der Zusammenbruch des Systems unvermeidlich. Das wird jedoch nicht einfach aus heiterem Himmel heraus geschehen; der bis zum Äußersten aufgeblähte Schuldenballon braucht einen kleinen Stich mit einer Nadel, damit er platzt. Es bedarf also für das Entstehen der zwangsläufig kommenden Welt-Schuldenkrise eines Auslösers. Man kann das ganze auch mit einer Lawine vergleichen, die erst dann abgeht, wenn ein zufälliger Windstoß oder Erschütterungen als Auslöser hinzukommen. Eigentlich sind als Auslöser für eine Schuldenkrise drei Arten denkbar:

- Der Zusammenbruch eines kleinen Schuldners und die Übertragung der Krise auf immer größer werdende Regionen,
- die Schuldenkrise eines großen, weltweit wichtigen Schuldners und das Entstehen großer offener Positionen am Finanzmarkt,
- ein Auslöser, der nicht unmittelbar mit dem Schuldproblem in Zusammenhang steht.

148

Diese drei Auslöserarten sollen folgend kurz erläutert werden.

Bankrott eines kleinen Schuldners

Solch ein Auslösemoment hatten wir speziell während der letzten Jahre des öfteren zu verzeichnen. Sowohl die erste größere Schuldenkrise Anfang der 1980er Jahre als auch die Mexiko-, Asien-, Rußland- und Brasilienkrise sowie auch die letzten Schuldenprobleme in Ecuador, Argentinien und der Türkei passen in dieses Schema. Besonders die Asien- und Rußlandkrise riß zunehmend kleinere Schuldnerländer in ein tiefes Tal und 1998 wäre es, wie wir gesehen haben, schon fast zum weltweiten Schuldenkollaps gekommen. Immer begann die Krise durch eine Verzögerung beim Schuldendienst, was dann schnell im Bankrott einer ganzen Region endete. Jedesmal aber konnten die internationalen Finanzorganisationen, allen voran der IWF, das Übergreifen des Flächenbrandes auf die ganze Welt durch großzügige Vergabe von Krediten an die betroffenen Staaten vorübergehend abwenden. Damit konnten die akuten Gefahren zwar momentan eingedämmt werden, das jedoch wurde durch eine Vergrößerung des Schuldenproblems mit neuen Krediten erkauft. Eine weitere, noch heftigere Schuldenkrise wird die unmittelbare Folge sein. Irgendwann wird durch diese scheinbaren »Hilfsprojekte« der Kollaps auch eines weltweit gesehen kleinen Schuldners solche Maße angenommen haben, daß die nötigen Gelder für ein weiteres Überbrücken des Finanzloches einfach nicht mehr aufzutreiben sind. Eine andere Variante wäre das Szenario, daß gleichzeitig viele kleinere Schuldenkrisen auf der Welt gleichzeitig aufflammen und die IWF-Feuerwehr dies alles gar nicht sofort eindämmen kann und deshalb in einer Kettenreaktion (ein Schuldnerstaat kippt nach dem nächsten) die ganze Welt betroffen wäre. Dieses Szenario ist sehr realistisch, was sich z.B. Mitte 2001 zeigte, als die Schwellenländer, wegen der gestiegenen Risiken, nahezu acht Prozentpunkte mehr für ihre Kredite zahlen mußten als die Vereinigten Staaten und gleichzeitig eine ganze Reihe Währungen unter Druck geriet.[255]

Es könnte auch zu einem Zusammenbruch eines größeren Unternehmens kommen, das dann eine Kettenreaktion in die Schuldenkrise auslöst. Wie sehr große Betriebe weltweit gefährdet sind, wird deutlich, wenn man sich vergegenwärtigt, daß allein im ersten Quartal 2001 mit 37 Milliarden Dollar fast soviel Unternehmensanleihen zu Bruch gingen wie im ganzen Jahr 2000, was auch schon einen historischen Höchststand darstellte.[256]

Ganz gleich, wie die Entwicklung in Zukunft ablaufen wird: Letztlich werden die bisher verschonten Industriestaaten getroffen werden. Dabei wäre es auch denkbar, daß dies gar nicht erst eines Bankrottes von kleinen Schuldnern bedarf, sondern daß ein wichtiges Industrieland von selbst in eine Schuldenkrise gerät.

Industrieländer brechen zusammen

Als Kandidaten kommen dafür in erster Linie zwei Staaten in Frage: Japan und die USA.

Japan

Wie wir bereits gesehen haben, ist in Japan vor allem der Staat durch unzählige wirkungslose Konjunkturprogramme in einer Schuldenfalle gefangen. Der Vizepräsident von Goldman Sachs in Asien, Kenneth Curtis, wies bereits darauf hin, daß seit den 1930er Jahren kein großes Land mehr vor solchen Problemen gestanden habe. Offiziell bezifferte er die reine Staatsverschuldung auf 150 Prozent bezogen auf das Bruttoinlandsprodukt. Die Gesamtverschuldung soll sogar, nach konservativen Schätzungen, bei über 480 Prozent des BIP liegen.[257]

Eine Schuldenkrise ist bisher nur deshalb noch nicht voll ausgebrochen, weil das Zinsniveau in Japan sehr niedrig gehalten wurde. Jedoch kommt auch die Wirtschaft nicht wieder in Schwung, weil niemand im heutigen System ohne Erwartung einer Rendite investiert. Früher oder später kommt jedoch der Moment, an dem das Zinsniveau anzieht – spätestens wenn die wirtschaftlichen Spannungen weltweit einen höheren Risikozuschlag zum Zins erzwingen. Dann ist allerdings schnell der Moment erreicht, an dem für den Staat die hohe Verschuldung nicht mehr tragbar ist und der Staatsbankrott unvermeidlich wird. Daneben geraten bei steigenden Zinsen dort auch die Banken in Probleme, weil der Berg fauler, uneinbringlicher Kredite durch vermehrte Unternehmenspleiten weiter anwächst. Eine Schuldenkrise ist dann kaum mehr abwendbar. Fällt jedoch Japan als Land aus, so kommt es sehr schnell zu weltweiten Kapitalbewegungen, da viele schwerreiche Japaner ihr Vermögen in den USA angelegt haben und es in der Krise möglichst schnell ins Heimatland zurückholen wollen. Dies hat einmal zur Folge, daß der Dollarkurs fällt und zum weiteren aus den USA deshalb Kapital abgezogen wird, was Amerika als weltgrößten Schuldner sofort in Bedrängnis bringen muß. Überdies steigert sich dann durch den gefährlich sinkenden Dollar die hohe amerikanische Auslandsverschuldung real. Eine Schuldenkrise ist dann auch in den USA die Folge davon, in deren Verlauf schließlich Europa ins Kippen kommt.

Die Vereinigten Staaten von Amerika

Doch wäre es auch möglich, daß von Anfang an die USA als Schuldner ausfallen. Dies ist schon allein deshalb wahrscheinlich, weil die Billionen Dollar schwere Auslandsverschuldung nur durch einen hohen Dollarkurs überhaupt bezahlbar bleibt. Wenn nun internationale Investoren, etwa im Zuge einer Rezession oder eines Börsenkraches in den USA, erkennen, daß die Schulden bald nicht mehr bezahlbar sind, dann wird Kapital abgezogen und der künstlich hochgepeitschte Dollar fällt plötzlich und massiv. Damit kommen die Vereinigten Staaten in einen Teufelskreislauf: Weil Kapital abgezogen wird, sinkt der Dollar noch weiter, und weil der Dollar sinkt, wird noch mehr Kapital abgezogen. Zusätzlich werden die Auslandsschulden durch einen fallenden Dollarkurs real aufgewertet, was wiederum die Schuldensituation der USA als ganzes verschlechtert und einen weiteren Geldabzug herausfordert.

Man muß sich vergegenwärtigen, was es für die Welt bedeuten würde, wenn Amerika in eine Schuldenkrise fällt: Die US-Volkswirtschaft bindet heute nahezu 80 Prozent der weltweiten Ersparnisse und ist zu 30 Prozent am weltweiten Sozialprodukt beteiligt.[258] Durch eine Krise in Übersee kommt damit ein Großteil des weltweiten Anlagevermögens in Gefahr. Deshalb werden alle Investoren versuchen, ihr Geld so schnell als möglich schon am Anfang der Krise dort abzuziehen, was den US-Kapitalmarkt zusammenbrechen lassen wird. Da die größten Banken der Welt alle mit den USA verzahnt sind, weitet sich die Schuldenkrise schnell nach Japan und Europa aus, und die kleinen überschuldeten Länder müssen allein durch den Kreditabzug dort ebenfalls zusammenbrechen.

Doch braucht es gar nicht dazu zu kommen, um eine Welt-Schuldenkrise auszulösen: Auch ein externer Auslöser ist in der Lage, die Lawine ins Rollen zu bringen.

Externer Auslöser für die Schuldenlawine

Für externe, nicht direkt mit dem Schuldenproblem verbundene Auslöser gibt es die vielfältigsten Möglichkeiten, wie beispielsweise steigende Ölpreise, wodurch die weltweite Wirtschaft getroffen würde, was über eine entstehende Unsicherheit, steigende Zinsen und vermehrte Unternehmensbankrotte zu einer Verschärfung der Schuldensituation und schließlich zur Welt-Schuldenkrise führen würde.

Daneben ist auch die Entwicklung eines neuen Krieges beispielsweise im Nahen Osten denkbar, der neben explodierenden Ölpreisen (durch Ausfall der Ölförderstaaten), auch wieder zu steigenden Zinsen und dem oben beschriebenen Ablauf führen müßte.

Den gleichen Effekt hätte eine Naturkatastrophe, etwa ein Erdbeben in Japan, das zu hohen Schäden und in der Folge einem hohen Kreditbedarf dort führen würde, was wiederum das Zinsniveau weltweit kräftig erhöhte und vor allem für den japanischen Staat der entscheidende Tropfen ins Schuldenfaß wäre, der es zum Überlaufen brächte. Die Folge wäre eine Welt-Schuldenkrise der oben beschriebenen Art.

Jedem sollte hier deutlich geworden sein, daß es an Auslösern für das Platzen des Schuldenballons nicht mangelt. Je weiter nun dieser Ballon durch Zins und Zinseszins aufgeblasen wird, um so labiler wird die Entwicklung und um so kleinere Anlässe reichen letztlich, das System zusammenbrechen zu lassen. Das folgende Szenario soll das veranschaulichen.

Ein Szenario – die Welt am Abgrund

Die Welt zu Beginn des 3. Jahrtausends entwickelte zunehmende Ungleichgewichte: Auf der einen Seite gab es schwerreiche Personen, die ohne Leistung immer reicher wurden, auf der anderen Seite hatte es der Großteil der Bevölkerung wegen der hohen Verschuldung immer schwerer, den Lebensstandard überhaupt zu halten. Alle vollmundigen Versprechen aus Politik und Wirtschaft erwiesen sich schnell als leere Floskeln. Spätestens als eine weltweite Schuldenkrise einsetzte, begriff auch der letzte optimistische Träumer, daß das System auf Sand gebaut war.

Die Krise begann damit, daß ein großes Bankhaus in den USA eingestehen mußte, auf einem Berg von faulen, uneinbringlichen Krediten zu sitzen, die durch zunehmende Unternehmenspleiten im Zuge einer Rezession entstanden waren. Dies führte augenblicklich dazu, daß die Liquidität auch anderer Banken von den Investoren kritisch hinterfragt wurde und sich hier das gleiche Bild zeigte. Für die internationalen Geldanleger war dies das Signal dafür, sofort sämtliches Anlagevermögen aus den USA abzuziehen. Dieser Geldrückzug entwickelte immer panikartigere Züge, und der Dollar begann, sehr schnell im Kurs gegen andere Währungen zu fallen. Durch diesen Dollarverfall wurden mehr und mehr

Anleger dazu motiviert, ihre Vermögensanlagen in den USA aufzulösen, allein, weil hohe Wechselkursverluste drohten. Da Kapital abgezogen und Positionen aufgelöst wurden, gerieten die Schuldner, Unternehmen und Privathaushalte, zunehmend unter Druck, weil die Kredite zurückgefordert wurden. Damit wurde der Berg uneinbringlicher Schulden immer größer, und die Gläubiger mußten hohe Vermögensverluste hinnehmen. Vor allem jedoch brachen immer mehr Banken zusammen. Durch den Ausfall vieler US-Banken kamen auch die Finanzinstitute in Europa und Japan unter Druck, wo sich die Schuldenspirale fortsetzte. Weil die Industriestaaten einem zunehmenden Druck ausgesetzt waren, wurden die Schulden der Entwicklungsländer weltweit eingefordert, was dort den sofortigen Bankrott bedeutete. Weltweit wurde nun das Geldkapital zurückgezogen, und ähnlich wie in der großen Weltwirtschaftskrise der 1930er Jahre war das Ende eine große Deflation, die in der Depression endete, mit all ihren Folgen – Massenarbeitslosigkeit, Armut, Elend, Unruhen und Krieg.

»Ändern und Bessern ist zweierlei.«
Sprichwort

Die heutigen Notenbanken – Lösung oder Problem?

Oftmals kommt bei einer Diskussion des Schuldenproblems die Hoffnung auf, daß die heutigen Notenbanken doch nicht wieder die gleichen Fehler der 1930er Jahre wiederholen und diesmal der Schuldenkrise entgegenwirken würden. Allerdings stellt sich hier die Frage, ob sie es tatsächlich können und ob sie bei dem dort teilweise vorhandenen mangelhaften Wissensstand dazu überhaupt in der Lage sind.

Voraussetzung dafür, daß einer Welt-Schuldenkrise vorübergehend entgegengewirkt werden kann, ist die Möglichkeit der Notenbanken, Kredite zur Überbrückung von Ungleichgewichten zur Verfügung zu stellen, was jedoch Devisenreserven bedingt. Dies mag bei einer kleinen, beginnenden Krise noch möglich sein, doch sieht es bei einer globalen Schuldenkrise völlig anders aus: Der weltweite Finanzmarkt wurde, angetrieben durch den Zinseszinseffekt, in einem solch unglaublichen Maße aufgebläht, daß die Devisenreserven der Notenbanken dagegen als bedeutungslos erscheinen. Täglich werden heute im internationalen Rahmen zwei Billionen US-Dollar[259] ausgetauscht, wovon nur ein bis zwei

Prozent für Handel und Dienstleistungen verwendet werden![260] Im Vergleich dazu besitzen alle Notenbanken zusammen nur etwa 50 Prozent des Kapitals, das täglich international zwischen den Nationen als Spekulationsgelder fließt.[261] Im Falle einer Schuldenkrise würden die Beträge der bewegten Gelder noch um ein Vielfaches ansteigen. Selbst im unwahrscheinlichen Fall, daß alle Notenbanken weltweit zusammenarbeiten würden, wäre das einsetzbare Kapital nicht mehr als ein Tropfen auf den heißen Stein und könnte die Situation vielleicht gerade wenige Stunden etwas beruhigen. Je weiter nun der Schuldenballon durch den Zinseffekt aufgebläht wird, um so kleiner werden dazu auch die einsetzbaren Devisenreserven der Notenbanken. Mit zunehmender Zeit wird es also immer unwahrscheinlicher, daß die nächste Schuldenkrise nochmals durch die Zentralbanken abgewendet werden kann. Standen die Dinge bei der russischen Schuldenkrise schon an der Grenze, wird eine zwangsläufig kommende, noch viel größere Krise schnell aus dem Ruder laufen. Die Hoffnung, auf Interventionen der Notenbanken zu setzen, erscheint damit als reine Illusion. Oft kommt dann die Vermutung auf, daß die geldausgebenden Notenbanken einer Schuldenkrise doch durch eine Inflation entgegenwirken könnten.

>*Einen Gescheiten kann man überzeugen, einen*
Dummen muß man überreden.«
Curt Goetz

Die Inflation – trügerische Scheinlösung des Schuldenproblems

Die geldausgebenden Banken, so wird oftmals argumentiert, könnten doch im Falle einer Schuldenkrise die Notenpresse anwerfen und massiv Geld drucken und damit eine Inflation auslösen, was die Schulden entwerten würde.

Doch was hätte das für Folgen? Einmal würden die Zinsen, durch Erhöhung des Inflationszuschlag zum Zins, nach oben gehen. Das Zinsniveau entwickelt sich parallel zur Inflationsrate (Abb. 28).

Durch eine Zinserhöhung schützt sich der Gläubiger vor einer realen Schuldenentwertung. Die Zinsen steigen dabei um die gleichen Prozentpunkte wie die zu erwartende Inflationsrate. Dies bedeutet, daß einmal die Schulden höher verzinst werden müssen und zum anderen der Gläubiger höhere Zinserträge verbucht. Im End-

154

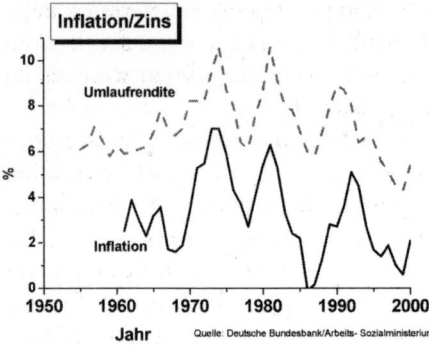

Abb. 28: Parallele Entwicklung der Inflation und des Zinsniveaus.

effekt wird der reale Wert der Schulden durch eine normale Inflation in keinster Weise beeinflußt. **Im Gegenteil: Durch den höheren Zinsfluß läuft das Zinseszinssystem mit einer bedeutend höheren Dynamik, womit sich die Probleme auch in schnellerem Maße aufschaukeln.** Dauert es beispielsweise bei einem Zinssatz von fünf Prozent etwa 14 Jahre, bis sich die Schulden durch den Zinseszins verdoppelt haben, sind es bei zehn Prozent – nämlich, wenn zu den fünf Prozent Zins noch fünf Prozent Inflation dazukommen –, nur noch etwa sieben Jahre. Eine Inflation ist also unter keinen Umständen geeignet, das Schuldenproblem zu lösen, sondern verschlimmert nur noch alles durch steigende Zinsen.

Was aber wäre, wenn die Notenbanken die Druckerpressen so schnell laufen lassen würden, daß es wie im Jahr 1923 eine Hyperinflation gibt? Das würde zwar momentan die Schulden im Inland entwerten, allerdings nur um den Preis, daß die Auslandsschulden durch die fallenden Wechselkurse enorm aufgewertet würden. Bei einer fortgesetzten Hyperinflation von vielleicht vielen tausend Prozent, würde das Geld überhaupt seine Eigenschaft als Zahlungsmittel verlieren, und es würde sich ein Rückfall zum Tauschhandel vollziehen. So entstand zu Zeiten großer Inflation eine »Zigarettenwährung«, also Tauschhandel über Produkte. Im weiteren Verlauf ist solch eine Hyperinflation mit Bürgerkrieg, instabiler politischer Lage und dazu nötiger Diktatur verbunden. Von einer Lösung der Problematik kann auch hier in keinster Weise gesprochen werden, da nur ein Problem mit einem anderen vertauscht, der Teufel also mit Beelzebub ausgetrieben wird.

Würden die Notenbanken im heutigen System aber überhaupt die Geldmenge erhöhen könnten, wenn sich deflationäre Effekte zeigten?

Wenn die Notenbank heute Geld in Umlauf bringen möchte, dann leiht sie dieses an Privatbanken, die gleichzeitig Wertpapiere hinterlegen müssen. Kapital kommt also nur in Umlauf, wenn es auch von den Banken nachgefragt wird. Dieses wird aber nur dann nachgefragt, wenn es an Kreditnehmer weiterverliehen werden kann.

In einer Schuldenkrise mit folgender Deflation werden allerdings keine Kredite mehr nachgefragt, da das fallende Preisniveau jede Investition als sinnlos erscheinen läßt. Aus diesem Grund fragen die Kreditinstitute auch keine Geldmittel bei der Notenbank mehr nach, was bedeutet, daß kein neu gedrucktes Zahlungsmittel in diesem System mehr in Umlauf gebracht werden kann. Als Konsequenz läßt sich festhalten, daß, solange Geld nur als Kredit in Umlauf kommt, auch beim besten Willen die Geldmenge in der Deflation nicht erhöht werden kann.

Überhaupt sind heute alle Notenbanken der Welt auf eine strikte Inflationsbekämpfung eingeschworen (nicht jedoch auf Deflationsbekämpfung!). Da jedes Land heute erhebliche Auslandsschulden auf seinen Schultern trägt und eine hohe Inflation mit einer starken Währungsabwertung beziehungsweise Aufwertung der Auslandsschulden parallel läuft, kann sich heute kein Staat der Welt eine Inflation leisten.

Die für manchen Zeitgenossen gar so schöne Lösung des Schuldenproblems mit der Inflation, womöglich noch in der Hoffnung, daß eigene Schulden »entwertet« würden, ist nichts mehr als ein gefährlicher Irrglaube.

Doch statt nach einer echten, effektiven Lösung zu suchen, bemüht sich heute unsere Volkswirtschaft mehr darum, das gegenwärtige System mit allen katastrophalen Entwicklungen zu rechtfertigen. Man könnte fast erschrecken, welche Argumente dort vorgetragen werden.

> *»Das Gefährliche an den Halbwahrheiten ist,*
> *daß immer die falsche Hälfte geglaubt wird.«*
> Karl Krailsheimer

Sind Schulden Geld?

Geradezu fatal ist es, wenn manche Ökonomen heute Geld an sich als »Schuld« definieren, wenn also behauptet wird, daß Geld das gleiche wie Verschuldung wäre. Dies würde ja im Umkehrschluß bedeuten, daß, wenn Geld gebraucht wird, es geradezu die einzige Lösung dafür wäre, die Schulden zu erhöhen. Wer schon einmal den Versuch gemacht hat, trotz Schulden auf der Bank etwas zu kaufen und das gleiche Experiment

156

mit einem Geldschein unternimmt, der wird sehr schnell den Unterschied erkannt haben, was Geld ist, für das er alles bekommt, was er wünscht, und was Schuld ist, für die er gar nichts bekommt.

Meist wird von den scheinbaren Experten darauf verwiesen, daß die Geldausgabe heute nur über neue Verschuldung erfolgt. In der Tat wird heute Geld über Kredite der Notenbank an Kreditinstitute in Umlauf gegeben. Das Geld ist also heute schon von Anfang an als Schuld, mit Zinslast, geboren. Doch wer sagt denn, daß dies zum einen wirklich so richtig ist und zum zweiten so sein muß? Was wäre denn, wenn das Geld eben nicht zur Bereicherung der Großbanken an diese als zinsgünstiges Darlehen, sondern pro Kopf der Bevölkerung schuld- und zinsfrei verteilt wird? Das würde bedeuten, daß wenn die Notenbank neues Geld in Umlauf geben möchte, ganz einfach beispielsweise jeder Bundesbürger 100 DM überwiesen bekommt – zur freien Verwendung, ohne irgendwelche Rückzahlungsverpflichtungen. Dann hätte man von Anfang an schuldfreies Geld, was schon zeigt, daß die Definition Geld = Schuld so nicht stimmen kann.

Deutlich wird jedoch an dem Beispiel, wie nur wenig Hoffnung darauf bestehen kann, daß die heutigen Experten überhaupt richtige Lösungen anstreben. Daher kann gleichzeitig behauptet werden, daß es in jedem Fall zu einer gewaltigen Schuldenkrise kommen wird.

Zusammenfassung

Eine Schuldenkrise braucht im allgemeinen immer einen Auslöser, der die Lawine ins Rollen bringt. Als ein solcher Auslöser ist der Bankrott eines oder mehrerer kleiner Schuldner möglich, die in einer Kettenreaktion die ganze Welt in einer Schuldenkrise versinken lassen. Auch der Zusammenbruch eines großen überschuldeten Landes, wie Japan oder die USA, ist als Auslöser denkbar, genauso wie eine Naturkatastrophe oder ein unerwarteter Krieg. Hoffnungen, die Notenbanken könnten eine Katastrophe verhindern, sind nicht berechtigt, da diese im jetzigen System nur Kosmetik betreiben, das Problem an sich jedoch nicht lösen können. Eine Inflation stellt auch keine Lösung der Schuldenmisere dar, da hierdurch nur die Zinsen erhöht werden, was der ganzen Situation eine neue Dynamik verleiht. Eine Hyperinflation wie 1923 würde darüber hinaus nur die Auslandsschulden entsprechend aufwerten, was sich beim heutigen Schuldenstand kein Land der Welt mehr leisten kann.

Eine Lösung des Problems wird nicht zuletzt dadurch verhindert, daß

weite Kreise der heutigen Volkswirtschaftslehre von einer falschen Geld-
definition ausgehen und Geld als Schuld definieren. Damit wird heute
jede Geldausgabe widersinnigerweise gleich mit einer Schuldenerhöhung
verbunden, was schon die Keimzelle für die ganze Misere legt.

Damit wird klar, daß jeder einzelne sich unbedingt auf einen solchen
Einschnitt vorbereiten muß.

»Kluge Menschen suchen sich die Erfahrungen selbst aus,
die sie zu machen wünschen.«
Aldous Huxley

Geldanlage und Schuldenkrise

Wichtig für Sie ist es, bei einer kommenden Schuldenkrise nicht zu den Verlierern zu gehören. Die richtigen Anlageentscheidungen sind deshalb von größter Wichtigkeit. Hier soll dieser Aspekt in bezug auf eine reine Schuldenkrise untersucht werden – die Vermischung mit anderen Krisen, wie Währungskrisen und Auswirkungen auf einzelne Anlageprodukte wird weniger berücksichtigt, da sie im Buch »Geldcrash – So retten Sie Ihr Vermögen« genauer nachgelesen werden können.

Um sich auf eine Schuldenkrise vorzubereiten, ist es wichtig, erst einmal zu erkennen, wo die größten Gefahren liegen. Wie sich schon vermuten läßt, sind Sie umso mehr von einer Schuldenkrise betroffen, je mehr Sie selber daran teilhaben, also je mehr Sie persönlich verschuldet sind. Die erste und wichtigste Regel lautet daher: Verschuldung ist in jedem Fall zu vermeiden!

*»Als sich mir 1995 die Gelegenheit bot, alle meine Schulden zu til-
gen, habe ich sie beim Schopf gepackt und es seither nie bereut. Ich
lege ... dringend nahe, derartige Gelegenheiten ebenfalls
wahrzunehmen oder sie sich zu schaffen.«*
Peter Warburton, Finanzanalyst[262]

Grundsatz: Keine Schulden!!!

Es ergibt sich an dieser Stelle die Fragestellung, warum Schulden im
Blick auf eine kommende Krise kritisch zu betrachten sind. Die meisten
Bürger denken sogar, daß Schulden in der Krise nützlich seien, da sie
annehmen, daß diese automatisch mit einer Geld- und damit Schuldenentwertung einhergeht. Doch wie wir bereits gesehen haben, ist dies keineswegs der Fall, wenn man bedenkt, daß alle großen Wirtschaftskrisen
gerade Deflationen, nicht Inflationen waren. Selbst wenn man von einer
Inflation ausgeht, lohnt sich die Verschuldung nicht, sondern ist im Gegenteil sehr gefährlich.

Schulden in der Inflation

Bei einer normalen Inflation erhöht sich durch den preistreibenden Effekt der Kreditzins, weil der Geldverleiher die zu erwartende Preisstei-
gerungsrate auf den Zins aufschlägt, um nach Rückzahlung der Schuld
nicht weniger Kaufkraft als ausgeliehen zurück zu bekommen.

Angenommen, Sie hätten sich mit 100.000 DM bei fünf Prozent Jah-
reszins und null Prozent Inflation verschuldet, dann bedeutet dies eine
Zinslast von 5.000 DM im Jahr. Steigt nun die Inflation plötzlich um fünf
Prozentpunkte an, so steigt der Kreditzins auf zehn Prozent – fünf Prozent Zins und fünf Prozent Inflation. Ihre Zinslast verdoppelt sich damit
auf 10.000 DM im Jahr. Wenn Sie nun noch einen Inflationsausgleich
beim Lohn von fünf Prozent bekommen, so bedeutet dies bei einem Durch-
schnittslohn von 40.000 DM netto im Jahr einen Inflationsausgleich von
nur 2.000 DM. Durch die Erhöhung der Preissteigerung müssen Sie also
effektiv 3.000 DM mehr Zinslast tragen als ohne Inflation.

Es kommt also durch eine Inflation ganz und gar nicht zu einer Reduzierung Ihrer Zinslast, sondern im Gegenteil: Über höhere Zinsen müssen Sie letztlich noch mehr für Ihren Schuldendienst aufopfern. Allenfalls im Falle einer Hyperinflation wie im Jahr 1923 werden Sie ent-
schuldet. Doch ist eine solche so schnell nicht zu erwarten, wie wir gesehen haben, schon allein deswegen, weil alle Notenbanken auf strikte Inflationsbekämpfung eingeschworen sind.

Dies bedeutet, daß eine steigende Inflationsrate heute für Sie genauso schnell den Ruin bedeuten kann wie eine Deflation.

Schulden in der Deflation

Nicht nur in der Inflation, sondern vor allem in der viel wahrscheinlicheren Deflation sind Schulden beinahe tödlich: Da die Löhne sinken, die Zinslasten jedoch gleichbleiben oder durch Risikozuschläge sogar steigen, muß immer mehr Arbeitskraft aufgewandt werden, um die Kredite zu bedienen. Im Fall einer Krise, unter den besprochenen Szenarien, würde Ihre Verschuldung einen großen Verlust von Freiheit bedeuten. Sie sind dann auf das Wohlwollen des Gläubigers angewiesen und können keinen eigenen Krisenplan entwerfen. In einer deflationären Phase sinkt Ihr persönliches Einkommen schnell, Ihr Kredit muß jedoch weiter in gleichbleibender Höhe bedient werden. Innerhalb kurzer Zeit können Sie dann möglicherweise den Kredit nicht mehr vorschriftsmäßig bedienen, es kommt zur Zwangsvollstreckung. Doch auch wenn Sie Ihre Verpflichtung weiter erfüllen, besteht Gefahr durch die Schuldverpflichtung. Das meist unterschätzte Risiko der Verschuldung liegt hier für Sie darin, daß die als Sicherheit für die Banken eingetragenen Vermögenswerte in der Deflation rasch an Wert verlieren. Die Bank für internationalen Zahlungsausgleich wies bereits darauf hin, daß sich ein anhaltend sinkendes Preisniveau als gravierendes Problem für die Banken erweisen könnte, wenn die Kreditsicherheiten an Wert verlieren. Die Banken wären dann gezwungen, ihre Kreditpolitik zu verschärfen.[263] Die Kreditinstitute werden, um ihre Zahlungsfähigkeit und die Entstehung »fauler«, also ungedeckter Kredite zu verhindern, schnell von der Zwangsversteigerung Gebrauch machen. Da viele Pfandobjekte in der Krise verkauft werden, sinken die Preise drastisch. Bei einer Zwangsversteigerung wird deshalb Ihre Kreditsicherheit weit unter dem heutigen Preis verkauft. Sie haben dann beispielsweise Ihr Haus verloren, bleiben jedoch, da der Verkaufspreis nicht den Kredit abdecken konnte, weiter mit Schulden beladen zurück. Unter Umständen ist im Fall einer schweren Depression auch mit einer Verschärfung der Gesetzeslage zu rechnen, um Banken vor dem Zusammenbruch zu bewahren. Dies würde bedeuten, daß von der Zwangsvollstreckung schneller als heute üblich Gebrauch gemacht würde. Schon heute nimmt der Druck auf Schuldner zu. So beauftragte beispielsweise die Citibank ein Inkassounternehmen, das die Schulden professionell eintreiben sollte. Ein Aussetzen der Ratenzahlung bewirkte dabei schon die Aufkündigung des Kreditvertrages, mit der Wirkung, daß der gesamte Betrag samt Zinsen fällig wurde. Die hohen Kosten für die Schuldenein-

treiber wurden dem Schuldner auferlegt.[264] Genauso ist schon der Fall
bekannt geworden, daß wegen einer Restschuld von nicht einmal 100
DM ein Haftbefehl zur Eidesstattlichen Versicherung erlassen wurde.[265]
In der Krise werden solche Maßnahmen noch deutlich an Schärfe gewinnen, womit Sie als Schuldner einem massiven Druck ausgesetzt sein
werden.

**Es wird deutlich, daß sich Schulden, ob man mit einer Inflation
oder einer Deflation rechnet, schnell als Bedrohung herausstellen
können. Schulden lohnen sich damit für einen Privathaushalt ganz
und gar nicht, und Sie sollten lieber den Grundsatz Ihrer Großeltern beherzigen, daß man sich nur dann etwas leisten kann, wenn
man vorher gespart hat.**

Zu warnen ist auch vor allen Arten von »Steuersparmodellen«, die auf
Schulden basieren.

*»Hier wird gerne übersehen – und von den Kreditgebern sicherlich
nicht besonders herausgestellt – daß eine steuerliche Behandlung nur
dort erfolgen kann, wo Steuern anfallen. Bei Arbeitnehmern, die
ihren Arbeitsplatz verlieren oder bei Unternehmen, die – ganz
gleich, aus welchem Grund – keinen Gewinn erzielen, fallen
reduzierte oder gar keine Steuern an. Damit verflüchtigt sich
die steuerliche Absetzbarkeit.«*
Klaus Schallhorn, Wirtschaftsjournalist[266]

Gefährliche Steuersparmodelle

Vor allem Käufer von vermieteten Immobilien wurden in der Vergangenheit angesprochen, den Kredit für eine schuldenfinanzierte Immobilie
am Laufzeitende mit einer Lebensversicherung auf einen Schlag abzuzahlen. Dazu sollten ständig hohe Beträge in die Lebensversicherung fließen und nur die Zinsen des Kredites bedient werden. Der Vorteil wären
die ständig hohen Zinslasten, die durch die Fremdvermietung steuerlich
geltend gemacht werden könnten. Bei einem normalen Kredit mit Tilgung würde die Zinslast am Ende absinken, was auch eine verminderte
Steuerersparnis zur Folge hätte.[267] Fatal für Sie wäre dieses Steuerspar-
modell allerdings im Krisenszenario: Bei der Versicherung wurden Geld-
forderungen aufgebaut und durch die Immobilie Schulden gemacht. In
der Krise wird die Auszahlung Ihrer Versicherung unter Umständen gesperrt, bzw. das Unternehmen geht bankrott – die Guthaben sind verloren. Gleichzeitig sinkt in der Deflation der Preis Ihrer Immobilie stark

und Ihre Mieteinkünfte sind nicht mehr gesichert. Ihr nicht getilgter und damit mit hohen Zinsen belasteter Kredit muß jedoch weiterhin in vollem Umfang bedient werden, was durch sinkende Mieterträge und Einkommen zunehmend schwieriger wird. Gleichzeitig wird die Lebensversicherung als Kreditsicherheit für die Schulden unsicher. Früher oder später droht die Zwangsvollstreckung. Vor solchen »Steuersparmodellen« muß deshalb im Krisenszenario dringend gewarnt werden.

Was die meisten – auch Unternehmer, die durch Verschuldung »Steuern sparen« wollen – bei den »Steuersparmodellen« vergessen, ist der Tatbestand, daß man nur dann eine geringere Abgabenlast hat, wenn man Gewinne einfährt. Ein Arbeitsloser wie auch ein Unternehmer, der gerade keine Gewinne erwirtschaftet, zahlen ohnehin keine Steuern und können deshalb auch keine einsparen. Das fatale an der Sache ist, daß in der kommenden Schuldenkrise sowohl das persönliche Einkommen durch Arbeitslosigkeit als auch die Gewinne der Firmen wegen Umsatzrückgang sehr schnell sinken werden und dann das vermeintliche Sparmodell überhaupt nichts mehr bringt, wohl aber die Kredite mit ihren Kapitalkosten weiter bestehen bleiben. **Entscheidungen nur unter dem Steuer-Gesichtspunkt vorzunehmen, kann sich deshalb als sehr kritisch erweisen.**

Ohnehin konnten wir erkennen, daß die Verschuldung nicht deshalb gefördert wird, um Ihnen einen Gefallen zu tun, sondern um den nötigen Kreditzuwachs im Zinssystem sicherzustellen.

Alles, was auf Verschuldung hinausläuft, sollte im heutigen labilen System möglichst gemieden werden.

Doch auf was ist zu achten, wenn man schon verschuldet ist oder Kredite nicht zu vermeiden sind?

»Die Aufnahme von Krediten ist daher in jedem einzelnen Fall die Eingehung nicht kalkulierbarer Risiken. Risiken, die zu vollständiger Verarmung führen können, wenn ursprünglich nicht in Erwägung gezogene Gefahren den Schuldner plötzlich vor neue Tatsachen stellen.«
Klaus Schallhorn, Wirtschaftsjournalist[268]

Vorhandene Schulden

Wenn Sie schon Kredite aufgenommen haben, dann muß für Sie die Schuldentilgung oberste Priorität haben. Schränken Sie alle Ausgaben ein, die nicht unbedingt nötig sind. Lieber den Kredit abzahlen, als ein neues Auto kaufen oder einen weiteren Exklusivurlaub zu unternehmen. Oftmals merkt man dann erst, daß viele Ausgaben gar nicht unbedingt nötig sind. So kann man Urlaub auch gut im eigenen Land machen bzw. statt der ständigen Autobenutzung auch das Fahrrad gebrauchen. Wenn Sie den Kredit schneller kündigen können, haben Sie hinterher ein um so sorgloseres Leben – ganz zu schweigen von der Risikoreduzierung im Hinblick auf eine kommende Schuldenkrise.

Vor jeder weiteren Geldanlage steht auch zuerst die Kredittilgung. Es gibt heute Anleger, die Schulden haben und gleichzeitig übriges Geld nicht in die Tilgung des Kredites, sondern in Geldanlageformen wie Aktien, Anleihen oder Fonds stecken, ganz in der Hoffnung, daß die Zinserträge der Wertpapiere größer sind, als die Zinslasten für den Kredit. Im Crash sieht das Bild dann jedoch ganz anders aus: Die Wertpapiere verlieren kräftig an Wert und die Schulden müssen, deflationär aufgewertet, weiter bedient werden.

Deshalb heißt auch hier wieder die Regel: **Schuldenabbau geht vor Geldanlage!**

Wenn Sie aus steuerlichen Gründen Schulden und Guthaben gleichzeitig behalten wollen, dann sollten mindestens die Guthaben so angelegt sein, daß sie in der Krise zur Schuldentilgung eingesetzt werden können. Das ideale wäre, wenn Sie die Schulden und entsprechende Guthaben bei der gleichen Bank haben. So können die Beträge dann im Krisenfall gegeneinander aufgerechnet werden, ohne daß Sie Angst haben müssen, die Guthaben gingen durch einen Bankenbankrott verloren, doch die Schulden würden weiter zurückgefordert.

Kreditlaufzeit und Zinsfestschreibung

Was bei neuen oder vorhandenen Schulden unbedingt bedacht werden sollte, ist der Punkt, daß diese so weit wie möglich auch früher abbezahlt werden können als vertraglich vereinbart. Angenommen, Sie machen unerwartet eine Erbschaft, dann sollten Sie in der Lage sein, den Kredit sofort zu reduzieren bzw. abzuzahlen, ohne Rücksicht auf die bei Kreditaufnahme vereinbarte Laufzeit.

Im allgemeinen sollte die Laufzeit des Kredites mit Zinsfestbindung, sofern eine vorzeitige Abzahlung möglich ist, möglichst lange sein. Im Crash erhöhen sich die Zinsen schnell. Wenn Sie dann nur eine kurze Laufzeit mit Zinsbindung oder sogar variable Zinsen haben, bekommen Sie sehr schnell die höheren Zinslasten zu spüren und tun sich immer schwerer, den Schuldendienst überhaupt leisten zu können.

Anzahl der Kredite

Wenn Sie viele kleinere Kredite haben, sollten Sie überlegen, ob Sie diese nicht in einen großen verwandeln – durch Aufnahme eines großen Kredites mit sofortiger Abzahlung der kleineren Schulden. Im allgemeinen werden Sie vom Gläubiger in einer Krise um so schonender behandelt, je größer Ihre Kreditsumme ist, da er es sich viel leichter leisten kann, einen kleinen Kredit zu verlieren, als einen großen. Also: Lieber eine große Schuldensumme, als viele kleine.

Schulden und Immobilien

Ein Thema für sich sind schuldenfinanzierte Immobilien. Wie wir gesehen haben, fallen in einer deflationären Krise vor allem die Immobilienpreise durch steigende Zwangsverkäufe sehr stark. In der Deflation der 1930er Jahre verfielen die Immobilienwerte beispielsweise um 90 Prozent innerhalb weniger Jahre. Oftmals läßt sich das Haus dann selbst zu Spottpreisen nicht mehr verkaufen, da keine Käufer mehr da sind. So nützlich ein eigenes Haus in der Krise sein kann, da man von keinem Vermieter abhängig ist, so problematisch ist ein schuldenfinanziertes Objekt. Für Kredite gilt hier wieder, daß die Laufzeit mit Zinsfestbindung möglichst lang sein und die Hypothek so schnell wie möglich abgetragen werden sollte. Auf jeden Fall sollten Sie Abstand vom schuldenfinanzierten Kauf einer Wohnung zum weiteren Vermieten nehmen. In der Krise können die Mieter schnell nicht mehr zahlen und die Schulden werden für Sie unbezahlbar, gleichzeitig läßt sich die Wohnung nicht mehr verkaufen. **Generell gilt: Im heutigen überspekulierten Niveau des Immobilienmarktes lohnt es sich kaum, hier mit einem schuldenfinanzierten Objekt mitmischen zu wollen. Lieber Geld ansparen und in der Deflation ein Haus zum Spottpreis kaufen.**

Wer vielleicht mehrere Häuser besitzt, sollte sich überlegen, eines selbst zu behalten und die anderen zu heutigen hohen Preisen zu verkaufen, um das Geld dann in der Deflation wieder günstig einsetzen zu können. Preissteigerungen sind im Immobilienmarkt in den nächsten Jahren kaum zu erwarten, jedoch steigt das Risiko, daß diese einmal plötzlich massiv Wert verlieren.

Doch auch wenn Sie keine Schulden haben, sollten Sie Ihr Vermögen nicht leichtfertig riskieren, da Sie darauf in einer Schuldenkrise unter Umständen dringend angewiesen sind.

»Die Freiheit der Meinung setzt voraus, daß man eine hat.«
Heinrich Heine

Geldanlage

Die richtige Geldanlage spielt deshalb ein wichtige Rolle. Wie wir schon gesehen haben, nimmt in einer weltweiten Schuldenkrise die Unsicherheit auf dem Finanzmarkt enorm zu, da niemand mehr weiß, welche Geldanlagen überhaupt noch zu realisieren oder welche Unternehmen und Banken schon bankrott sind. Hierdurch ergibt sich ein Risikozuschlag zum Zins, da der Geldverleiher sich das gestiegene Verlustrisiko vom Schuldner bezahlen läßt. Weil die Zinsen dann massiv steigen, hat dies teilweise verheerende Auswirkungen auf viele Geldanlageprodukte:

So stürzen beispielsweise **festverzinsliche Wertpapiere** im Kurs ab und zwar je länger die Laufzeit, um so deutlicher. Zusätzlich dazu fällt der Kurs noch weiter durch die aufkommende Unsicherheit und den Rückgang der Kaufnachfrage nach solchen Wertpapieren. Nach der Rußlandkrise mußten beispielsweise die Besitzer russischer Staatsanleihen Kursverluste von bis zu 90 Prozent hinnehmen. In der Konsequenz heißt dies, daß man nur kurzlaufende Papiere von Schuldnern mit hoher Bonität kaufen sollte.

Gleichzeitig verfallen die **Aktienwerte** an der Börse, einmal weil den Unternehmen der Boden unter den Füßen weggezogen wird und die aufkommende Unsicherheit zu Aktienverkäufen führt. Die Aktienanlage muß deshalb gründlich geplant sein. Unternehmen, die in einer Krise keine Rolle mehr spielen, sind deshalb zu meiden.

Mit den Anleihen und den Aktien verfallen dann auch gleichzeitig die auf ihnen aufbauenden **Fondanteile**. Es ist ein weitverbreiteter Irrtum, daß die Anlage in einem Aktienfond sicherer ist als eine Direktinvestition in Aktien. Im Gegenteil: Die Fondanlage ist unberechenbarer, da Sie weder über die konkreten Investitionen des Fondmanagers informiert sind noch auf dessen Handlungsweise einen Einfluß haben. Schnell sind solche Fonds dann am Ende und das Vermögen verloren, während Sie bei der Direktanlage selbst agieren können und auch die Kontrolle behalten.

Schnell wird hier schon deutlich, daß es im Hinblick auf eine Schuldenkrise wichtig ist, immer nur kurzfristig zu investieren. **Das Geld muß ständig verfügbar sein.** Was nutzt Ihnen eine hochrentable Geldanlage in der Krise, wenn Sie erst in fünf Jahren darauf zugreifen können? In der Deflation geht Ihre Bank bankrott und in der Inflation ist Ihr Geld entwertet, bis Sie es wieder erhalten.

Also gilt der Grundsatz: **Liquidität und Verfügbarkeit der Geldanlage geht vor Rendite!**
Ein weiterer oft übersehener Punkt kommt dazu: **Je höher die Rendite, umso höher auch das Risiko!** Viele Anleger sind heute Renditen von bis zu 20 Prozent gewohnt. Sorglos wird in Schwellenländer oder Technologiefonds investiert, nur immer mit Blick auf die hohe Rendite. Kaum jemand fragt, warum die Rendite überhaupt so hoch ist. Sie ist deshalb so hoch, weil zum Zins ein hoher Risikozuschlag kommt. Bei normaler Rendite würde gar niemand in solch riskanten Bereichen investieren, darum hat man es nötig, mit »Superrenditen« zu locken. Gerade in den letzten Jahren mußten dabei zunehmend Anleger erkennen, daß die »Superrendite« oft mit einem Totalverlust bezahlt werden mußte. **Eine Verzinsung, höher als normal, sollte deshalb schon zur Vorsicht mahnen.**
Beliebt wurden in letzter Zeit auch Auslandsanlagen, weil hier wieder hohe Renditen versprochen wurden. Vergessen wird dabei jedoch, daß man weder Einfluß auf das jeweilige Land hat noch die dortigen Verhältnisse komplett durchschauen kann. Was ist, wenn beispielsweise die Türkei Bankrott anmeldet, die Rückzahlung Ihrer türkischen Anleihen entgegen den Vereinbarungen zuerst verlängert und am Ende gar nicht mehr zahlt? In einer weltweiten Schuldenkrise, wenn jedes Land nur noch die eigenen Verhältnisse berücksichtigt, gehen solche Anlageformen als erstes verloren. **Das bedeutet, daß eine Geldanlage auch geographisch immer erreichbar sein muß.** Was machen Sie, wenn aus der Türkei keine Überweisungen mehr möglich sind? Dann muß das Anlageland so nah sein, daß man es relativ einfach erreichen kann.
Nochmals die wichtigsten Regeln für die Geldanlage vor einer Schuldenkrise:
- Kurzfristige Anlageformen, ständig verfügbar,
- keine riskanten, hochverzinsten Geldanlagen – je höher die Rendite, umso höher das Risiko,
- Liquidität geht vor Rendite,
- das Geld muß sowohl zeitlich, als auch geographisch immer zu erreichen sein.

»Wenn du eine Entscheidung getroffen hast, vergiß die Alternativen.«
Peter E. Schumacher

Praktische Schritte

Was soll nun praktisch unternommen werden? Erst einmal müssen alle Schulden weg. Sind diese getilgt, oder haben Sie gar keine, dann sichern Sie Ihr Vermögen stufenweise ab, indem Sie es in drei Teile aufteilen:

- Krisensicherungsteil
- liquider Teil
- Investivbetrag

Damit Sie Ihr Vermögen sinnvoll einteilen können, müssen Sie eventuell vorher langfristig angelegtes Vermögen auflösen. Nutzen Sie Phasen, in denen Ihre Aktien oder Fondanteile hochstehen, zum Verkauf. Auch das Zurückfahren von langlaufenden Lebensversicherungen ist zu überlegen. Überhaupt müssen **Kapitallebensversicherungen** in Zukunft besonders kritisch betrachtet werden: Einmal handelt es sich um eine Anlage, die nicht schnell genug realisiert werden kann, und zum zweiten erwachsen aus der Verschmelzung von Banken mit Versicherungen neue, unabsehbare Risiken.

Der Wirtschaftswissenschaftler Wilhelm Hankel wies darauf hin, daß die bewährte Arbeits- und Geschäftsteilung zwischen Banken und Versicherungen durch das sogenannte »Allfinanzkonzept« über den Haufen geworfen wurde. Nun müssen die Versicherer bei der Verschmelzung von Versicherungen und Banken unabsehbare Finanzmarktrisiken übernehmen. Jetzt könnten Versicherungskonzerne Banken übernehmen und dann ihrerseits Aktien und Börsengeschäfte machen, was früher undenkbar gewesen wäre. Nach dem Börsenkrach von 1929 sind weltweit unzählige Broker- und Bankhäuser bankrott gegangen, jedoch durch die Trennung von Bankgeschäft und Versicherung in Deutschland keine einzige Versicherung.[269] Dies wird sich allerdings bei der kommenden Schuldenkrise durch das Zusammenwachsen von Banken und Versicherungen doch deutlich ändern. Überhaupt wird die Rendite bei Versicherungen im allgemeinen deutlich überschätzt. Einmal wird nur der Kapitalteil überhaupt verzinst, zum anderen rechnet die Versicherung intern – was allerdings nur hinter vorgehaltener Hand zu erfahren ist – nur mit realen Renditen von ein bis zwei Prozent. Darüber hinaus sind die Beträge dort allenfalls gegen die Schieflage einer kleinen Versicherung abgesichert, nicht jedoch gegen Probleme einer weltweiten Schuldenkrise.

Der **Krisensicherungsteil** soll gegen den schlimmsten Fall absichern, wenn im Zuge einer Finanzkrise die Banken getroffen sind und ihre Auszahlungen einstellen. Dann sind Sie auf Ihre Barmittel angewiesen. Deshalb nehmen Sie 20.000 DM und legen sie bar in kleinen Scheinen halb in D-Mark/Euro und halb in Schweizer Franken in ein – besser noch mehrere – Bankschließfächer. Dazu können Sie noch bis zu 10.000 DM in Form von Goldmünzen mit in das Schließfach einlegen. Der Inhalt des Schließfaches sollte unbedingt über die Bank bis zum eingelegten Wert versichert sein. Im Fall einer Krise können Sie auf diese Barmittel zurückgreifen und damit Ihre Lebensgrundlage sichern. Durch die dann eintretende Deflation wird der Betrag merklich aufgewertet und reicht viel weiter als heutzutage.

Den Betrag Ihres Vermögens, der über die 20.000 DM hinausgeht, bis zu 80.000 DM legen Sie so an, daß er ständig verfügbar ist. In Frage kommen hier Geldmarktfonds, Geldmarktkonten, mehrere Sparbücher und kurzlaufende Anleihen. Immer ist darauf zu achten, daß die Geldeinlage über den Einlagensicherungsfond der Bank abgesichert und ständig verfügbar ist. Am besten den Betrag auf mehrere, unterschiedliche Banken verteilen.

Was über diese beiden Vermögensteile hinausgeht, kann normal am Finanzmarkt investiert werden. Allerdings ist es nicht ratsam, Aktien oder Anleihen von hochverschuldeten Ländern und Unternehmen zu kaufen. Zu bevorzugen sind Investitionen in Betriebe, die auch in einer Krise noch Bestand haben, zum Beispiel Elektrizitätsunternehmen oder Nahrungsmittelhersteller.

Nach der persönlichen Vermögensplanung sollte noch kurz darauf eingegangen werden, was kleine und mittelständische Unternehmen berücksichtigen sollten.

»Wenn die Hoffnung aufwacht, legt sich die Verzweiflung schlafen.«
Sprichwort aus Asien

Unternehmen und Schuldenkrise

Wie wir gesehen haben, arbeiten die Unternehmen heute nur noch mit wenig Eigenkapital. Entsprechend groß sind die aufgenommenen Kredite, welche die Betriebe in konjunkturschwachen Phasen erwürgen. Wenn es nun noch zu einer großen Schuldenkrise kommt, dann werden die Unternehmensgewinne als erstes davon betroffen werden. Einmal kommen die Betriebe von der Kundenseite unter Druck: Da der Absatz zurückgeht, muß das Unternehmen die Preise senken, um überhaupt noch verkaufen zu können, was den Gewinn dahinschmelzen läßt. Hinzu kommt der Druck von der Kapitalseite her, weil die Zinsen steigen und damit die Kapitalkosten. Außerdem wollen die Banken möglichst schnell vergebene Kredite wieder eintreiben. Es werden Kreditlinien gesperrt und neue Finanzierungen abgelehnt. Unternehmen mit großer Fremdkapitalquote sind unter diesen Umständen schnell am Ende. Also muß die Konsequenz lauten: **Die Eigenkapitalquote soll im Unternehmen so hoch wie möglich sein!** Da das Schuldensystem schon heute die Kaufkraft der Bevölkerung in immer schnellerem Ausmaß nach unten drückt, muß in Zukunft der Absatz eines Durchschnittsunternehmens sinken. Das bedeutet, daß große Investitionen, die nicht sofort Gewinne abwerfen, sehr zu überlegen sind. Statt neue Kredite für Neuanschaffungen aufzunehmen, kann es im Schuldenszenario viel sinnvoller sein, Kredite zu tilgen. Selbst wenn ein Konkurrenzunternehmen anfangs durch Neuinvestitionen Marktanteile gewinnt, sieht es in der kommenden Schuldenkrise völlig anders aus: Dann gewinnen die Betriebe, die rechtzeitig die Kreditlast reduziert haben. Sie überleben die Krise und können hinterher um so größere Marktanteile gewinnen. Lieber kleinere Brötchen backen, als in die Schuldenfalle zu laufen.

Also: **Überlegen Sie dreimal, ob sich neue Kredite in Zukunft wirklich lohnen!**

Überhaupt sollten alle Fixkosten, so flexibel und klein wie möglich gehalten werden. Vermeiden Sie langfristige Zulieferverträge, die Sie in der Krise ins schleudern bringen könnten. Lieber etwas höhere Preise bezahlen, als sich abhängig machen. In der Deflation sinken dann ohnehin die Preise.

Wenn sich Schulden nicht vermeiden lassen, dann sollten Sie wenigstens die Rechtsform des Unternehmens so wählen, daß Sie persönlich nicht haftbar sind. Wandeln Sie Ihr kleines Einzelunternehmen lieber in eine GmbH um, bei der Sie nur mit dem Betriebsvermögen haften. Es wäre sogar zu überlegen, ob man nicht ein noch laufendes Unternehmen lukrativ verkaufen sollte und erst nach der Krise wieder günstig einsteigen und weitermachen sollte.

Selbstverständlich gilt auch hier wieder, daß die Zinsfestschreibung für aufgenommene Kredite so langfristig wie möglich sein sollte. Wenn Sie Kredite durch eine Lebensversicherung absichern, überlegen Sie, ob es statt einer Kapital- auch eine Risikolebensversicherung sein kann. Hier sollten Sie so wenig Kapital wie möglich binden.

Zusammenfassung

Weil eine Schuldenkrise im heutigen System unausweichlich ist, ist die persönliche Vorbereitung unerläßlich. Unbedingt ist Verschuldung zu vermeiden, da sowohl die Deflation als auch die Inflation die Lasten extrem erhöht. Bei vorhandenen Schulden sollte die Kreditlaufzeit mit Zinsfestschreibung möglichst lang sein. Bei der Geldanlage muß der Sicherheit und der Liquidität unbedingt Vorrang vor der Rendite eingeräumt werden. Das Vermögen ist darüber hinaus stufenweise anzulegen. Unternehmer sollten eine weitere Verschuldung unbedingt genau überdenken, da die kommende Schuldenkrise zu stark einbrechenden Umsätzen führen wird und die Schulden dann den Betrieb ersticken.

Nach diesen Empfehlungen für Privatleute und Unternehmen stellt sich die Frage, was denn im großen am System geändert werden müßte, damit es gar nicht erst zu einer Schuldenkrise kommt?

»Der kleinste Erfolg beim 1.000sten Anlauf verleiht den
999 gescheiterten davor einen Sinn.«
Hubert Feichtlbauer

Die Lösung – das Ende des Schuldensystems

Wie wir gesehen haben, läßt sich das Schuldenproblem im heutigen System nicht lösen, da der jährliche Zinszuwachs eine immer schnellere Verschuldung erzwingt. Da weder die Notenbanken langfristig dazu in der Lage sind, einer Schuldenkrise entgegenzuwirken, noch Inflation das Problem lösen kann, stellt sich die Frage, wie die Katastrophe abwendbar wäre.

Folgend soll nun in kurzer Form (Näheres im Buch »Börsenkrach und Weltwirtschaftskrise«) eine interessante Lösungsmöglichkeit dargestellt werden.

Wie wir gesehen haben, ist der Zins der treibende Motor für die Schuldenspirale. Ohne Zins gäbe es zwar auch Kredite, allerdings keinen Verschuldungszwang, da keine automatische Ausweitung der Verpflichtungen stattfinden würde. Zur Lösung der Misere muß also der Störfaktor »Zins« aus dem Wirtschaftssystem ersetzt werden. Verbote helfen hier jedoch wenig, da sonst nur der Geldkreislauf ins Stocken käme – denn jeder würde denken:»Ohne Zins verleihe ich mein Geld nicht mehr, sondern lasse es lieber unter dem Kopfkissen.« Es würde also sofort eine Deflation durch Geldmangel einsetzen. Wie der Zins heute das Geld als eine Art Belohnung in den Verkehr lockt, so muß dieser zur Lösung der Schuldenmisere durch ein Druckmittel ersetzt werden. So wie es im Straßenverkehr einmal die Möglichkeit gäbe, richtiges Verhalten zu belohnen, so gibt es die Möglichkeit, falsches Verhalten unter Strafe zu stellen. Wie jeder am Beispiel Straßenverkehr leicht nachvollziehen kann, ist hier die zweite Methode sicher die sinnvollere.

Was wir also brauchen, um den Störfaktor Zins zu eliminieren, ist eine Gebühr für falsches Verhalten beim Geld (Geldhortung).

Ein interessantes Lösungsmodell wurde in den 1930er Jahren unter der Weltwirtschaftskrise praktiziert. Es basierte darauf, daß der heutige Positivzins gegen eine Umlaufgebühr ersetzt wurde. Es wurden dazu Geldscheine herausgegeben, die ihre Gültigkeit nur dann behielten, wenn zu einem bestimmten Datum eine Art Briefmarke aufgeklebt wurde. Diese

»Briefmarke« mußte kostenpflichtig erworben werden. Das führte dazu, daß sich Geldhortung – trotz null Prozent Zins – nicht mehr lohnte, da ständig Kosten für das Markenkleben anfielen. Also wurden die Geldscheine freiwillig, ohne jede Zinsforderung, entweder ausgegeben, oder zinslos weiterverliehen.

Die Folgen dieser einfachen Maßnahmen waren allerdings erstaunlich: Innerhalb kurzer Zeit akzeptierte der Handel die neue »Währung«, da er in der Deflation ohnehin nichts mehr zu verlieren hatte. Überall, wo dieses Geld auftauchte, ging plötzlich die Arbeitslosigkeit zurück und der Warentausch blühte wieder auf. Obwohl nur wenig dieses neuen Geldes ausgegeben wurde, verdrängte es schnell die staatliche Währung. Leider wurden nach kurzer Zeit alle derartigen Lösungsmodelle von den Notenbanken verboten.

Bild 1: Umlaufgesichertes Geld in Wörgl, Österreich.

Bild 2: Umlaufgesichertes Geld in Deutschland.

Um Schuldenkrisen in Zukunft auszuschließen beziehungsweise eine solche Katastrophe aufzuheben, wäre es also nötig, eine Art solchen Geldes auf moderner Grundlage einzuführen. Das Problem dabei dürfte allerdings weniger darin bestehen, daß dies nicht funktionieren würde, sondern daß die bisherigen vom Zinssystem profitierenden Kreise eine solche Lösung nicht wünschten.

Abschließend stellt sich die Frage, wie heutige, überschuldete Staaten aus der Falle kommen könnten?

> *»Besiegt ist nur, wer den Mut verliert. Sieger ist jeder,*
> *der weiterkämpfen will.«*
> Franz von Sales

Mit stabiler Währung aus der Schuldenfalle

Was müßten die verschuldeten und durch Währungskrisen geschwächten Staaten tun, um aus der Krise zu gelangen? Keinesfalls dürfen, wie gezeigt wurde, die üblichen, von »Experten« und dem IWF geforderten Maßnahmen, ergriffen werden. Der IWF-Weg, den die meisten Staaten jetzt gehen, führt unmittelbar zu Armut, Abhängigkeit und Untergang.

Wenn also eine Regierung die Probleme ernsthaft lösen möchte, darf sie sich nicht scheuen, Maßnahmen durchzusetzen, die von der übrigen Welt, vor allem vom Kapitalmarkt, verurteilt werden.

Das wichtigste ist, daß erst einmal die hohen Zinslasten für das Ausland gestoppt werden. Deshalb muß ein Zahlungsstopp für die Zinslasten bekanntgegeben werden. Die Aufnahme neuer Kredite wird abgelehnt, genauso wie jede IWF-»Hilfe«.

Damit es nicht sofort zu einer Kapitalflucht kommt, muß gleichzeitig der Wechselkurs freigegeben werden. Das führt zwar unmittelbar zum Absturz der Währung, was jedoch die Exporte kräftig ankurbelt. Dabei verhindern die flexiblen Wechselkurse eine Kapitalflucht. Um einer Geldhortung mit Deflation aus dem Wege zu gehen, muß die Notenbank nun entscheidende Schritte einleiten, unter anderem durch die Ankündigung, daß sie eine solche Hortung sofort mit einer gebührenpflichtigen Umtauschaktion der gesamten Bargeldmenge beantworten werde. Ist tatsächlich ein Sinken des Preisniveaus zu beobachten, wird sofort die ganze Bargeldmenge gebührenpflichtig ausgetauscht.

Im weiteren Verlauf wird nun eine stabile Währung eingeführt – ein Geld, das auch in der größten Krise noch im Umlauf bleibt und den Warenaustausch sicherstellt und neben den flexiblen Wechselkursen eine Kapitalflucht ausschließt.

Sobald sich die Wirtschaft erholt hat, kann dann die Schuldenlast abgetragen werden.

Sollten große Kapitalisten die Währung durch Einsatz gewaltiger Kapitalmengen zerstören wollen, so müssen sofort Kapitalverkehrskontrollen eingeführt werden (wie in Malaysia unter der Asienkrise) und bei Bedarf sogar die eigene Währung gebührenpflichtig einem Umtausch unterzogen werden.

Zusammenfassung

Die heutige Schuldenmisere ist nur dadurch zu lösen, daß ihre Ursache beseitigt wird – der Kapitalzins. Nur wenn der Störfaktor Zins wegfällt, entfällt auch der Verschuldungszwang, und es entsteht eine stabile Geldordnung. Praktische Beispiele aus der Zeit der Weltwirtschaftskrise zeigen, daß dies tatsächlich möglich ist. Darüber hinaus kann jeder überschuldete Staat der Welt diese Problematik zu jeder Zeit durch entsprechende mutige Schritte lösen.

»Nicht das Beliebige, sondern das Rechte tun und wagen, nicht im Möglichen schweben, das Wirkliche tapfer ergreifen, nicht in der Flucht der Gedanken, allein in der Tat ist die Freiheit.«

Dietrich Bonhoeffer

Zusammenfassung und Ausblick

Wie immer deutlicher wird, läuft unser auf Schulden aufgebautes System auf einen Endpunkt zu. Während in der öffentlichen Diskussion fast nur von der Staatsverschuldung die Rede ist, wird die Kreditaufnahme der Privathaushalte nur am Rande und die Unternehmensschulden gar nicht behandelt – obwohl diese bei weitem am größten sind.

Schon der Umgang mit unseren Steuermitteln zeigt deutlich, daß der Begriff des »Sparens« von den Entscheidungsträgern sehr einseitig gesehen wird. Während die Bevölkerung dazu angehalten wird, »den Gürtel enger zu schnallen«, genehmigen sich privilegierte Kreise große Summen öffentlicher Gelder, um davon persönlich zu profitieren. Als Beispiel soll hier nur die heutige sogenannte »Forschungsförderung« genannt werden, durch die große Milliardensummen in meist unsinnigen Projekten verschleudert werden. Seltsamerweise wird gerade von denjenigen Personenkreisen am meisten zum »Sparen« aufgerufen, die selbst zu den allergrößten Verschwendern zählen.

Doch ist der Komplex des Schuldenproblems weitaus vielschichtiger, als daß man ihn auf reine Verschwendung reduzieren könnte. Im Gegenteil: Je mehr sich die Medien auf die Verschwendung konzentrieren, um so weniger wird erkannt, daß unser System einen Verschuldungszwang verursacht. Während kein Unternehmen oder eine Einzelperson dazu gezwungen wird, Kredite aufzunehmen, muß die Verschuldung in der ganzen Volkswirtschaft ständig ansteigen – anderenfalls bricht das System zusammen.

Der Motor dieser fatalen Entwicklung liegt im heutigen Zinsmechanismus: Weil die angelegten Geldvermögen jährlich um den Zinssatz wachsen, muß dieser Zinsanteil wieder verliehen werden. Geschähe dies nicht, so hätte das sofort deflationäre Tendenzen und eine schwere Wirtschaftskrise zur Folge. Die Kredite müssen also jedes Jahr um den dazugekommenen Zinsanteil ausgeweitet werden. Das trügerische an diesem System ist, daß es anfangs nur langsam, kaum merklich abläuft und am Ende geradezu explodiert.

Mit höheren Schulden gehen immer höhere Kapitalkosten einher. Sie erwürgen die Unternehmen, was sie dazu zwingt, Personal zu entlassen und alle unproduktiven Ausgaben, wie beispielsweise für den Umweltschutz, zu streichen. Die Volkswirtschaft als ganzes kommt dabei immer mehr in die Zwickmühle. Die gesamten Schulden wachsen heute mehr als zweieinhalbmal so schnell wie das Bruttosozialprodukt. Da ist es kein Wunder, daß an allen Ecken und Enden das Geld fehlt und sich alles nur noch darum dreht, den Schuldendienst zu leisten.

In anderen Ländern sieht es kaum besser aus: Die Entwicklungsländer beispielsweise haben ihre aufgenommenen Kredite schon mehrfach abbezahlt und sind heute, trotz Schuldenstreichung, höher verschuldet als je zuvor. Auch die immer wieder vorgeschobenen »Musterländer«, sind alles andere als Vorbilder. Im Gegenteil: In den USA beispielsweise wurde die Staatsverschuldung lediglich auf die Privathaushalte und die Unternehmen verschoben. Die Gesamtverschuldung steigt dort annähernd viermal schneller als das Bruttosozialprodukt.

Mit den steigenden Zinslasten für die Bevölkerung sind entsprechende Zinserträge für eine kleine Schicht von Superreichen verbunden. Aus diesem Grund geht die Schere zwischen Arm und Reich überall auf der Welt immer weiter auseinander. Spannungen, Unruhen und letztlich Kriege sind die logischen Folgen davon.

Eine weltweite gewaltige Schuldenkrise muß die Folge dieses explodierenden Systems sein. Ein Beispiel dafür war die Weltwirtschaftskrise der 1930er Jahre und der folgende Zweite Weltkrieg. Da heute die Überschuldung ungleich größer ist, müssen auch der Einbruch und die Folgen daraus alles Dagewesene übertreffen.

Der Leser sollte unbedingt aus dieser Erkenntnis praktische Schlüsse ziehen und Schulden auf jeden Fall meiden. In der Geldanlage geht die schnelle Verfügbarkeit des Vermögens auf jeden Fall der Rendite vor.

Das Schuldenproblem wäre nur dadurch zu lösen, indem der Störfaktor Zins aus der Wirtschaft eliminiert wird. Hierzu gibt es interessante Beispiele aus der Weltwirtschaftskrise, durch die tatsächlich eine funktionierende, stabile Ordnung geschaffen werden konnte.

Weil das Schuldensystem schon beinahe wieder an seinem Endpunkt angekommen ist und die Verantwortlichen keinerlei Anzeichen dafür geben, irgendwas Entscheidendes ändern zu wollen, wird die kommende Schuldenkrise wohl unvermeidbar sein.

Hinterher, so ist zu hoffen, können sich neue, unverbrauchte Erkenntnisse endlich gegen falsche Lehrmeinungen durchsetzen.

Quellenverzeichnis

1   Süddeutsche Zeitung, 21.8.2000
2   Der Steuerzahler, 4/2001
3   Der Steuerzahler, Mai 1996
4   Der Steuerzahler, 4/2001
5   Deutsche Bundesbank, Monatsbericht Februar 2001
6   Süddeutsche Zeitung, 17.7.2000
7   Jeweils Bundeshaushaltsplan 1950, 1974 und 1995
8   Bund der Steuerzahler, Der Steuerzahler, 1/2001
9   Der Spiegel, 2.10.2000
10 Augsburger Allgemeine Zeitung, 25.5.2001
11 Handelsblatt.com, 18.5.2001
12 Handelsblatt.com, 23.1.2001
13 Frankfurter Allgemeine Zeitung, 29.5.2001
14 Die Welt, 25.5.2001
15 Die Welt, 28.5.2001
16 Die Welt, 16.6.2001
17 Die Welt, 6.5.2001
18 Süddeutsche Zeitung, 7.4.2001
19 Handelsblatt.com, 23.11.2000
20 Bund der Steuerzahler, Der Steuerzahler, 5/2001
21 Die Welt, 16.6.2001
22 Handelsblatt.com, 16.8.2001
23 Die Welt, 3.9.2001
24 Bund der Steuerzahlern, Der Steuerzahler, 5/2001
25 Inter Info, August 2001
26 Augsburger Allgemeine Zeitung, 16.3.2001
27 Augsburger Allgemeine Zeitung, 10.7.2001
28 Süddeutsche Zeitung, 14.3.2001
29 Die Welt, 1.6.2001
30 Financial Times Deutschland, 11.6.2001
31 Die Welt, 27.9.1995
32 Die Welt, 20.7.2001
33 Die Welt, 26.6.1995
34 Fuchs-Report, März 2001
35 Die Welt, 6.8.1996
36 Karl Bräuer Institut, Studie »Durch Einsparungen die Lasten mindern«
37 Die Welt, 31.5.1997
38 FHVR Berlin, Dozent Prof. Dr. Bischoff, Referent Thomas Firle, 31.10.1997

39 Bund der Steuerzahler, Der Steuerzahler, 8/2001
40 Bund der Steuerzahler, Der Steuerzahler, 6/2001
41 Bund der Steuerzahler, Der Steuerzahler, 6/2001
42 Augsburger Allgemeine Zeitung, 11.6.2001
43 Die Welt, 10.1.2001
44 Handelsblatt.com, 8.6.2001
45 Die Welt, 20.4.2001
46 Die Welt, 23.4.2001
47 Frankfurter Allgemeine Zeitung, 11.12.2000
48 Süddeutsche Zeitung, 14.3.2001
49 Der Spiegel, 12/2001
50 Financial Times Deutschland, 21.12.2000
51 Die Welt, 12.2.2001
52 Die Welt, 10.10.2000
53 Die Welt, 17.10.2000
54 Financial Times Deutschland, 15.1.2001
55 Bund der Steuerzahler, Der Steuerzahler, 3/2001
56 Handelsblatt.com, 19.7.2001
57 Die Woche, 24.4.1998
58 Die Woche, 24.4.1998
59 Die Woche, 24.4.1998
60 Handelsblatt.com, 2.4.2001
61 Bund der Steuerzahler, Der Steuerzahler, 6/2001
62 Die Welt, 13.11.2000
63 Handelsblatt, 13.10.2000
64 Handelsblatt.com, 10.8.2001
65 Handelsblatt, 1.9.1998
66 Süddeutsche Zeitung, 21.2.2001
67 Die Welt, 5.2.2001
68 Süddeutsche Zeitung, 24.6.2000
69 Die Welt, 23.1.2001
70 Süddeutsche Zeitung, 9.1.2001
71 Süddeutsche Zeitung, 13.9.2000
72 Financial Times Deutschland, 19.3.2001
73 Augsburger Allgemeine Zeitung, 11.9.2000
74 Bund der Steuerzahler, Der Steuerzahler, 6/2001
75 Fuchs-Report, März 2001
76 Deutsche Bundesbank Monatsbericht 11/97
77 Handelsblatt interaktiv, 31.1.2000
78 Die Welt, 17.7.2000
79 Bundesministerium für Arbeit und Sozialordnung, Arbeits- und Sozial-
    statistik 96
80 Die Welt, 22.5.2000

81 Die Welt, 26.6.2000
82 Financial Times Deutschland, 28.8.2001
83 Rentenberechnung durch PC-Programm Rentenversicherung 1996,
    Bundesministerium für Arbeit und Sozialordnung
84 Financial Times Deutschland, 30.4.2001
85 Handelsblatt.com, 28.5.2001
86 Süddeutsche Zeitung, 19.6.2000
87 Financial Times Deutschland, 28.5.2001
88 Peter Bofinger in der Welt, 13.6.2000
89 Die Welt, 28.11.1996
90 Euro am Sonntag, 4.7.1999
91 Deutsche Bundesbank, Monatsbericht 12/2000
92 Financial Times Deutschland, 14.6.2001
93 Bund der Steuerzahler, Der Steuerzahler, 8/2001
94 Fuchs-Report, März 2001
95 Süddeutsche Zeitung, 26.9.2000
96 Die Welt, 15.4.99
97 Augsburger Allgemeine Zeitung, 10.3.2001
98 Augsburger Allgemeine Zeitung, 28.9.1999
99 Financial Times Deutschland, 5.3.2001
100 Neue Solidarität, 27.6.2001
101 Financial Times Deutschland, 27.6.2001
102 Financial Times Deutschland, 25.4.2001
103 Die Welt, 2.10.2000
104 Süddeutsche Zeitung, 8.2.2001
105 Die Welt, 27.6.2001
106 Die Welt, 5.7.2001
107 Süddeutsche Zeitung, 29.5.2001
108 Süddeutsche Zeitung, 2.2.2001
109 Süddeutsche Zeitung, 24.8.2000
110 Industrieanzeiger, 40/2000
111 Die Welt, 13.11.2000
112 Süddeutsche Zeitung, 12.10.2000
113 Die Welt, 1.6.2001
114 Süddeutsche Zeitung, 2.3.2001
115 Süddeutsche Zeitung, 11.9.2000
116 Die Welt, 13.7.2001
117 Die Welt, 30.5.2000
118 Handelsblatt interaktiv, 29.3.2000
119 Handelsblatt.com, 1.7.2001
120 Handelsblatt.com, 29.7.2001
121 Die Welt, 11.7.2001
122 Die Welt, 6.8.2001

123 Die Welt, 14.7.2001
124 Neue Solidarität, 5.9.2001
125 AFP-Meldung, 27.7.2001
126 Die Welt, 29.3.2000
127 Die Welt, 5.6.2001
128 Die Welt, 6.6.2001
129 Süddeutsche Zeitung, 6.6.2001
130 Handelsblatt.com, 24.6.2001
131 Süddeutsche Zeitung, 8.5.2001
132 Die Welt, 5.3.2001
133 Bild-Zeitung, 26.10.2000
134 Die Welt, 17.5.2001
135 Die Welt, 9.1.2001
136 Süddeutsche Zeitung, 28.8.2000
137 Die Welt, 3.11.2000
138 Die Welt, 18.5.2001
139 Augsburger Allgemeine Zeitung, 6.7.2001
140 Süddeutsche Zeitung, 5.4.2001
141 Handelsblatt.com, 4.3.2001
142 Augsburger Allgemeine Zeitung, 3.6.2000
143 Frankfurter Allgemeine Zeitung, 15.5.2001
144 Börsen-Zeitung, 15.5.2001
145 Financial Times Deutschland, 12.6.2001
146 Die Welt, 12.8.2001
147 Augsburger Allgemeine Zeitung, 24.11.2000
148 Der Spiegel, 12.4.99
149 die tageszeitung, 15.3.2001
150 Süddeutsche Zeitung, 1.12.2000
151 Süddeutsche Zeitung, 24.11.2000
152 Süddeutsche Zeitung, 12.6.2001
153 Die Welt, 28.11.2000
154 Süddeutsche Zeitung, 24.11.2000
155 Informationen zur politischen Bildung, Bundeszentrale für politische
     Bildung, 3/1996
156 Die tageszeitung, 11.5.2001
157 Süddeutsche Zeitung, 24.5.2001
158 Süddeutsche Zeitung, 17.10.2000
159 Süddeutsche Zeitung, 13.10.2000
160 Süddeutsche Zeitung, 14.9.2000
161 die tageszeitung, 14.6.2001
162 Süddeutsche Zeitung, 13.10.2000
163 Süddeutsche Zeitung, 27.9.2000
164 Die Welt, 22.12.2000

165 Neue Solidarität, 18.4.2001
166 Neue Solidarität, 18.4.2001
167 Neue Solidarität, 13.6.2001
168 Die Welt, 15.3.2001
169 Handelsblatt.com, 31.1.2001
170 Süddeutsche Zeitung, 10.9.2000
171 Die Welt, 22.12.2000
172 Die Welt, 22.9.2000
173 Die Welt, 14.6.2001
174 Neue Solidarität, 18.4.2001
175 Der Spiegel, 51/2000
176 Financial Times Deutschland, 10.5.2001
177 Die Welt, 6.3.2001
178 Die Welt, 19.6.1996
179 Die Welt, 10.5.1999
180 Die Welt, 26.10.1999
181 Süddeutsche Zeitung, 12.10.2000
182 Die Welt, 22.8.2000
183 Die Welt, 25.10.2000
184 Die Welt, 26.5.2000
185 Süddeutsche Zeitung, 19.9.2000
186 Süddeutsche Zeitung, 15.3.2001
187 Financial Times Deutschland, 18.6.2001
188 Augsburger Allgemeine Zeitung, 4.9.2001
189 Augsburger Allgemeine Zeitung, 30.10.1999
190 Der Stern, 38/2000
191 Handelsblatt.com, 16.3.2001
192 Heilbronner Stimme, 21.6.2000
193 Augsburger Allgemeine Zeitung, 29.5.2001
194 Deutsche Bundesbank, Monatsbericht Dezember 1999
195 Augsburger Allgemeine Zeitung, 19.4.2001
196 Financial Times Deutschland, 7.4.2001
197 Süddeutsche Zeitung, 6.4.2001
198 Augsburger Allgemeine Zeitung, 15.1.1997
199 Süddeutsche Zeitung, 13.10.2000
200 Handelsblatt.com, 6.3.2001
201 Die Welt, 21.8.2000
202 Financial Times Deutschland, 26.3.2001
203 Neue Solidarität, 27.6.2001
204 Neue Solidarität, 11.10.2000
205 die tageszeitung, 11.5.2001
206 Fuchs-Report, März 2001
207 Die Welt, 13.3.1998

208 Die Welt, 14.1.1998
209 Süddeutsche Zeitung, 20.7.2001
210 Die Welt, 24.4.1998
211 Financial Times Deutschland, 15.5.2001
212 UNO, Bericht über die menschliche Entwicklung 1996
213 Südwestpresse, 23.4.1997
214 Süddeutsche Zeitung, 6.11.1997
215 die tageszeitung, 11.5.2001
216 Süddeutsche Zeitung, 3.7.2000
217 Süddeutsche Zeitung, 29.5.1998
218 Süddeutsche Zeitung, 26.10.2000
219 Financial Times Deutschland, 26.6.2001
220 Financial Times Deutschland, 25.4.2001
221 Süddeutsche Zeitung, 21.4.2001
222 Augsburger Allgemeine Zeitung, 15.5.2001
223 Augsburger Allgemeine Zeitung, 26.6.1998
224 Deutsche Bundesbank, Ergebnisse der gesamtwirtschaftlichen Finan-
    zierungsströme, Monatsbericht 6/1999
225 Creutz Helmut, Das Geldsyndrom, Telefonische Anfrage 12/1997
226 Augsburger Allgemeine Zeitung, 20.2.2001
227 Financial Times Deutschland, 24.4.2001
228 Informationen zur politischen Bildung, Bundeszentrale für politische
    Bildung, 4/2000
229 Die Woche, 24.4.1998
230 Deutsche Bundesbank, Monatsbericht 4/2001
231 Die Welt, 1.12.1997
232 Statistisches Bundesamt
233 Blick durch die Wirtschaft, 19.6.1997
234 Handelsblatt, 8.4.1997
235 Financial Times, 8.2.1995
236 Handelsblatt, 8.4.1997
237 Die Welt, 22.1.2001
238 Neue Solidarität, 27.6.2001
239 Financial Times Deutschland, 6.7.2001
240 Die Welt, 10.7.2001
241 Peter Warburton, Die Schuldenmaschine, Deutsche Verlagsanstalt, 1999
242 Bundeszentrale für politische Bildung, Weimarer Republik, Informatio-
    nen zur politschen Bildung, 4. Quartal 1998, zusammengefaßt von
    G. Hannich aus dem Original
243 Neue Solidarität, 27.6.2001
243a Financial Times Deutschland, 10.10.2001
243b Financial Times Deutschland, 2.10.2001
243c Die Welt, 26.9.2001

243d Neue Solidarität, 10.10.2001
243e Neue Solidarität, 3.10.2001
244 Die Welt, 27.9.2000
245 Süddeutsche Zeitung, 22.12.2000
246 Yahoo Schlagzeilen, 5.1.2001
247 Die Welt, 4.4.2001
248 Die Welt, 10.4.2001
249 Yahoo Schlagzeilen, 11.10.2000
250 Süddeutsche Zeitung, 30.10.2000
251 Die Welt, 11.7.2001
252 Die Welt, 31.1.2001
253 Die Welt, 20.6.2001
254 Süddeutsche Zeitung, 4.1.2001
255 Die Welt, 10.7.2001
256 Neue Solidarität, 27.6.2001
257 Handelsblatt, 15.6.2001
258 die tageszeitung, 11.5.2001
259 Die Welt, 19.10.1998
260 Prof. Dr. Hesse, Landeszentralbank Bremen, Niedersachsen und Sachsen-Anhalt; Presseartikel Deutsche Bundesbank 23.1.1997
261 Prof. Dr. Helmut Hesse, Präsident der Landeszentralbank Bremen, Niedersachse und Sachsen Anhalt, Deutsche Bundesbank/Auszüge aus Presseartikeln 11.1.1996
262 Peter Warburton, Die Schuldenmaschine, Deutsche Verlagsanstalt, 1999
263 Die Welt, 8.6.99
264 Süddeutsche Zeitung, 4.7.2000
265 Fall und Hintergrund ist dem Autor bekannt
266 Der Grosse Wolffen, Band 1, Phillip Graf von Wolffen, Verlag Rowland & Gabriel
267 Süddeutsche Zeitung, 10.9.1999
268 Der Grosse Wolffen, Band 1, Phillip Graf von Wolffen, Verlag Rowland & Gabriel
269 Die Woche, 8.6.2001

Weitere Bücher des Autors

Börsenkrach und Weltwirtschaftskrise
Der Weg in den Dritten Weltkrieg

Wir stehen vor dem größten Börsenkrach, den die Welt je gesehen hat!

Für die meisten Menschen ist unser Geldsystem eine gegebene Größe, über das man sich keine weitere Gedanken zu machen braucht. Wer jedoch den Funktionsmechanismen auf die Spur kommt, erkennt schnell, daß der Zinskapitalismus auf ständige Expansion angewiesen ist. Da es aber in einer endlichen Welt kein unendliches Wachstum geben kann, ist das System zum Scheitern verurteilt.

Weil die Politiker und die Hochfinanz mit ihren internationalen Machtkartellen alles daran setzen, die Stunde der Wahrheit so lange wie möglich hinauszuzögern, bläht sich das System immer mehr auf. Die Umverteilung des Kapitals von Arm nach Reich geschieht immer schneller. Doch die Finanzblase wird platzen. Wir stehen unmittelbar vor der größten Weltwirtschaftskrise, die die Erde je gesehen hat. Sie wird für die meisten zu unbeschreiblicher Armut und Elend führen, am Ende sogar zu einem neuen Weltkrieg. Niemand von uns wird sich diesem Desaster der Währungssysteme und dem Zusammenbruch aller Börsen entziehen können.

Dieses Buch ist eine Orientierung für jedermann und eine Herausforderung an die Flexibilität und den Mut von Politikern und Managern.

Börsenkrach und Weltwirtschaftskrise, ISBN 3-930219-34-4, 320 Seiten mit 30 Grafiken und Bildern, gebunden, 19,90 Euro

Dieses Buch können Sie beziehen über:
Kopp-Verlag, Graf-Wolfegg-Str. 71, D-72108 Rottenburg,
Tel.: (0 48 45) 79 04 - 0, Fax: (0 48 45) 79 04 - 11,
Email: info@kopp-verlag.de

Der Euro – die Endlösung für Europa?

Die Einführung des Euro war der Preis für die deutsche Wiedervereinigung

Bei der Wiedervereinigung Deutschlands war der internationale Druck auf die Bundesregierung so massiv, daß die Zusammenführung der beiden deutschen Staaten nur um den Preis der Aufgabe der D-Mark zu erlangen war.

Laut einem Regierungsdokument sagte Helmut Kohl in einem vertraulichen Gespräch mit dem damaligen US-Außenminister Baker: »Diesen Entschluß habe ich gegen deutsche Interessen getroffen.« Bei den Wiedervereinigungsverhandlungen mit den alliierten Siegermächten in Straßburg »habe ich die dunkelsten Stunden meines Lebens durchgemacht«, gestand Kohl dem *Spiegel*. Thatcher und Mitterrand gingen mit unglaublicher Härte und Kompromißlosigkeit vor, um die starke D-Mark zu beseitigen und die Macht der ihnen verhaßten Bundesbank zu brechen.

Eine solche, nur auf machtpolitischen Interessen basierende Währungsunion ist zum Scheitern verurteilt. Alle ökonomischen Gründe sprechen derzeit gegen den Euro. Der Autor dieses brisanten Buches zeigt logisch und für jedermann nachvollziehbar, warum der Euro wirtschaftlich und politisch in einer Katastrophe enden wird, deren Folgen kaum absehbar sind.

Aufgrund seiner Erkenntnisse über die Finanzsysteme konnte der Autor die Rußland- und Brasilienkrise über ein Jahr im voraus richtig vorhersagen. Lassen Sie sich mit diesem Buch von ihm beraten, wie Sie Ihr Vermögen und das Ihrer Familie vor der kommenden Entwertung retten können.

Der Euro – die Endlösung für Europa?, ISBN 3-930219-37-9, 192 Seiten mit zahlreichen Abbildungen, gebunden, 14,90 Euro

Dieses Buch können Sie beziehen über:
Kopp-Verlag, Graf-Wolfegg-Str. 71, D-72108 Rottenburg,
Tel.: (0 48 45) 79 04 - 0, Fax: (0 48 45) 79 04 - 11,
Email: info@kopp-verlag.de

Geldcrash – So retten Sie Ihr Vermögen
Der Krisenwegweiser

Was wäre, wenn eine Finanzkrise Ihr gesamtes Vermögen entwertet? Den wenigsten ist bewußt, daß ihr Vermögen zunehmend bedroht wird: Sowohl Währungs- als auch Schuldenkrisen gefährden das Ersparte. Dabei ist auch das laufende Einkommen von steigenden Steuerlasten und einer Umverteilung von der Mittelschicht zu wenigen Superreichen bedroht. Die kommende Entwicklung kann durch die Kenntnis unseres Geldsystems vorhergesagt werden. Dies ermöglicht Ihnen, Ihr Vermögen vor Verlusten zu schützen. Der ungünstig investierende Anleger wird vom Zusammenbruch überrascht und verliert seine Sicherheit und Freiheit. Es wird sich zeigen, daß hohe Rendite nicht gleich finanzielle Garantie ist. Dieses Buch zeigt Schwachstellen in Ihrer Vermögensplanung auf und gibt Hinweise, worauf Sie bei der Krisensicherung achten müssen.

Günter Hannich, **Geldcrash – Krisenwegweiser**, So retten Sie Ihr Vermögen, Dritte Auflage 2001, ISBN 3-00-005077-9, 160 Seiten mit sechs Karikaturen und 20 Grafiken, kart., 14,8 x 21 cm, 14,90 Euro

»Krisenwegweiser – Angst vor dem Crash? Die Aktienmärkte streben von Rekord zu Rekord. Aber das war auch 1929 so. ... (Günter Hannich) zeigt in seinem Bändchen mögliche Krisenszenarien auf. Keine Panikmache. Doch etwas Nachdenklichkeit hat bisher den wenigsten Geldanlegern geschadet.«
Handelsblatt 28.12.1999

Dieses Buch können Sie beziehen über:
Kopp-Verlag, Graf-Wolfegg-Str. 71, D-72108 Rottenburg,
Tel.: (0 48 45) 79 04 - 0, Fax: (0 48 45) 79 04 - 11,
Email: info@kopp-verlag.de

Sprengstoff Geld
Wie das Kapitalsystem unsere Welt zerstört

Das Buch »Sprengstoff Geld« ist das erste Buch des Autors. Es vermittelt Ihnen einen kurzen, umfassenden Überblick zur Funktion unseres Systems und zeigt Lösungen auf, wie dieses stabilisiert werden kann. Ein historischer Rückblick verdeutlicht die Entwicklung. Arbeitslosigkeit, Umweltzerstörung, Wirtschaftskrisen und die daraus entstehenden Ungerechtigkeiten sind keineswegs Zufall, sondern logische Folgen in der Endphase eines explodierenden Geldsystems. Die Geschichte zeigt deutlich, daß sich eine bessere Ordnung nur dann durchsetzen kann, wenn das alte System an seinen inneren Widerständen zerbrochen ist.

Sprengstoff Geld, Dritte Auflage 2000, ISBN 3-00-002937-0, 144 Seiten mit über 30 Grafiken und neun Karikaturen, 14,8 x 21 cm, 14,90 Euro

Lesermeinungen:

»Mir ist keine Arbeit auf diesem Gebiete bekannt, die den umfangreichen Stoff dem Leser so kurz und prägnant nahebringen kann. Gerade daß es für uns einfachere Leute geschrieben ist und nicht nur für Akademiker, macht das Buch so sympathisch! ... Hier wird einem die ganze Dramatik klar, mit der wir auf den Zusammenbruch zusteuern und der unvermeidlich ist.« E.W.

»Von dem Buch ›Sprengstoff Geld‹ bin ich hellauf begeistert. Es spricht mir aus der Seele! Ich habe es gleich zweimal gelesen. Es zeugt von hohem Sachverstand, und es wird wenig polemisiert.« M.G.

Dieses Buch können Sie beziehen über:
Kopp-Verlag, Graf-Wolfegg-Str. 71, D-72108 Rottenburg,
Tel.: (0 48 45) 79 04 - 0, Fax: (0 48 45) 79 04 - 11,
Email: info@kopp-verlag.de

Die Wahrheit über das Rabin-Attentat kommt ans Licht!

Wer ermordete den israelischen Permierminister Yitzhak Rabin?

War es tatsächlich ein fanatischer Einzelgänger des politisch rechten Flügels, oder ist die Wahrheit nicht doch viel brisanter?

Ein »Amateurfilm«, der das Attentat auf Yitzhak Rabin zeigt, belegt, daß Rabin von den Schüssen, die auf der unheilvollen Friedenskundgebung auf ihn abgegeben wurden, nicht verletzt worden war. Dies wird durch die Aussagen unabhängiger Augenzeugen bestätigt. Derselbe Film zeigt deutlich, wie eine der Türen von Rabins angeblich leerer Limousine *von innen* zugeschlagen wird, *bevor* der Premierminister in den Wagen gedrückt wurde. Wer wartete dort auf ihn?

Was geschah während der ungewöhnlich langen Fahrt zum nahegelegenen Krankenhaus? Für diese brauchte der Fahrer statt der üblichen einen Minute über acht Minuten!

Der gerichtsmedizinische Experte Baruch Glatstein sagt aus, daß Yitzhak Rabin durch Schüsse aus kürzester Entfernung in die Brust getötet wurde. Dies widerspricht der offiziellen Version, wonach Rabin aus größerer Entfernung in den Rücken geschossen worden war.

In diesem gründlich recherchierten Buch werden Wahrheit und Lüge über das Rabin-Attentat rückhaltlos aufgedeckt. Selbst diejenigen Israeli, von denen man es vorher nie geglaubt hätte, sind nun davon überzeugt, daß Yigal Amir nicht der Mörder von Yitzhak Rabin ist, sondern daß Rabin in Wahrheit in seinem Wagen getötet wurde. Es liegt der dringende Verdacht nahe, daß hier ein erschütternder Hochverrat vorliegt, der das Geschichtsbild von Grund auf verändert.

gebunden
256 Seiten
zahlreiche Abbildungen
19,90 Euro

KOPP VERLAG
Graf-Wolfegg-Straße 71
D - 72108 Rottenburg
Telefon (0 48 45) 7904-0
Telefax (0 48 45) 7904-11
Info@kopp-verlag.de
http://www.kopp-verlag.de

Geheimnisumwitterte Area 51 – das Zentrum der »Schwarzen Welt«

Die »Area 51«, inmitten der Wüste des U.S.-Bundesstaates Nevada gelegen, ist das geheimste militärische Testgelände der Welt. Dort, verborgen hinter hohen Berggipfeln, testen Militär und Geheimdienste modernste Technologie, die weit jenseits unseres Vorstellungsvermögen liegt und deshalb von Insidern auch als sogenannte »Alien Technology« bezeichnet wird. In gigantischen unterirdischen Anlagen, die bis zu vierzig Stockwerke unter die Erde reichen und die Ausmaße einer Kleinstadt annehmen, wird eine Technologie entwickelt, die so atemberaubend ist, daß selbst »Krieg der Sterne«-Regisseur George Lucas vor Neid erblassen würde.

Die Area 51 ist aber auch das Zentrum eines verborgenen Netzwerks, bestehend aus einer ganzen Reihe von Geheimbasen und unterirdischen Anlagen – das Zentrum einer »Schwarzen Welt«. Sie wird von einer geheimen Schattenregierung beherrscht, auf die der amerikanische Kongreß schon lange keinen Einfluß mehr hat. Jährlich verabschieden die US-Abgeordneten ein etwa 100 Milliarden Dollar schweres »schwarzes Budget« zur Finanzierung der »Schwarzen Welt«. Die Schattenregierung muß dem amerikanischen Kongreß keine Rechenschaft über die Verwendung dieser Milliarden ablegen. Selbst der amerikanische Präsident hat keinen Zutritt zu deren geheimen Anlagen und Einrichtungen. Unglaublich? Aber wahr!

Lesen Sie in seinem brisanten, topaktuellen Report über die unheimliche Technologie des 3. Jahrtausends und über eine neue Dimension der Geheimhaltung und Vertuschung.

gebunden
272 Seiten
zahlreiche Abbildungen
Best.-Nr. 8800
19,90 Euro

KOPP VERLAG
Graf-Wolfegg-Straße 71
D - 72108 Rottenburg
Telefon (0 48 45) 7904-0
Telefax (0 48 45) 7904-11
Info@kopp-verlag.de
http://www.kopp-verlag.de